Ɛ⩘ reinhardt

Handlungskompetenzen in der Sozialen Arbeit
Band 1

Herausgegeben von Prof. Dr. Maja Heiner

Maja Heiner

Kompetent handeln in der Sozialen Arbeit

Ernst Reinhardt Verlag München Basel

Prof. Dr. *Maja Heiner* lehrt am Institut für Erziehungswissenschaft, Abteilung Sozialpädagogik, Universität Tübingen.

> Sowohl die Bände der Reihe „Handlungskompetenzen in der Sozialen Arbeit" als auch die jeweiligen Wissensbausteine sind elektronisch verfügbar. Infos zum aktuellen Stand finden Sie unter www.reinhardt-verlag.de.

Bibliografische Information der Deutschen Nationalbibliothek

Die Deutsche Nationalbibliothek verzeichnet diese Publikation in der Deutschen Nationalbibliografie; detaillierte bibliografische Daten sind im Internet über <http://dnb.d-nb.de> abrufbar.
ISBN 978-3-497-02127-7

© 2010 by Ernst Reinhardt, GmbH & Co KG, Verlag, München

Dieses Werk, einschließlich aller seiner Teile, ist urheberrechtlich geschützt. Jede Verwertung außerhalb der engen Grenzen des Urheberrechtsgesetzes ist ohne schriftliche Zustimmung der Ernst Reinhardt GmbH & Co KG, München, unzulässig und strafbar. Das gilt insbesondere für Vervielfältigungen, Übersetzungen in andere Sprachen, Mikroverfilmungen und für die Einspeicherung und Verarbeitung in elektronischen Systemen.

Printed in Germany
Reihenkonzeption Umschlag: Oliver Linke, Augsburg
Coverbild unter Verwendung eines Fotos von © Bernd Neisemann – Fotolia.com
Satz: ew print & medien service gmbh, Würzburg

Ernst Reinhardt Verlag, Kemnatenstr. 46, D-80639 München
Net: www.reinhardt-verlag.de   E-Mail: info@reinhardt-verlag.de

Inhalt

1 Zielsetzungen und Modellannahmen 9
1.1 Zielsetzung der Reihe und des Buches 9
1.2 Das Kompetenzmodell 12
1.3. Handlungstypen und Berufsfelder.................... 13
Wissensbaustein: Armut, Armutsbewältigung und Armutsprävention 15

2 Fallvignette aus der Schulsozialarbeit: Fatima hat eine Mitschülerin bestohlen 21
2.1 Fallschilderung 21
2.2 Analyse der Fallvignette 24
Wissensbaustein: Migration und Soziale Arbeit 28

3 Berufsspezifische Anforderungen in der Sozialen Arbeit 33
3.1 Auftrag und Ziele 33
3.2 Doppelte Aufgabenstellung 35
3.3 Handlungsmodus Hilfe und Kontrolle 36
Wissensbaustein: Soziale Konflikte und Konfliktbearbeitung 38
3.4 Arbeitsprinzipien Sozialer Arbeit 41
3.5 Etappen des Interventionsprozesses 44
Wissensbaustein: Personenbezogene Veränderungstheorien 47

4 Kompetenzbegriff und Kompetenzmodell 51
4.1 Kompetenzbegriff und Kompetenzverständnis 51
4.1.1 Begriffsdimensionen 51
4.1.2 Kompetenzmodelle in der Sozialen Arbeit 52

4.1.3 Handlungskompetenz und Handlungsmotivation 56
Wissensbaustein: Strukturbezogene Veränderungstheorien 59
4.2. Das Kompetenzmodell der Buchreihe 62
4.2.1. Bereichsbezogene Kompetenzmuster: Fallkompetenz, Systemkompetenz, Selbstkompetenz 62
4.2.2. Prozessbezogene Kompetenzmuster: Analyse- und Planungskompetenz, Interaktions- und Kommunikationskompetenz, Reflexions- und Evaluationskompetenz 64
4.2.3. Teilkompetenzen der prozessbezogenen Kompetenzmuster 66
4.2.4. Kombination von bereichs- und prozessbezogenen Kompetenzen im Interventionsprozess................ 69
Wissensbaustein: Motivation I 71

5 Berufsfeldbezogene Handlungstypen als Anforderungskontexte 76

5.1 Heterogenität und Entwicklungsdynamik der Handlungskontexte 76

5.2 Kompetenzrelevante Merkmale von Handlungstypen 78

5.3 Überblick über die Handlungstypen und Handlungsfelder der Buchreihe 80
Wissensbaustein: Motivation II 83

6 Zentrale Falldarstellung: Herr Mersing, ein suchtabhängiger Psychotiker in einem Übergangsheim für Wohnungslose 88

6.1 Rahmenbedingungen der Intervention 88

6.2 Fallverlauf und Interventionsprozess 91
Wissensbaustein: Rechtlich und administrativ kompetent handeln 96

6.3 Fallverlaufsanalyse................................... 103
6.3.1 Phasen- und bereichsübergreifende Kompetenzen 103
6.3.2 Fallkompetenz 105
6.3.3 Systemkompetenz 109
6.3.4 Selbstkompetenz 111
Wissensbaustein: Diagnostisches Fallverstehen 116

6.4	Situation A: Herr Mersing steht nicht auf, Frau Fischer kommt in sein Zimmer und nervt	119
6.4.1	Analyse- und Planungskompetenz	121
6.4.2	Interaktions- und Kommunikationskompetenz	122
6.4.3	Reflexions- und Evaluationskompetenz	125
	Wissensbaustein: Beziehungen und Beziehungsgestaltung	129
6.5	Situation B: Herr Mersing muss sich vor der Wohngruppe verantworten, Frau Fischer verteidigt ihn – begrenzt	133
6.5.1	Analyse- und Planungskompetenz	135
6.5.2	Interaktions- und Kommunikationskompetenz	139
6.5.3	Reflexions- und Evaluationskompetenz	141
	Wissensbaustein: Supervision	146
6.6	Situation C: Herr Mersing träumt von seiner beruflichen Zukunft und Frau Fischer mit ihm	151
6.6.1	Reflexions- und Evaluationskompetenz (1)	152
6.6.2	Interaktions- und Kommunikationskompetenz	153
6.6.3	Analyse- und Planungskompetenz	154
6.6.4	Reflexions- und Evaluationskompetenz (2)	154
	Wissensbaustein: Ethik und Moral	155
7	**Vergleichsbeispiel: Wenn Herr Mersing in einem anderen Hilfesystem gefördert worden wäre**	160
7.1	Fallschilderung	160
7.2	Vergleich der Fallentwicklungen und Interventionen	164
	Wissensbaustein: Selbst- und Fremdevaluation	165

Literatur 169

Ausgewählte Informationsquellen 175

Die Bände der Reihe „Handlungskompetenzen in der Sozialen Arbeit" und die darin enthaltenen Wissensbausteine ... 177

Sachregister 180

1 Zielsetzungen und Modellannahmen

1.1 Zielsetzung der Reihe und des Buches

In der Buchreihe „Handlungskompetenzen in der Sozialen Arbeit" sind fünf Bände erschienen: „Kompetent handeln in der Sozialen Arbeit" (Band 1) von Maja Heiner, „Koordinierende Prozessbegleitung in der Sozialen Arbeit" (Band 2) von Petra Gromann, „Fokussierte Beratung in der Sozialen Arbeit" (Band 3) von Franz Stimmer und Marc Weinhardt, außerdem „Begleitende Unterstützung und Erziehung in der Sozialen Arbeit" (Band 4) von Mathias Schwabe und „Leiten in Einrichtungen der Sozialen Arbeit" (Band 5) von Joachim Merchel. Ziel dieser Reihe ist es, eine umfassende, das ganze Berufsfeld in den Blick nehmende und zugleich möglichst anschauliche und anregende Vorstellung davon zu vermitteln, was kompetentes Handeln in diesem Beruf ausmacht und wie es fallspezifisch verwirklicht werden kann. Den Ausgangspunkt bildeten drei Überzeugungen: (1) dass eine Reihe generalistischer Grundkompetenzen die Stärke der Sozialen Arbeit ausmachen, (2) dass diese Kompetenzen nur erworben, weiterentwickelt und erhalten werden können, indem vorhandenes Wissen kreativ genutzt wird, (3) dass dies wiederum eine Verbindung von Theorie und Praxis voraussetzt, die am besten über den Bezug zu konkreten Fällen, Situationen und Handlungsabläufen hergestellt werden kann. So lassen sich die Variationen darstellen, die bei der Nutzung allgemeiner Erkenntnisse und Prinzipien in der Praxis notwendig sind, um den Besonderheiten der Einzelfälle Rechnung zu tragen.

Das Verhältnis von Theorie und Praxis ist kein hierarchisches Verhältnis der bloßen Anwendung. Wissenschaftliches Wissen kann für praktische Zwecke immer nur selektiv genutzt werden und muss dabei transformiert werden. Eine unmittelbar handlungsanleitende Theorie mit eindeutigen Auswahl- und Anwendungsregeln, wie sie oft von Studierenden und Berufsanfängern gewünscht wird, kann es nicht geben. Die notwendigerweise allgemeineren Aussagen der Wissenschaft können so speziell, so einzelfallbezogen, so situationsspezifisch nicht sein. Theorie und Praxis können sich aber wechselseitig wichtige Anregungen vermitteln (v. Spiegel 2004, Kap. 2.1.3 und 2.2).

Ein kreativer Umgang mit wissenschaftlichen Erkenntnissen und die Produktion von neuem, spezifisch praxisrelevantem Wissen wird besonders gefördert, indem die Differenz zwischen dem abstrakteren, allgemeinerem wissenschaftlichen Wissen und dem konkreten, erfahrungsbezogenen Praxiswissen reflektiert und verschiedene Nutzungs- und Transformationsmöglichkeiten von theoretischem Wissen erwogen und erprobt werden. Die Anschaulichkeit der Fälle in dieser Buchreihe dient von daher nicht nur einer gefälligeren und eingängigeren Darbietung. Die Herstellung von Beziehungen zwischen dem relativ abstrakten Kompetenzmodell und konkreten Ereignissen in der Praxis fordert die Deutungskompetenz der Leser und fördert sie zugleich.

Der generalistische Ansatz dieser Reihe verlangte eine inhaltlich begründete Bündelung der Anforderungen in den vielfältigen Tätigkeitsfeldern des Berufs, um die Kompetenzanalysen auf bestimmte Berufsfeldausschnitte beziehen und diese dann bestimmten Bänden und Autoren zuordnen zu können. Dazu wurde im Autorenkreis das von mir vorgeschlagene Modell von *Handlungstypen* Sozialer Arbeit diskutiert und auf mehreren Treffen mit den Tätigkeitsfeldern, Organisationen und Angeboten verglichen, die den einzelnen Bänden zugeordnet werden sollten. Es wird ausführlicher im fünften Kapitel dargestellt. In jedem Band bilden Fälle das Material für die Kompetenzanalysen. Sie beruhen auf erzählender Rekonstruktion von Fallverläufen durch erfahrene PraktikerInnen, z. B. auf der Basis von Interviews. Es sind also reale Fälle, keine künstlich auf das Hochglanzformat von „Best Practice" getrimmten Beispiele. Verunsicherungen und Fehler haben von daher durchaus ihren Platz, denn auch Professionalität und langjährige Berufserfahrung garantieren keine Fehlerfreiheit. Professionelle sind „nur" eher in der Lage, ihre Fehler zu erkennen und zuzugeben, sie rascher zu beheben und viel aus ihnen zu lernen.

Die Auswahl der Fälle im Kreis der Autoren wurde nicht durch die Formulierung eines Kriterienkatalogs erreicht, sondern durch wechselseitige Lektüre der Textentwürfe zu den Falldarstellungen und Fallanalysen. Die Fälle sollten den gemeinsamen Vorstellungen von fachlich angemessenem beruflichem Handeln entsprechen. Für dieses Engagement und die anregende Diskussion möchte ich den Autoren recht herzlich danken!

Es sind also zwei Modelle, die die Grundstruktur dieser Reihe konstituieren: das *Handlungskompetenzmodell* und das Modell der berufsfeldübergreifenden *Handlungstypen*. Sie stellen die gemeinsame

Zielsetzung der Reihe und des Buches

Basis für alle Bände dieser Reihe dar, die im Band 5 „Leiten in Einrichtungen der Sozialen Arbeit" um ein spezielles Kompetenzmodell für diesen Aufgabentypus ergänzt wurde. Kurze Zusammenfassungen der Grundideen der beiden Modelle sind in allen Bänden als identische Textbausteine abgedruckt, in diesem Band in gekürzter Fassung in Kapitel 1.2 und 1.3. Die ausführlichere Begründung des Kompetenzmodells und der Handlungstypen mit theoretischen Bezügen zum Berufsverständnis, die sich im dritten, vierten und fünften Kapitel findet, ist nur in diesem ersten Band enthalten und nicht mit den anderen Autoren abgestimmt.

Falldarstellungen verführen durch ihre Anschaulichkeit leicht dazu, den Fall für so typisch zu halten, dass andersartige Abläufe nur schwer vorstellbar sind. Daher wurden die Fälle nach den Prinzipien der maximalen Kontrastierung ausgewählt: andere Arbeitsfelder, andere Adressaten, andere Problemlagen, andere organisatorische Rahmenbedingungen und zumindest teilweise auch andere Vorgehensweisen der Fachkraft. Aber alle Kompetenzen des Rahmenmodells (vgl. Tab. 1) sollten in jedem Fallbeispiel eine Rolle spielen, wenn auch mit unterschiedlichen Schwerpunktsetzungen.

Reflektiertes professionelles Handeln erfordert ständig eine begründete Auswahl aus Handlungsalternativen. Bei einer fallbezogenen Darstellung fehlt ein Ort, um die Fachkenntnisse und Wertvorstellungen, die als Hintergrundwissen eine wichtige Rolle spielen, umfassend und logisch stringent, also systematisch darzustellen. Kasuistische Darstellungen illustrieren das Partikulare. Dass man auch anders hätte handeln können, wird vielleicht von den Akteuren erwogen oder bei der Fallanalyse angemerkt – aber ohne das Gesamtspektrum der Möglichkeiten aufzeigen zu können. Enzyklopädische Erwartungen müssen allerdings auch in dieser Reihe enttäuscht werden. Aber über die Wissensbausteine kann zumindest ein breiteres, fallunabhängiges Hintergrundwissen vermittelt werden. Lücken und ungenutzte Potenziale in den Fallschilderungen können aufscheinen – und nicht zuletzt können die Wissensbausteine zum Weiterlesen anregen.

Im ersten Band werden ausführlicher die theoretischen Grundlagen zum Kompetenzmodell gelegt und umfassender als in den anderen Bänden systematisches Wissen über Wissensbausteine vermittelt. Dafür mussten die Fallbeispiele leider kürzer ausfallen. An zwei Fällen wird aufgezeigt, was es heißen kann (nicht muss!), unter den nur begrenzt vorhersehbaren, vielfältigen und häufig wechselnden, von daher immer wieder überraschenden und kontingenten Bedingungen der Praxis kompetent zu handeln.

1.2 Das Kompetenzmodell

Der Begriff *Handlungskompetenz* bezeichnet Potenziale, über die eine Person verfügt und die notwendig sind, um komplexe und bedeutende Aufgaben zu bewältigen. Als personenbezogener Begriff verweist „Kompetenz" nicht auf Kontextfaktoren. Handlungskompetenz ist aber erst durch die Beziehung zu den Rahmenbedingungen des Handelns angemessen zu verstehen und wird daher im Folgenden stets damit in Beziehung gesetzt. Das Handlungskompetenzmodell, das allen Bänden dieser Reihe zu Grunde liegt, geht aus von:

- bereichsbezogenen Kompetenzmustern: Fallkompetenz, Systemkompetenz und Selbstkompetenz
- prozessbezogenen Kompetenzmustern: Analyse- und Planungskompetenz, Interaktions- und Kommunikationskompetenz, Reflexions- und Evaluationskompetenz.

Bereichsbezogene Kompetenzmuster: Die Soziale Arbeit hat den Auftrag, sowohl die Lebensbedingungen als auch die Lebensweise ihrer Klientel zu verbessern. Dementsprechend lässt sich ihr Aufgabenspektrum in zwei große Aufgabenbereiche unterteilen: (1) Arbeit mit dem Klientensystem (KlientInnen und ihr Umfeld) und (2) Arbeit mit dem Leistungssystem (z. B. mit dem Bildungssystem, dem Wohlfahrtssystem, der Politik, der Justiz etc.). Auf diese doppelte Aufgabenstellung der Initiierung von Aktivitäten zur Veränderung der Verhältnisse (Lebensbedingungen) und des Verhaltens (Lebensweise) lassen sich die berufsspezifischen Handlungskompetenzen Sozialer Arbeit beziehen. Zusammen mit der Person der Fachkraft ergeben sich daraus drei grundlegende, gegenstandsbezogen definierte Kompetenzbereiche: *Selbst-, Fall- und Systemkompetenz.*

- Die *Fallkompetenz* ist bezogen auf das Klientensystem (Probleme und Ressourcen der KlientInnen und ihres sozialen und institutionellen Umfelds);
- Die *Systemkompetenz* ist bezogen auf die Organisation (Konzept und Angebot) der Fachkraft und auf das Leistungssystem, mit dem kooperiert wird (Organisationen des Bildungs-, Gesundheits-, Rechts-, Sozial- und Wirtschaftssystems);
- Die *Selbstkompetenz* ist bezogen auf die Person der Fachkraft (Einstellung, Haltung, Qualifikation, Motivation).

Die *prozessbezogenen Kompetenzmuster* der Planungs-, Interaktions- und Evaluationskompetenz bilden bestimmte Schwerpunkte in der Schrittfolge des problemlösenden Handelns ab. Sie können sich auf

Tab. 1: Das Handlungskompetenzmodell

Bereichsbezogene Kompetenzmuster \ Prozessbezogene Kompetenzmuster	Planungs- und Analyse- kompetenz	Interaktions- und Kommuni- kations- kompetenz	Reflexions- und Evaluations- kompetenz
Selbstkompetenz (Weiter-)Qualifizierung, Identitätsentwicklung, Selbstregulation			
Fallkompetenz Fallanalyse und Fallbearbeitung			
Systemkompetenz Angebotsvermittlung und -koordination, Organisationsentwicklung			

alle drei Kompetenzbereiche beziehen: auf die eigene Person, das Klientensystem und das Leistungssystem. Die obige Tabelle verdeutlicht die möglichen Kombinationen von prozess- und bereichsbezogenen Kompetenzen.

Nach den Begriffen in dieser Tabelle sind die Erläuterungen der Fälle in fast allen Bänden der Buchreihe gegliedert. Nur der Band zur Leitungskompetenz erhält ein eigenes, entsprechendes Kompetenzmodell.

Um eine Handlungsstrategie zu entwickeln und umzusetzen, ist stets eine Kombination aller bereichsbezogenen Kompetenzmuster mit allen prozessbezogenen Kompetenzmustern erforderlich, allerdings mit Schwerpunktsetzungen in einer bestimmten Phase oder bei bestimmten Aufgaben (vgl. Kap. 4.2.4).

1.3 Handlungstypen und Berufsfelder

Die Bände der Buchreihe beziehen sich mit ihren Fallschilderungen und -analysen nicht auf gewachsene Berufsfeldstrukturen (z. B. Jugendhilfe, Behindertenhilfe, Straffälligenhilfe) sondern auf funktional begründete Handlungstypen. Die gewachsenen Strukturen beruhen auf gesetzlichen Vorgaben, Finanzierungsmodalitäten, Trägertraditionen und regionalen Zuständigkeiten, die nur teilweise ähnliche Aufgaben und Handlungsanforderungen bündeln. Das Konzept der Handlungstypen erlaubt es, jenseits solcher organisatorischen Ausdifferenzierungen Gemeinsamkeiten zu erfassen und die einzelnen Bände je einem funktionalen Handlungstypus zuzuordnen. In diesem Band stammt die einführende Fallvignette aus der Schulsozialarbeit, einem ambulanten, lebensweltunterstützenden Angebot. Hier ist das Ausmaß der gemeinsam verbrachten Zeit weitaus geringer als im zweiten ausführlicheren Fallbeispiel, das aus einer stationären, lebensweltersetzenden Einrichtung, einem Heim stammt. In der Schulsozialarbeit begegnet die Fachkraft den Schülern nicht regelmäßig und manchen von ihnen sehr selten. Im Heim sieht die Fachkraft den Klienten täglich, meist mehrmals am Tag. Die gemeinsamen Aktivitäten sind weitaus alltagsnäher als bei der Schulsozialarbeit. Man kocht und isst zusammen, kümmert sich um die Wäsche, die Ordnung im Zimmer, organisiert den Arztbesuch etc.

Neben dem alltagsnäheren, informellen Setting der Begegnungen stellt die Zeitdimension den wichtigsten Unterscheidungsfaktor dar, der auch die Beziehungsgestaltung beeinflusst. Fachkraft und Klient sehen sich im Heim nicht nur häufiger und verbringen (oft über mehrere Jahre) viel mehr Zeit miteinander als die Schulsozialarbeiterin für einzelne Schüler aufbringen kann. Zwar wird in der folgenden Fallvignette zur Schulsozialarbeit vor allem eine Phase der intensiveren Kooperation geschildert, in der das von der Klassenfahrt ausgeschlossenen Mädchen die Sozialarbeiterin täglich und alleine trifft. Aber es ist klar, dass dies eine punktuell intensive Begleitung ist, die wieder enden wird – und beide müssen sich auch auf dieses Ende einstellen. Zugleich ist ihre Kooperation durch eine formalere Struktur gekennzeichnet: nicht in der Lebenswelt der Klientin, in ihrem Alltag, sondern in der Schule, zu bestimmten, vereinbarten Zeiten wird etwas besprochen und geübt, finden Bildungsprozesse statt. Das Spektrum der bearbeiteten Probleme ist zugleich schmaler als in der Begleitung und Förderung im Heim, bei der alle Lebensaufgaben bearbeitet werden und die Vernetzung und Kooperation mit anderen Diensten und Einrichtungen umfassender ist. Dieser kurze Vergleich dürfte einführend deutlich gemacht haben, welche unterschiedlichen Rahmenbedingungen und Anforderungen mit verschiedenen Handlungstypen verbunden sind. Eine ausführlichere Darstellung, bezogen auf alle Handlungstypen der Reihe, findet sich im Kapitel 5.3. Während sich die anderen Bände, außer der Band zur Leitung, jeweils nur auf einen Handlungstypus beziehen, werden im einführenden Band Fallbeispiele aus zwei verschiedenen Handlungstypen analysiert.

Wissensbaustein: Armut, Armutsbewältigung und Armutsprävention
von Gerda Holz

Bis in die 1970er Jahre war Armut in der Bundesrepublik Deutschland kein Thema, da allgemein von einer immerfort währenden Prosperität ausgegangen wurde. Allenfalls die Notlage von RentnerInnen wurde problematisiert, worauf mit Reformen der Rentenversicherung und Sozialhilfe erfolgreich reagiert werden konnte. In den 1980er beginnt ein langer Prozess der Zunahme von neuen Armutsrisiken. Besonders Kinder und Jugendliche – lange Zeit unbemerkt – wurden zu Hauptbetroffenen. Seit Ende der 1990er Jahre zeigt sich eine zunehmende Polarisierung der Gesellschaft am unteren und oberen Ende der Wohlstandskala und mit einer „schrumpfenden Mittelschicht", was eine grundsätzliche Gefährdung des sozialen Zusammenhalts und sozialen Friedens in Deutschland bedeuten kann. Im OECD-Ländergleich von Armutsquoten nimmt Deutschland einen Platz im oberen Drittel ein (BMAS 2008).

Armutsbegriff und Armutsmessung

Es gibt bis heute keinen einheitlichen Begriff, was einerseits mit der komplexen Struktur des Armutsphänomens zu tun hat und andererseits Ausdruck der Tatsache ist, dass jede Definition auf einer politisch-normativen Grundentscheidung beruht. Daher finden sich verschiedene Möglichkeiten zur Armutsmessung, mit entsprechenden Auswirkungen auf die Ermittlung von Armutsquoten und die zu ergreifende Armutspolitik. Im Wesentlichen finden sich vier Konzepte: Armut verstanden als

- „Ressourcenarmut" (Konzentration auf das Vorliegen einer Einkommensarmut, festgemacht an der EU-Armutsgrenze),
- „Lebenslage" (Einkommensmangel führt zugleich zu einer Unterversorgung in allen Lebensbereichen, z. B. Ernährung, Wohnung, Gesundheit, Bildung, soziale Teilhabe),
- Ursache für „Soziale Ausgrenzung" (länger andauernde oder immer wieder auftretende Kumulation von Unterversorgungslagen, mit der Gefahr einer sich verfestigenden sozialen Desintegration wie Bildungsferne, Suchterkrankung, Kriminalität),
- Begrenzung von „individuellen Verwirklichungs- und Teilhabechancen" (Einschränkung der Persönlichkeitsentwicklung und der aktiven Mitgestaltung der eigenen Umwelt,

z. B. kein Erlernen von Teamfähigkeit/-arbeit in Schülerrat, Jugendverband oder Studentenvertretung).

In entwickelten Industrie- und Dienstleistungsgesellschaften wird Armut als „relative Armut" verstanden und anhand des Lebensstandards der Armen im Verhältnis zum durchschnittlichen Lebensstandard der jeweiligen Gesellschaft betrachtet. Als Messgröße gilt die 60%-Armutsgrenze der Europäischen Union, d. h., arm ist, wer weniger als 60% des gewichteten Haushaltsnettoeinkommens (Median) des jeweiligen EU-Staates zur Verfügung hat (vgl. Huster et al. 2008).

Ursachen und Risikogruppen

Als *Ursachen* von Armut bei Erwachsenen gelten (Langzeit-)Erwerbslosigkeit und Erwerbstätigkeit im Niedriglohnsektor sowie „Working Poor" – also Armut trotz Erwerbsarbeit. Weiterhin sind Trennung und Scheidung sowie Überschuldung bedeutsam. Noch selten wird – und wenn dann mit Bezug zur Problematik „Frauenarmut" – die nicht oder nur gering entlohnte Haus-, Pflege-, Erziehungs- und Sorgearbeit diskutiert: Eine Beispiel dazu: Eine Frau setzt wegen der Erziehung von zwei Kindern rund zehn Jahre beruflich aus und erreicht so nur 30 statt möglicher 40 Rentenbeitragsjahre. Meist gelingt der berufliche Wiedereinstieg nur über eine niedrig bezahlte Teilzeitstelle. Entsprechend gering fallen die gesetzlichen Rentenansprüche aus. Ohne andere Absicherungen (z. B. Wohneigentum, Versorgungsansprüche gegenüber einem Partner) ist bei ihr Altersarmut wahrscheinlich.

Dem *Risiko* der Armutsbetroffenheit wiederum unterliegen die verschiedenen gesellschaftlichen Gruppen unterschiedlich. Bezogen auf Minderjährige sind überdurchschnittlich armutsgefährdet Kinder aus Familien mit einem der o. g. Erwerbstatus, mit Migrationshintergrund, aus Ein-Eltern-Familien sowie aus Familien mit drei und mehr Kindern. Ebenso sind Kinder in Großstädten gefährdeter als aus ländlichen Räumen sowie Kinder in sozial segregierten Quartieren (d. h. Gebiete, in denen sozial belastete Bevölkerungsgruppen überwiegen).

Ansätze staatlicher Gegensteuerung

Armutsbekämpfung oder mindestens Armutsverminderung ist grundgesetzlicher Auftrag eines Sozialstaates wie dem deutschen. Sie zählt zu seinen Pflichtaufgaben:

- Auf nationaler Ebene sind es vor allem allgemeine Strukturmaßnahmen: Existenzsichernde Transferzahlungen

(z. B. bedarfsorientierte Grundsicherung im Alter, Familienleistungen wie Kindergeld), Zugang zu Erwerbsmöglichkeiten (z. B. aktive Arbeitsmarkt-, Beschäftigungs-, Arbeitszeitpolitik) und existenzsichernde Entlohnung (z. B. Garantie von Mindestlöhnen, Steuerregelung).

- Auf Landesebene kommt den Gesetzen und Vorschriften über die lokal vorzuhaltende Dienstleistungsinfrastruktur – vom Regional-/Nahverkehr bis zum Wohnungsbau – und dem Bildungswesen – von der KiTa bis zur Seniorenbildung – herausragende Bedeutung zu.
- Die lokale Ebene – Kommunen/Kreise – wiederum trägt die Verantwortung für die konkrete Planung, Koordination und Gestaltung der sozialen Infrastruktur. Diese muss den spezifischen örtlichen Problem- und Bedarfslagen entsprechen. Kommunale Armutspolitik ist ausdrücklich Integrationspolitik. Ihr bieten sich prinzipiell folgende Ansätze: Sozialberichterstattung und Sozialplanung als Teil fortwährender Stadt-/Regionalentwicklung, Vorhaltung einer quantitativ und qualitativ angemessenen Versorgung mit sozialen Dienstleistungen, Umsetzung von Handlungskonzepten und Strategien der sozialen Integration, Vernetzung und Kooperation, Gestaltung durch Qualität über Ressourcen, Konzepte und Professionalität.

Möglichkeiten und Aufgaben der Sozialer Arbeit

Armut ist genuiner Bestandteil einer modernen marktwirtschaftlich organisierten und auf Geldbeziehungen beruhenden Gesellschaft. Sie ist ein strukturell angelegtes Phänomen. Soziale Arbeit wiederum ist ein wichtiges Instrument sozialstaatlichen Handelns zur „Bekämpfung" oder „Vermeidung" von Armut. Im Wesentlichen geht es um vier Aufgaben: (1) Armut erkennen, (2) das Phänomen Armut verstehen, (3) Armutsfolgen verringern und (4) Armut verhindern bzw. zu ihrer Verminderung beitragen.

(1) Armut erkennen: Fachkräfte müssen gut über Umfang, Ursache, Risikogruppen und Auswirkungen von Armut informiert sein, auf individueller, Haushalts- und sozialräumlicher Ebene.

Zu „Armut erkennen" gehört auch, das Netzwerk vorhandener sozialer Dienste und Angebote zu kennen und zu nutzen. Es reicht von der Agentur für Arbeit (z. B. aktive und passive Förderung, Fallmanagement) über die öffentliche Verwaltung (z. B. Wohnungs-, Jugend-, Gesundheitsamt) bis hin zu Angeboten der Wohlfahrtsverbände, zu Selbsthilfegruppen und bürgerschaftlichen Engagierten.

Tab. 2: Ebenen und Kontexte von Armut

Individuelle Ebene Erwachsene	Armut bedeutet für Erwachsene z. B. erhöhtes Krankheits- und früheres Sterberisiko; Leben in beengtem Wohnraum und belastetem Wohnumfeld, geringere schulische und berufliche Qualifizierung(smöglichkeiten); erhöhtes Risiko der Erwerbslosigkeit und gebrochene Erwerbsbiografien, geringere Konsumteilhabe und begrenzte Regenerationsmöglichkeiten.
Individuelle Ebene Kinder	Kinder sind in ihren Lebens- und Entwicklungsmöglichkeiten beeinträchtigt. Armut wirkt sich bei ihnen im Hier und Jetzt sowie auf die Zukunft, meist ein Leben lang, aus. Es bestehen Gefahren der Herausbildung eines riskanten Gesundheitsverhaltens sowie chronischer Krankheiten. Die Gefahr, sich in soziale Randgruppen zu sozialisieren, ist erhöht, Gewalterfahrungen und Gewalttätigkeit nehmen zu. (vgl. Holz et al. 2006)
Haushaltsebene	Erforscht sind bisher vier Typen mit jeweils spezifischen Lebens- und Bedarfslagen: (a) *Die verwalteten Armen:* Charakteristisch ist eine generationenübergreifende Armut. Ohne institutionelles Netzwerk gelingt kaum mehr eine Alltagsbewältigung. (b) *Die erschöpften EinzelkämpferInnen:* Dieser Typ umfasst Alleinerziehende und Paare mit Kindern mit einer sehr hohen Arbeitsbelastung im Familien- und Berufsalltag, ohne dennoch finanziell abgesichert zu sein. (c) *Die ambivalenten Jongleure:* Der Typ umfasst Menschen, die phasenweise Armutserfahrungen machen, aber Handlungsoptionen zur Verbesserung ihrer Situation besitzen. (d) *Die vernetzten Aktiven:* Sie verfügen über ein unterstützendes familiales Netzwerk

	und/oder die Fähigkeit, institutionelle Hilfen selbstbewusst und aktiv in ihren Alltag zu integrieren. (Meier et al. 2003)
Sozialräumlicher Kontext	Einzelne Gemeindegebiete zeichnen sich durch Konzentration sozial benachteiligter Gruppen aus. Oft sind es auch strukturschwache Gebiete mit wenig Wirtschafts-/ Kaufkraft und geringerem Arbeitsplatzangebot. Durch Zuzug bzw. Binnenwanderung können Quartiere zu belasteten Räumen werden oder langfristig bleiben (z. B. „Stadtteile mit besonderem Erneuerungsbedarf"). Die Gefahr ist, dass in diesen Gebieten „sozial vererbte Armut" die Entwicklungsbasis der kommenden Generationen ist.

(2) Das Phänomen Armut verstehen: Angesprochen ist die grundsätzliche Einstellung gegenüber dem Armutsphänomen und einer davon ableitbaren Haltung gegenüber Armutsbetroffenen. Schnell stellt sich die Frage nach einer vermeintlichen Schuld: Ist die Armutssituation selbstverschuldet oder sind allgemeine Lebensbedingungen ursächlich? Je nach persönlicher Präferenz des/r Professionellen

- gestalten sich die Beziehung zum Gegenüber, die angewendete Unterstützungsstrategien und das Angebotssetting, aber auch Erfolge oder Misserfolge;
- werden eindimensionale Lösungsansätze – meist im Stil des „Forderns" – oder mehrdimensionale Unterstützungsprozesse – meist in Verknüpfung von „Fördern und Fordern" und mit Vorrang des „Förderns" – gewählt;
- werden gesellschaftliche Bezüge über den Einzelfall hinaus gesehen und diese für die Bewertung der Situation und der Bewältigungsmöglichkeiten des/r Armutsbetroffenen mit einbezogen.

(3) Armutsfolgen verringern: Dies ist der Kernbereich Sozialer Arbeit: Basis aller weiteren Unterstützungsmaßnahmen ist zunächst immer die Sicherung der existenziellen Bedürfnisse der Betroffenen.

Damit verbindet sich dann eine spezifische Unterstützung je nach Ausprägung der Armutslage. Entsprechend müssen Hilfeansätze

- die materiellen Rechte der Betroffenen umsetzen helfen,
- eine Entlastung der häufig überlasteten und überforderten Menschen – gerade auch Eltern – bewirken,
- die Teilhabe am gesellschaftlichen Geschehen (wieder) eröffnen und sichern,
- Menschen (wieder) zu einem selbst gestalteten und eigenverantwortlichen Leben befähigen.

(4) Zur Verhinderung von Armut beitragen: Losgelöst vom Einzelfall sind immer auch die Strukturen zu betrachten. Sozialräumliche Analysen und Arbeit, Vernetzung mit anderen Akteuren, Arbeit an gemeinsamen Leitbildern sowie die Verstärkung öffentlicher Auseinandersetzungen sind Bestandteile eines professionellen sozialpolitischen Handelns mit dem Ziel der Armutsprävention. SozialarbeiterInnen sind Akteure innerhalb des Gemeinwesen, die stellvertretend oder zusammen mit Betroffenen auf Armutsphänomene aufmerksam machen. Dazu dient die Mitarbeit in Lokalen Bündnissen, Stadtteilkonferenzen oder in kommunalen (Jugendhilfe-)Ausschüssen. Es bietet sich die Presse- und Medienarbeit an oder die Initiierung von Fachdiskussionen mit Hilfe von Workshops oder Konferenzen und/oder eine regelmäßige Berichterstattung über empirisch erkennbare Trends sowie konkrete Fallbeispiele.

Literaturempfehlungen

zur Einführung: Bundesministerium für Arbeit und Soziales (zuletzt 2008): Lebenslagen in Deutschland. 1., 2. und 3. Armuts- und Reichtumsbericht der Bundesregierung. Berlin
Huster, E.-U., Boeckh, J., Mogge-Grotjahn, H. (Hrsg.) (2008): Handbuch Armut und Soziale Ausgrenzung. Wiesbaden

zur Vertiefung: Butterwegge, C. (2009): Armut in einem reichen Land. Wie das Problem verharmlost und verdrängt wird. Frankfurt/M.
Holz, G., Richter, A., Wüstendörfer, W., Giering, D. (2006): Zukunftschancen von Kindern!? Wirkung von Armut bis zum Ende der Grundschulzeit. Frankfurt/M.
Meier, U., Preuße, H., Sunnus, E.-M. (2003): Steckbriefe von Armut. Haushalte in prekären Lebenslagen. Wiesbaden

2 Fallvignette aus der Schulsozialarbeit: Fatima hat eine Mitschülerin bestohlen

2.1 Fallschilderung

Fatima (13 Jahre) hatte zweimal Mitschülerinnen bestohlen. Sie wurde daraufhin von der Klassenfahrt ausgeschlossen, musste in der Zeit der Klassenfahrt in der Parallelklasse am Unterricht teilnehmen und eine „Arbeitswoche" bei der Schulsozialarbeiterin der Hauptschule verbringen. Die Lehrer erwarteten von der Schulsozialarbeiterin, dass sie (wie bei ihrer Vorgängerin üblich) Fatima in dieser Zeit mit Strafarbeiten wie Putzen, Aufräumen, Botengänge usw. beschäftigen würde. Die Schulsozialarbeiterin, Frau Malzer, sah allerdings in bloßen Strafaktionen ohne Bezug zu den Ursachen der Tat wenig Sinn und suchte nach eigenen Wegen.

Glücklicherweise hatten Fatima und die Sozialarbeiterin sich schon zwei Monate vor dem Diebstahl kennen gelernt und ein Vertrauensverhältnis aufgebaut. Das Mädchen war eine Zeit lang täglich spontan vorbeigekommen und hatte immer mehr erzählt, was sie bewegte. Vor allem von ihrer häuslichen Situation hatte sie berichtet, z. B. von ihrem Vater, der seit dem Krebstod der Mutter vor vier Jahren kaum ansprechbar war und sich um fast nichts mehr richtig kümmerte. Die fünf Jahre ältere Schwester hatte bis vor einem Vierteljahr, als sie zu ihrem Freund zog, Fatima und ihre zwei und vier Jahre jüngeren Schwestern versorgt. Seit einigen Monaten musste nun Fatima für ihre Geschwister sorgen und noch zahlreiche Arbeiten im Haushalt übernehmen. Der Vater hatte sich schließlich etwas erholt, hatte aber viel mit Behörden und Ärzten zu tun, um seine Frühverrentung wegen eines Rückenleidens zu klären. So blieb Fatima kaum Zeit für ihre Schulfreundinnen und sie gehörte nicht mehr richtig zu ihrer Clique. Als Tochter eines Empfängers von staatlichen Unterstützungsgeldern (Hartz IV) konnte sie außerdem an manchen Vergnügungen der Klassenkameraden aus Geldmangel nicht mehr teilnehmen. Ihre Kleidung entsprach auch nicht dem, was als „cool" galt. Der Vater hatte sich durch einen Ratenvertrag so verschuldet, dass der finanzielle Rahmen der Familie noch enger war. Die Schulsozialarbeiterin hatte dem Vater über Fatima die Informationsbroschüre einer Finanz- und Schuldnerberatungsstelle zukommen lassen und ein Gespräch angeboten. Aber der Vater hatte auch darauf nicht reagiert. Leider konnte sie daher auch nicht mit ihm darüber sprechen, ob er (wie in türkischen Familien teilweise üblich) diese Belastung von Fatima für einen selbstverständlichen Beitrag zum Familienzusammenhang hielt, ohne die Kehrseite zu sehen.

Zum Zeitpunkt des Diebstahls war das Verhältnis zwischen Fatima und der Schulsozialarbeiterin gerade erheblich lockerer geworden. Angesichts einer Reihe dringender Einzelfälle hatte Frau Malzer wenig Zeit und sah auch keinen Grund, sich mit Fatima intensiv zu beschäftigen. Das Mädchen hatte damals weder schulische Schwierigkeiten, noch steckte sie in einer akuten familialen Krise – im Gegensatz zu anderen Schülern. Als Fatima dann beim Diebstahl erwischt wurde, rekapitulierte die Schulsozialarbeiterin für sich die letzten vier Wochen, in denen die täglichen informellen Begegnungen mit Fatima allmählich auf einen festen Pausentermin pro Woche reduziert worden waren. Hatte sie irgendwelche Krisenzeichen oder Hilferufe übersehen? Sie nahm sich vor, ihre Gewohnheit wieder aufzunehmen, am Ende des Arbeitstages noch einmal zehn Minuten alles Erlebte Revue passieren zu lassen.

Nach der Meldung des Diebstahls durch die Klassenlehrerin wollte Frau Malzer mit Fatima Kontakt aufnehmen, aber diese kam in einer Pause von sich aus auf sie zu und erzählte ihr auf dem Flur vom Diebstahl. Es platzte förmlich aus ihr heraus. Auf die Frage: „Warum erzählst du mir das?", antwortete sie, den Tränen nahe, „Weiß nicht. Irgendwie will ich, dass du weißt, dass ich das nicht mehr machen werde." Die „blöde" Idee sei von den Mitschülerinnen gekommen. Sie hätte nur mitgemacht, obwohl sie schon befürchtet hätte, erwischt zu werden. Die Mitschülerinnen ihrerseits konnten oder wollten dazu nichts sagen, kicherten nur, bestritten aber die gemeinsame Planung auch nicht. Alle fanden, es sei eben „dumm gelaufen". Die Klassenlehrerin wusste nichts Genaueres über den Tathergang oder die Motive, war aber überzeugt, dass Fatima die „Rädelsführerin" war.

Frau Malzer fragte Fatima nach ihren Ideen zur Zusammenarbeit in der Arbeitswoche. Als ihr nichts einfiel, schlug sie ihr schließlich vor, im Rollenspiel auszuprobieren, wie man auf Ideen von Mitschülern reagieren kann, die man nicht so gut findet, die z. B. vorschlagen, jüngere Mitschüler zu piesacken, etwas zu demolieren – oder eben zu klauen. Am Anfang hatte Frau Malzer Zweifel, ob die Methode „Rollenspiel" das Richtige für die eher zurückhaltende Fatima sei. Aber diese begeisterte sich zunehmend dafür, gerade zum Thema „Bestohlen werden". Zunächst verharmloste sie jegliche Form von „Mitgehenlassen". Sie argumentierte auch in den Gesprächen nach dem Spiel nicht normenbezogen, sondern ergebnisbezogen („Pech, dass ich erwischt wurde"). Außerdem relativierte sie ihr Fehlverhalten durch den Verweis auf Mitschüler („Haben die anderen ja auch schon gemacht"). Diese Begründungen standen in merkwürdigem Kontrast zu ihrem Geständnis auf dem Flur. Sie nahm aber die andere Einstellung von Frau Malzer wahr, genoss die gemeinsam mit ihr verbrachte Zeit und setzte sich im Laufe der Woche immer ernsthafter mit deren Argumenten auseinander. Zu ihrer Unsicherheit, wie ernst bestimmte Normen und Werte der Erwachsenen zu nehmen seien, trug vielleicht auch der Vater bei, den der Diebstahl nicht beunruhigte. Am Ende der Woche bestritt Fatima ihren Anteil an der Tat nicht mehr und konnte besser nachvollziehen, dass sie bei etwas mitgewirkt hatte, das andere nicht mögen.

Neurowissenschaftliche Grundlagen der Handlungsregulation

Das menschliche Gehirn wird in den Neurowissenschaften als ein sich selbst organisierender Erfahrungsspeicher betrachtet, der aufgrund von Erfahrungen des Organismus seine Struktur ändern kann. Der genetisch angelegte Ausreifungsprozess des Gehirns geht dabei mit sozialen Ausformungsprozessen einher und ist an organische Entwicklungsschübe gebunden. Nach dem zweiten und zwischen dem zehnten und zwölften Lebensjahr weist das Gehirn z. B. das doppelte Potenzial an Neuronen und synaptischen Verbindungsmöglichkeiten auf wie im Erwachsenenalter. Dieses Überpotenzial baut sich im Zuge der Herausbildung bevorzugter Verzweigungen zwischen den Nervenzellen wieder ab. Durch häufige Wiederholungen werden die neu entstandenen Verbindungen immer besser gebahnt, sind leichter aktivierbar und gewinnen als Formen der Realitätsaneignung Einfluss auf psychische Aktivitäten, oft ohne dass dies den Handelnden bewusst ist.

Das Gehirn benötigt etwa 18 bis 20 Jahre, um jene Bahnungen zu etablieren, die für die kognitiv-emotionale Lebenskompetenz von Erwachsenen nötig sind. KlientInnen, die zwar veränderungsbereit sind, aber das Geplante nicht umsetzen können, weisen oftmals Reaktionsmuster auf, die einem früheren Lebensalter entsprechen. Sie sind z. B. nicht in der Lage,

- sich von Ich-bezogenen Vorstellungen zugunsten einer sozial bezogenen und mehrperspektivischen Sicht der Wirklichkeit zu lösen,

- klar zwischen ihren guten Absichten und ihrem tatsächlichen Handeln zu unterscheiden,
- Moratorien zwischen Handlungsimpuls und Handlung einzuschalten, um mögliche Konsequenzen zu bedenken,
- sich auch als Ursache ihrer Probleme und nicht nur als Pechvögel oder Opfer zu sehen.

Im Rahmen einer wertschätzenden Beziehung gelingt es KlientInnen am ehesten, innere Bilder von sich selbst und ihrer Umwelt zu korrigieren, Lern- und Entwicklungsprozesse nachzuholen, eine intrinsische Motivation aufzubauen und so ihre Selbststeuerung zu verbessern (siehe auch Roth 2001; Hüther 2005; Storch/Krause 2007; Kron-Klees 2008, 97ff, 124f, 198f).

Fatima, so berichteten die Lehrer, ist in ihrer Klasse isoliert. Sie ist die einzige Muslima, die ein Kopftuch trägt. Über eine mögliche Verstärkung ihrer sozialen Ausgrenzung durch den Ausschluss von der Klassenfahrt hatte sich die Lehrerkonferenz keine Gedanken gemacht. Frau Malzer erzählte der Klassenlehrerin andeutungsweise von Fatimas häuslicher Situation, dass sie selbst für die Clique sehr wenig Zeit hätte, und berichtete ausführlicher vom Gefühl des Mädchens, nicht wirklich zur Klassengemeinschaft zu gehören. Auch Fatimas Entwicklungen im Rollenspiel schilderte sie anschaulich. So veränderte sich das Bild der Lehrerin von der „Rädelsführerin" allmählich und sie bemühte sich um Fatimas Integration in den Klassenverband. Zwei Monate später berichtete sie, dass Fatima sich mit einem Mädchen näher befreundet habe und auch von der Klassengemeinschaft besser akzeptiert werde. Sie wirke jetzt deutlich fröhlicher und selbstbewusster und sei auch konzentrierter im Unterricht dabei. Am Ende dieser Kooperation hatten beide das Gefühl, gemeinsam erstaunlich viel erreicht zu haben. Sie waren sich auch einig, dass es sinnvoll wäre, wenn Klassenlehrer vor wichtigen Entscheidungen bei den beiden Schulsozialarbeiterinnen nachfragen würden, um sie gegebenenfalls zu Konferenzen hinzuzuziehen.

2.2 Analyse der Fallvignette

Die Schulsozialarbeiterin arbeitet nicht nur mit Fatima, sondern auch mit einer ganzen Reihe anderer Personen. Sie beweist dabei *Fallkompetenz* im Umgang mit Fatima, *Systemkompetenz* im Umgang mit der

Organisation Schule und ihren Mitgliedern, *Selbstkompetenz*, indem sie ihre Wut auf den Vater und die Lehrer und ihre eigene Rolle in dieser Dreierkonstellation reflektiert. Frau Malzers Ziel war es, Fatimas Fähigkeit zu fördern, Unrecht als Unrecht zu erkennen, zu ihren Fehlern zu stehen und sich in das Opfer einzudenken. Die Wege zu diesem Ziel sucht sie mit Fatima gemeinsam. Dabei nutzt sie mehrere veränderungsfördernde Ansätze: einsichts- und erlebnis- und verhaltensorientierte Methoden (→ Wissensbaustein „Personenbezogene Veränderungstheorien"). Verhaltensorientiert übt sie z. B. im Rollenspiel mit Fatima mögliche Antworten auf Einladungen der Clique, weitere Delikte zu begehen. So kann Fatima ihr Verhaltensrepertoire erweitern und sicherer werden. Einsichtsorientiert versucht sie zunächst zu ergründen, was in Fatima vorgegangen ist, wie sie das Geschehen inzwischen beurteilt und was sie sich für die Zukunft wünscht. Empfindet sie etwas als Unrecht, das sie sühnen möchte, um sich von ihrem Schuldgefühl zu befreien? Um sie besser zu verstehen, informiert sie sich nach dem Diebstahl auch bei der Schwester, bei der Klassenlehrerin und der Sozialarbeiterin des Jugendamtes, die die Familie seit dem Tod der Mutter begleitet. Und natürlich redet sie vor allem mit Fatima. Frau Malzer versucht den Hergang, die Motive der Beteiligten und die Reaktionen der Außenstehenden aus der Sicht der Beteiligten zu rekonstruieren. Dies verlangt neben *Analysekompetenz* auch *Interaktions- und Kommunikationskompetenz*, da es hier nicht um Sachinformationen und eindeutige Daten geht, etwa zur Höhe des gestohlenen Betrags im Verhältnis zum Beitrag für die Klassenfahrt. Notwendig ist Sinnverstehen, eine Interpretation sozialer Prozesse und ihrer Bedeutung für die Beteiligten aus ihrer Sicht. Soziale Ereignisse bedürfen einer dialogischen Erschließung, um nachzuvollziehen, wer von welchen Erwartungen, Hoffnungen oder Enttäuschungen ausging, wer sich wessen Verhalten damals wie erklärte und deswegen so reagierte (→ Wissensbausteine „Diagnostisches Fallverstehen" und „Beratungsmodell", Bd. 3, Stimmer/Weinhardt).

Frau Malzer trägt u. a. durch Fragen und Deutungsvorschläge zur (Selbst)Klärung von Fatima bei. Sie leitet das Gespräch auf vermutete wichtige Einflussfaktoren, etwa den Gruppendruck in der Clique. Fatima kann sich selbst nicht recht erklären, was damals in ihr vorging, als sie das Geld an sich nahm. Wollte sie auf diese Weise die Kosten für die Klassenfahrt bezahlen, weil sie ihren Vater nicht darum bitten wollte, um ihn nicht zu beschämen, wenn er es nicht hätte? Vielleicht bewunderte sie auch den Mut von Mitschülern, die einfach etwas mitgehen lassen? Zugleich findet sie es aber offenbar auch nicht richtig, steckte also in einem Konflikt. Ihre Aussage: „Ich wollte meinen MitschülerInnen imponieren", war eine erste Arbeitshypothese, eine vorläufige Grundlage, z. B. für Gespräche über die Wertvorstellungen der Clique. Das Rollenspiel ermöglichte Fatima neue Erfahrungen. Indem sie im Spiel in die Rolle des Opfers schlüpfte, konnte sie erstmals nachvollziehen, wie sich die Bestohlene gefühlt haben mochte. Frau Malzer nutzte bei diesen Übungen lerntheoretisches und interaktionstheoretisches Wissen – und ihr eigenes Vergnügen am Rollenspiel. Entscheidend war die Bereitschaft von Fatima, sich mit dem Geschehen und mit den angebotenen Deutungen auseinanderzusetzen, neue Fähigkeiten zu erwerben (Nein sagen zu Freunden) und eigene moralische Vorstellungen zu entwickeln.

Die Analyse-, Planungs- und Kommunikationskompetenz von Frau Malzer wird durch ihre *Reflexions- und Evaluationskompetenz* abgestützt. Sie geht fallbezogen von einer klaren Evaluationsfragestellung aus: Hat Fatima Erfahrungen machen können, die sie so weitergebracht haben, dass ein erneutes, von der Norm abweichendes, spontan gruppenkonformes Verhalten etwas unwahrscheinlicher geworden ist? Als Indikator für die Zielannäherung bewertet sie *fallbezogen* die Fähigkeit von Fatima, sich in die Situation der bestohlenen Mitschüler zu versetzen sowie sich klarer gegen Meinungen oder Aktionen von Gruppenmitgliedern auszusprechen, die sie nicht gutheißt. Bezogen auf das soziale Umfeld Schule war Fatima am Ende deutlich besser integriert. *Systembezogen*, d. h. auf das Leistungssystem Schule, wurden zwei Ziele erreicht: ein größeres Verständnis der Lehrerin für die Lebenssituation von Fatima und ihre Bereitschaft, Frau Malzer künftig zu Klassenkonferenzen einzuladen. Die Kooperation zwischen Lehrern und Schulsozialarbeiterinnen war gleichberechtigter geworden. Die Entscheidung von Frau Malzer, künftig wieder konsequenter die Eindrücke des Tages zu notieren und zu überdenken, dient außerdem ihrer reflexiven Selbstkompetenz (→ Wissensbaustein „Selbst- und Fremdevaluation").

In diesem Fall wurde vor allem mit Fatima gearbeitet, kaum mit ihrem sozialen Umfeld (z. B. mit dem überlasteteten, seine Tochter überfordernden Vater oder mit der weiterhin stehlenden Clique). Diese Schwachstellen reflektierte Frau Malzer nicht. Sie thematisierte auch nicht die durchgängige Begrenzung ihrer Arbeitskapazitäten durch eine Reihe schulbezogener Serviceleistungen (Schulfeste mitorganisieren etc.) weder im Kollegenkreis noch im Facharbeitskreis Schulsozialarbeit. Glücklicherweise entspannte sich Fatimas häusliche

Situation mit der Verrentung des Vaters, sodass dieser stark einzelfallbezogene Ansatz kombiniert mit der unterstützenden Arbeit am und mit dem Leistungssystem Schule nicht zu einer Überforderung von Fatima führte.

Übungsaufgaben

1. Nach welchen Arbeitsprinzipien (vgl. Kap. 3.4) ist Frau Malzer vorgegangen?
2. Was weist in der Fallschilderung darauf hin, dass im Fall von Fatima durch (welche?) Veränderungen zweiten Grades sogar Veränderungen dritten Grades angestoßen werden? (zur Terminologie → Wissensbaustein „Personenbezogene Veränderungstheorien")
3. Fatimas Vater ist Hartz-IV-Empfänger. Recherchieren Sie, wie viel Geld einem Hartz-IV-Empfänger, in dessen Haushalt zwei Kinder (6 und 13 Jahre) leben, zusteht. Finden Sie anhand der Angaben des Statistischen Bundesamtes (www.destatis.de) heraus, wie viele Haushalte in der Bundesrepublik von Hartz IV (Arbeitslosengeld I, II) leben.
4. Listen Sie auf, wie viel Geld in Ihrer Familie im letzten halben Jahr monatlich wofür (Miete, Versicherungen, Essen, Kleider etc.) ausgegeben wurde. Wo würden Sie wie sparen, falls Sie von Hartz IV leben müssten? Wenn Ihre Familie schon von Hartz IV gelebt hat, wodurch entstanden die schwierigsten Engpässe und wie wurden sie bewältigt?
5. Zu welchem Typus Arme zählen Fatima und ihr Vater? Welche Risikofaktoren, die Armut begünstigen, kumulieren in ihrem Fall? (→ Wissensbaustein „Armut")
6. Fatima trägt ein Kopftuch. Welche Gründe könnten sie dazu bewogen haben?

Wissensbaustein: Migration und Soziale Arbeit
von Franz Hamburger

Auswanderung – Einwanderung – Transmigration

Migration – von den Vereinten Nationen als Verlegung des Wohnsitzes mindestens für die Dauer eines Jahres definiert – ist ein in der menschlichen Lebensweise zu allen Zeiten anzutreffendes Phänomen. Die Sesshaftigkeit erscheint als Normalität, in Geschichte und Gegenwart ist die Migration jedoch ebenso verbreitet. Migration hat viele Ursachen und wird durch Zwang, Kriege, Vertreibung und Verfolgung ebenso hervorgerufen wie durch die Aussicht auf Verbesserung der Lebensbedingungen. Verbreitet ist Arbeitsmigration, denn der Zugang zu Erwerbsarbeit ist Voraussetzung zur Sicherung von (zumindest einfachen) Lebensbedingungen.

Migration – regionale Mobilität – ist häufig mit sozialer Mobilität verbunden, denn sie verändert die Zugehörigkeiten eines Individuums zu seiner alten und neuen Gesellschaft. Seit der Etablierung territorialer Herrschaftssysteme, insbesondere seitdem sich der moderne Nationalstaat durchgesetzt hat, wird Migration auch politisch normiert. Schließlich verändern sich durch Migration kulturelle Gewissheiten und Gewohnheiten – für den Migranten, von dem umfassende Lernprozesse verlangt werden, und für die Gesellschaft im Einwanderungskontext, die ihr Selbstverständnis und ihr Gesellschaftsbild durch Migration verändert sieht. Migration ist also ein Prozess, der auf ökonomischen Bedingungen zunehmend die sozialen, politischen und kulturellen Dimensionen im Selbstverständnis von Individuen und Gesellschaften berührt.

Die Auswanderung löst häufig Probleme und Konflikte im Herkunftsland von Migranten, wenn Hunger oder Übervölkerung vertreibend wirken. Die Einwanderung löst Probleme im Einwanderungsland, wenn Arbeitskräfte gebraucht werden. Auswanderung ist unerwünscht, wenn sie die für die Entwicklung eines Landes erforderliche aktive Bevölkerung vermindert; Einwanderung wird zu verhindern versucht, wenn die Migranten sich nicht dem ökonomischen Kalkül einfügen. Migration löst Probleme und gleichzeitig löst sie Konflikte aus. Bei geregelten Verfahren (z. B. Anwerbung in sozialversicherungspflichtige Beschäftigungsverhältnisse) liegt der Vorteil bei Arbeitgebern und Arbeitnehmern, die soziale Rechte erwerben. Bei der Abwehr von Migration steigen die Transaktionskosten für den Migranten, gleichzeitig wird die illegalisierte Arbeit billiger für den Arbeitgeber.

In modernen Gesellschaften mit hoher Informationsdichte (ein Spiel von Bayern München wird in über 100 Ländern in der Welt übertragen) und billigen Mobilitätstechnologien wird der Prozess von einfacher Aus- und Einwanderung teilweise überlagert von „Transmigration", wenn Migranten mehrfach migrieren, wenn Verwandtschaftssysteme sich über verschiedene Länder hinweg ausdehnen und Biografien von Menschen nicht mehr durch das Leben an einem oder zwei Orten bestimmt werden. Es entstehen transnationale Soziale Räume, in denen sich nicht nur die Menschen bewegen, sondern auch Güter, Kapital, Dienstleistungen und kulturelle Inhalte.

Die Veränderung des Einwanderungskontextes

In Deutschland gibt es zu Anfang des 21. Jahrhunderts alle Formen von Migration gleichzeitig. Für viele Migranten ist das Leben in Deutschland mit ökonomischen und sozialen Chancen verbunden. Aber für einen großen Teil, und zwar für erheblich mehr als in der Gruppe der Einheimischen, ist Arbeitslosigkeit, Armut, Abhängigkeit von Sozialleistungen, Angewiesenheit auf die Unterstützung durch die Familie und ein soziales Netzwerk das zentrale Merkmal ihrer sozialen Lage. Für Kinder und Jugendliche ist die „strukturelle Integration" durch Bildung nur eingeschränkt möglich. Die Migranten insgesamt erleben mehr „gruppenbezogene Menschenfeindlichkeit" als andere Gruppen. Insbesondere in der Öffentlichkeit und häufig in der Politik werden sie als soziales Problem stigmatisiert. Im Einwanderungskontext verbessern sich für Migranten die Lebensbedingungen, aber es kommt etwas für sie ganz Neuartiges hinzu: Sie werden als Ausländer, Fremde, Personen mit einer bestimmten nationalen Zugehörigkeit, kurz: als „Migrationsandere" (vgl. Mecheril 2004) wahrgenommen, problematisiert, abgelehnt oder rassistisch diffamiert. Dies ist eine vor allem kränkende Erfahrung.

Die Einheimischen dagegen nehmen die Migranten generell als zunächst Nicht-Dazugehörige, als „Bürger 2. Klasse" wahr und werden sich teilweise ihres privilegierten Staatsbürgerstatus durch Abgrenzung erst richtig bewusst. Das nützt teilweise auch die Politik, die immerzu den Einheimischen klarmacht, dass sie eine bevorzugte Position einnehmen. Die Mehrheit der Einheimischen, oft auch derjenigen, deren Migrationsgeschichte abgeschlossen scheint, befürwortet eine strikte Regulierung der Zu- und Abwanderung nach streng festzulegenden ökonomischen Erfordernissen. In sehr großer Not soll aber auch („echten") Flüchtlingen geholfen werden.

Aus der Perspektive der Einheimischen soll sich der Migrant bewähren und in eine soziale Ordnung einfügen, die vorrangig die

Interessen der Eingeborenen respektiert. Sicherheit erscheint für den Migranten nur unter Vorbehalt möglich. Die Einbürgerung schafft rechtliche Klarheit, aber in den sozialen Beziehungen kann dem Migranten noch lange „das Vertrauen entzogen" werden. Der Migrant fühlt sich deshalb in seiner Lage „labilisiert" und eine vorbehaltlose Zuwendung zum Einwanderungsland („identifikative Assimilation") ist lange Zeit riskant. Erforderlich ist hier die förmliche Erklärung als Einwanderungsland, weil nur so Sicherheit für alle Beteiligten entsteht. Wenn die Deutschen ihr Gesellschaftsbild ändern, sodass Deutschland nicht mehr nur ihr Land, sondern das aller Menschen ist, die dauerhaft in Deutschland leben, dann können auch die Migranten die Hinwendung zu ihrem Einwanderungsland vornehmen. Die Flexibilisierung der Migration zur Transmigration wird diese Prozesse nicht erleichtern.

Teilhabe der Migranten und Soziale Arbeit

Die Einschränkung von Teilhabe und die Nicht-Realisierung von Verwirklichungschancen ist der Ansatzpunkt der Sozialen Arbeit. Benachteiligungen ergeben sich zunächst auf „natürliche" Weise, insofern Migranten als Personen im fremden Land eine neue Sprache und ein neues Orientierungswissen erwerben müssen. Solange ihre Rechtsposition als „Ausländer" dauert, sind sie auch objektiv nicht gleichgestellt und haben nicht die gleichen Rechte wie die Einheimischen. Hinzu kommen die durch das Einwanderungsland aktiv ausgeübten Beschränkungen. Bildungszertifikate werden oft nicht anerkannt, der Erwerb von Rechten ist erschwert, die kulturellen Gewohnheiten werden diskriminiert, die sozialen Beziehungen zu den Migranten werden abgewertet usw.

Migranten können darüber hinaus als Soziales Problem definiert werden. Ihre Anwesenheit wird dabei als Ursache für verschiedene Soziale Probleme wie Arbeitslosigkeit u. Ä. definiert. Migranten können – wie andere Minderheiten auch – als „Sündenbock" dienen, auf den unerwünschte Zustände projiziert werden. Bei Einheimischen tritt oft eine Spaltung in Orientierung auf Migration ein: Die persönlich bekannten Migranten, die die öffentlich zugeschriebenen Merkmale in der Regel nicht aufweisen, werden im Bewusstsein scharf getrennt von „den" Migranten im Allgemeinen.

Neben der Definition als soziales Problem gibt es auch das Wahrnehmungsmuster „Migranten bereichern uns", sei es durch fleißige Arbeit, billige Dienstleistungen, folkloristische Kulturdarbietungen oder gastronomische Neuigkeiten. Solange Migranten genau den Platz einnehmen, den ihnen eine Gesellschaft zuweist, werden sie toleriert. In der „Gastarbeiterphase" der neueren Migration in Deutschland ist Sozialarbeit als Ausländerberatung entstanden, die die Arbeiter und Arbeiterinnen im fremden Land mit Orientierungswissen ausstattete, die den Zugang zu sozialen Rechten und gesellschaftlichen Gütern vermittelte und die soziale Selbstorganisation unterstützte.

Mit der Transformation der Gastarbeit zur Einwanderung, aber auch mit neuen Migrationsformen (Flucht, Saisonarbeit usw.) haben sich Problemlagen und Handlungsschwerpunkte verlagert. Als Adressaten werden einzelne Gruppen wie Kinder und Jugendliche, Frauen und Rentner, Kranke und Pflegebedürftige in das Zentrum der sozialen Aufmerksamkeit gerückt. Ihre Lebenslagen werden als problematisch und schwierig definiert. Die Auseinandersetzung mit den bei der Problemdefinition produzierten oder verstärkten Stereotypen wird dann im zweiten Schritt wiederum auch eine Aufgabe der Sozialen Arbeit. Ein signifikantes Beispiel sind die Migrantenfrauen, die immer wieder als hilflos, unterstützungsbedürftig, abhängig und unemanzipiert gelten, – mal mit, mal ohne Kopftuch.

Die Auseinandersetzung mit solchen Stereotypen wird zur Aufgabe der Sozialen Arbeit mit den Einheimischen. Diese Aufgabe stellt sich in allen Handlungsfeldern, wenn die Soziale Arbeit mit diskreditierenden Äußerungen über Migranten konfrontiert wird. Dies ist systematisch gehäuft der Fall, denn die typischen Klienten der Sozialen Arbeit befinden sich in besonderer Nähe zur Lebenslage der Migranten und deshalb glauben sie, durch Abgrenzung von den Migranten die eigene Position verbessern zu können. Sozialarbeiter und Sozialpädagoginnen entscheiden in vielen Alltagssituationen, ob sie den ausländerfeindlichen Äußerungen zustimmen oder sie übergehen, sie missbilligen oder bekämpfen.

Die Soziale Arbeit mobilisiert aber auch Hilfe für Migranten bei den Einheimischen, weckt und fördert bürgerschaftliches Engagement für Kinder, Jugendliche, Frauen, Alte usw. In vielen Initiativgruppen und Organisationen, die die Migration sozial-produktiv verarbeiten, ist Soziale Arbeit präsent und aktiv-strukturierend.

Durch Migration werden Probleme gelöst, aber immer auch neue Probleme hervorgebracht. Ein Beispiel ist der Rassismus, der als spezifische Form der Menschenfeindlichkeit in Gesellschaften besteht und sich unter bestimmten Bedingungen verstärkt oder verringert. Die „Migrationsanderen" sind oft die Personengruppen, auf die sich Angst und Aggression, Ablehnung und Hass richten können. Erklärbar wird der Rassismus aber nicht durch sein Objekt, sondern sein Subjekt – also die Lebenslagen und Biografien derjenigen, die rassistisch denken und handeln. Migranten werden dennoch immer wieder zu Sündenböcken stilisiert. In der Sozial- und Bildungsarbeit ist die Konfrontation mit solchen Gefühlen des Rassismus eine komplexe Herausforderung, denn mit einem einfachen „Gegenwirken" wird oft das Gegenteil des „naiv" Gewollten erreicht. Eine geduldige Auseinandersetzung ist erforderlich, akzeptierende und ablehnende Haltungen zugleich sollen realisiert werden. Die eigene Emotionalität gerät unter Druck, ein hohes Maß an Professionalität wird verlangt.

So wie der Rassismus der Einwanderungsgesellschaft deren nicht verarbeitete Problemlagen ans Licht bringt, werden auch bei den Migranten problematische Erscheinungen sichtbar. Nationalistische Vorstellungen werden entwickelt als Reaktion auf erfahrene Ablehnungen und Kränkungen. Personengruppen, die ihre traditionale Macht verlieren, versuchen mit Gewalt, sie zu behalten, und sie unterdrücken dann andere Personen. Auch hier wird Gewalt gegen Frauen oder gegen Kinder und Jugendliche zum Ausdruck eines nicht bewältigten Wandels.

In beiden Fällen ist die Soziale Arbeit gefordert. Sie unterstützt die Opfer, seien es die Opfer der Gewalt im Namen der Nation oder der Rasse, seien es die Opfer der Gewalt im Namen der Ehre. Sie kann dabei nicht die schützende Funktion der Polizei übernehmen, aber sie muss die Opfer unterstützen und einen Beitrag zur Unterbrechung der Gewalteinwirkung und des Opferstatus leisten. So hat sie oft auch mit den Tätern oder potenziellen Tätern zu tun – auch wenn sie hier nicht die Aufgaben von Polizei und Justiz übernehmen kann (vgl. auch → Wissensbaustein „Kulturspezifische Krisenintervention", Bd. 2, Gromann).

Literaturempfehlungen

zur Einführung: Treichler, A., Cyrus, N. (Hrsg.) (2004): Handbuch Soziale Arbeit in der Einwanderungsgesellschaft. Frankfurt/M.

Zeitschrift „Migration und Soziale Arbeit". Herausgegeben vom Institut für Sozialarbeit und Sozialpädagogik e. V. (Themenhefte, laufende Berichterstattung, Rezensionen, Bibliographie).

zur Vertiefung: Freise, J. (2008): Interkulturelle Soziale Arbeit. Schwalbach/Taunus

Hamburger, Franz (2009): Abschied von der Interkulturellen Pädagogik. Plädoyer für einen Wandel sozialpädagogischer Konzepte. Weinheim/München

Heitmeyer, W. (2007): Deutsche Zustände. Folge 1 bis 6. Frankfurt/M.

Nohl, A.-M. (2006): Konzepte Interkultureller Pädagogik. Bad Heilbrunn.

3 Berufsspezifische Anforderungen in der Sozialen Arbeit

3.1 Auftrag und Ziele

Alle Berufe haben eine bestimmte Funktion für die Gesellschaft zu erfüllen. Die Funktion der Sozialen Arbeit ist eine intermediäre: Sie tritt vermittelnd zwischen Individuum und Gesellschaft mit dem Ziel, ein besseres Verhältnis der Menschen zu ihrer näheren und ferneren sozialen Umwelt zu erreichen (Hamburger 1997, 245; IFSW 2006, 1; Staub-Bernasconi 2000, 631; Heiner 2010, 101ff). Ihrem Vermittlungsauftrag entsprechend haben die Bemühungen der Sozialen Arbeit immer einen doppelten Fokus: Sie beziehen sich auf „die Kompetenzen des Individuums und die Chancenstruktur der Gesellschaft" (Hamburger 2008, 35; Thiersch 1993, 144). Das Handeln der Fachkräfte im Rahmen dieser intermediären Funktion wird auch als „Intervention" bezeichnet, d. h. als „Dazwischentreten", als Vermittlung zwischen Personen, Gruppen, Organisationen (Müller 2008, 68f). Diese Interventionen dienen der Autonomie der Lebensführung der KlientInnen und zugleich der Gewährleistung gesellschaftlicher Normalzustände. Ihre Hilfen enthalten daher zumeist auch Elemente von Kontrolle. Die Soziale Arbeit ist nicht nur dem Wohl ihrer KlientInnen verpflichtet, sondern auch dem Gemeinwohl. Dies setzt zunächst eine Klärung voraus, welche aktuell propagierten Vorstellungen von „Gemeinwohl" angemessen sind und welche nur Partialinteressen kaschieren. Ebenso wenig ist eindeutig, was als „Wohl der KlientInnen" anzusehen ist und wie es am besten zu fördern wäre. Von den KlientInnen wird es oft anders definiert als von der Umwelt. Die Soziale Arbeit muss die Vorstellungen der Gesellschaft, der Träger Sozialer Arbeit und auch der KlientInnen immer erst hinsichtlich ihrer Berechtigung und ihrer Konsequenzen analysieren und beurteilen und dabei die eigenen Wertmaßstäbe überprüfen. Entsprechend ist sie notwendigerweise und in besonderem Maße eine reflexive Profession (Dewe/Otto 2005; Schön 1987), deren Mitglieder sich selbst hinsichtlich ihrer Ziele, Methoden und Ergebnisse überprüfen müssen (Otto 2007). Die Reflexivität Sozialer Arbeit bezieht sich ebenso auf die grundlegenden Ziele und Werte der Profession als auch auf das alltägliche Handeln der einzelnen Fachkräfte.

Ziel der Vermittlungstätigkeit der Sozialen Arbeit ist die Ermöglichung der sozial verantwortlichen Selbstverwirklichung von Individuen. Dies setzt eine Veränderung ihrer Lebenslage voraus. „Lebenslage" ist ein Begriff, der auf den ganzheitlichen Ansatz beruflichen Handelns in der Sozialen Arbeit verweist. Er umfasst sowohl die Lebensbedingungen als auch die Lebensweise von Personen, einschließlich ihrer (Un-)Fähigkeit, ihr Leben zu bewältigen und zu gestalten. Die Fachkräfte der Sozialen Arbeit beeinflussen Lebenslagen, indem sie Gelder bewilligen, Hilfen organisieren und Förderangebote vermitteln, welche die Individuen entlasten, stützen und befähigen. Sie üben aber auch Druck aus, verweigern Unterstützung und wirken auf diese Weise disziplinierend und kontrollierend. Sie tun es, um die Betroffenen zu aktivieren und ihre Selbsthilfekräfte zu mobilisieren, aber auch, um ihnen Grenzen zu setzen und andere Beteiligte zu schützen oder zu entlasten und/oder um gesellschaftliche Normen und Erwartungen durchzusetzen. Fehlt es an entsprechenden Ressourcen (z. B. sozialstaatlichen Leistungen) oder sind die gesellschaftlichen Anforderungen an die KlientInnen überzogen und unrealistisch, so werden die Fachkräfte der Soziale Arbeit auch politisch aktiv.

Die Ziele der Sozialen Arbeit, die sie bei ihrer Vermittlungstätigkeit verfolgt, sind begrifflich und konzeptionell unterschiedlich gefasst worden: als Förderung der sozialen Integration bzw. der „Inklusion" in diverse gesellschaftliche Systeme wie Familie, Schule, Betrieb etc. (Merten 2004), als Erweiterung oder Sicherung der Autonomie der Lebensführung (Dewe/Otto 2005), als Ermöglichung eines gelingenden Alltags trotz sozialer Benachteiligung und Ungerechtigkeit (Grunwald/Thiersch 2008; Thiersch 2002, 172; Thole/Cloos 2005) und als Bearbeitung sozialer Probleme, die aufgrund ungleicher Zugänge zu den gesellschaftlichen Ressourcen entstanden sind (Staub-Bernasconi 2005, 249ff). Kombinationen solcher Kennzeichnungen sind – mit unterschiedlichen Akzentsetzungen – ebenfalls zu finden.

Das Arbeitsfeld der Sozialen Arbeit liegt dabei quer zu den bestehenden gesellschaftlichen Funktionssystemen, denn die Fachkräfte sind gleichermaßen im Gesundheits-, Bildungs-, Rechts- und Wirtschaftssystem beschäftigt. Sie werden dort in doppeltem Sinne als „VermittlerInnen" tätig: Sie vermitteln die Leistungen von Organisationen und ermöglichen oder erleichtern den KlientInnen damit Teilnahme und Mitgliedschaft (Inklusion) – einschließlich der Nutzung von Leistungen –, und sie vermitteln bei Konflikten zwischen Personen oder zwischen Personen und Organisationen.

Die Soziale Arbeit ist eine Profession, also ein gehobener Beruf, dessen Ausübung u. a. eine wissenschaftliche Ausbildung voraussetzt und der Aufgaben übernimmt, deren Erledigung für die Gesellschaft und die einzelnen KlientInnen besonders bedeutsam ist und besondere Kompetenzen erfordert. Sie bearbeitet diese Aufgaben auf der Grundlage wissenschaftlicher Erkenntnisse, fachlicher Standards und institutioneller Vorgaben. Dabei trifft sie im konkreten Handeln oftmals auf erhebliche Spannungen zwischen den Beteiligten und muss deren unterschiedliche Erwartungen und Interessen ausgleichen, also auch hier vermittelnd tätig sein.

3.2 Doppelte Aufgabenstellung

Die Soziale Arbeit erscheint auf den ersten Blick als ein Beruf, in dem man mit Menschen arbeitet, um ihre Entwicklung zu fördern und ihre Fähigkeiten zu erweitern. Die direkte Kommunikation mit KlientInnen würde demnach den Kern des beruflichen Handelns ausmachen. Dies wäre jedoch nach der bisherigen Darstellung eine Verkürzung ihres Auftrags auf die direkte KlientInnenarbeit. Angesichts der belastenden Lebensbedingungen ihrer Klientel sind nicht nur Bemühungen um eine Veränderung des Verhaltens von Personen notwendig, sondern auch eine Veränderung der Verhältnisse, in denen diese leben. Damit wird das Leistungssystem – insbesondere das System der sozialstaatlichen Leistungen – neben dem Klientensystem zum gleichrangigen Zielsystem der Sozialen Arbeit. Dem Auftrag der Sozialen Arbeit, zwischen Individuum und Gesellschaft zu vermitteln, entspricht eine doppelte Zielsetzung: Veränderung der Lebensweise und der Lebensbedingungen.

Diese Zielsetzung wiederum führt zu einer doppelten Aufgabenstellung: der Arbeit mit dem Klientensystem und dem Leistungssystem. Zum *Klientensystem* gehören neben den KlientInnen auch ihr soziales Umfeld (Familie, Freunde, Mitschüler, Kollegen, Nachbarn etc.). Das *Leistungssystem* umfasst die Dienste und Einrichtungen, die den KlientInnen helfen könnten und sollten, ihr Leben zu bewältigen und die damit auch die Bemühungen der Fachkräfte der Sozialen Arbeit unterstützen. Hierzu zählen insbesondere Organisationen des Bildungs-, Sozial- und Gesundheitssystems, aber auch das Wirtschaftssystem, das politische System und das Professionalisierungssystem (Fachverbände, Aus- und Fortbildungsstätten etc.). Der Systembegriff soll verdeutlichen, dass alle Beteiligten in komplexen sozialen Bezügen stehen und diese von den Fachkräften der Sozialen Arbeit auch gesehen und angesprochen werden müssen (→ Wissensbaustein

„Sozialraumorientierung", Bd. 2, Gromann). Die doppelte Aufgabenstellung der Arbeit mit dem Klientensystem und dem Leistungssystem kann fallbezogen erfolgen oder fallübergreifend. Die Zusammenarbeit mit einer psychiatrischen Klinik kann z. B. der Abklärung des Vorgehens in einem bestimmten Fall dienen, z. B. im Umgang mit einer Klientin, die überwiesen werden soll. Die Leitungskräfte können aber auch fallübergreifend vereinbaren, wie man solche Überweisungen und die damit verbundene notwendige Informationsübermittlung, Terminabsprache, Antragstellung beim Kostenträger etc. künftig generell handhaben will.

Die einzelnen Fachkräfte werden je nach Tätigkeitsbereich, Handlungstypus und Position in der Hierarchie sozialer Dienste und Einrichtungen unterschiedlich extensiv mit den Leistungssystemen zusammenarbeiten. So sind Leitungskräfte stärker an der Planung, Entwicklung und politischen Durchsetzung von Veränderungen des Leistungssystems beteiligt als Basisfachkräfte – und zwar sowohl bezogen auf ihre eigene Organisation als auch bezogen auf andere Organisationen. Für den Beruf insgesamt aber ist die Arbeit mit dem Leistungssystem ebenso wichtig, um den KlientInnen neue Lebensperspektiven zu eröffnen, wie die Arbeit mit dem Klientensystem (→ Wissensbausteine „Strukturbezogene Veränderungstheorien" und „Sozialplanung", Bd. 5, Merchel). Diese Breite der Aufgabenstellung und der Versuch zu ganzheitlichen Problemlösungen zu gelangen ist ein charakteristisches Merkmal der Sozialen Arbeit im Vergleich zu benachbarten Berufen (Heiner 2010, Teil C).

3.3 Handlungsmodus Hilfe und Kontrolle

Der Vermittlungsauftrag der Sozialen Arbeit sowie ihre doppelte Verpflichtung auf das Wohl der KlientInnen und das Allgemeinwohl bestimmen auch die grundlegende Dimension ihres Handelns. Sie führen dazu, dass ihre Interventionen für die KlientInnen sowohl „Hilfe" als auch „Kontrolle" sein können – und oftmals beides zugleich ist. Entsprechend kennzeichnen Verbindungen und Vermischungen von Hilfe und Kontrolle die Soziale Arbeit. Diese Verbindungen von Hilfe und Kontrolle ergeben einen Handlungsmodus von struktureller Ambivalenz (Hamburger 1997, 254). So wird der Alkoholabhängige, der von seinem Arbeitgeber und seiner Frau gedrängt wird, etwas gegen seine Suchtabhängigkeit zu tun, aber dies selbst noch nicht für notwendig ansieht, das „Beratungsangebot" der Sozialarbeiterin zumindest als zwiespältig erleben. Auch der psychisch Kranke, der lieber ein Leben ohne Medikamente und ohne Betreuung führen würde, erlebt die „Hilfe" der Fachkraft des Sozialpsychiatrischen Dienstes, die auf der Einnahme der Arznei besteht und ihn entsprechend häufig ermahnt, als Druck, vielleicht sogar als Zwang oder Nötigung – selbst wenn er weiß, dass ihm damit ein selbstbestimmtes Leben in eigener Wohnung, außerhalb von Anstalten ermöglicht wird. Diese Doppelgesichtigkeit der Interventionen als Hilfe und Kontrolle kennzeichnet zwar nicht immer und nicht bei allen Aktivitäten das Tätigkeitsprofil des Berufs, aber sie prägt zumindest phasenweise viele Interventionen der Fachkräfte. Welches Ziel, welche Funktion überwiegt, ist oftmals nicht nur für die Klientel schwer auszumachen. Auch die Sozialarbeiterin muss in jedem Einzelfall und in jeder Situation immer wieder neu klären, ob mehr Hilfe und Entlastung notwendig und sinnvoll ist oder ob an die Stelle von Überzeugungsarbeit und Unterstützung nun doch Druck und Zwang treten müssen. Nicht nur die Fachkraft im Jugendamt oder Sozialamt oder in justiznahen Arbeitsfeldern (z. B. der Bewährungshilfe), auch die SozialpädagogIn in der Kindertagesstätte oder die SchulsozialarbeiterIn sind zu disziplinierenden und kontrollierenden Interventionen verpflichtet oder leiten solche Maßnahmen ein (z. B. durch Benachrichtigung des Jugendamtes oder der Polizei). Wenn SozialpädagogInnen im Kindergarten oder in der Schule sexuellen Missbrauch oder körperliche Misshandlung in einer Familie vermuten, dann können sie sich nicht auf ihre Bildungs-, Beratungs- und Unterstützungsfunktion beschränken. So wird in der Fachdiskussion differenziert untersucht, welche einzelfallspezifische und situationsabhängige Mischungen von Hilfe und Kontrolle, Fremdbestimmung und Selbstbestimmung in der Praxis aufzufinden sind und wie sie möglichst produktiv gestaltet werden können (Gumpinger 2001; Kähler 2005).

Das Ziel Sozialer Arbeit besteht darin, sich als „hilfreiche Kontrolleure" überflüssig zu machen, indem sie „Hilfe zur Selbsthilfe" leisten. Die Fachkräfte der sozialen Arbeit müssen sich daher mit ihren Unterstützungsangeboten zurückhalten, damit sie die KlientInnen nicht entfähigen, statt sie zu befähigen, indem sie ihnen zu viel Verantwortung abnehmen. Eine solche, gezielt zurückhaltende Hilfe ist zugleich eine „kontrollierte Hilfe". Sie sucht die Unterforderung durch Überfürsorglichkeit ebenso zu vermeiden wie eine verfrühte Einmischung, z. B. im Namen der Prävention. Angesichts erhöhter sozialer Risiken bei gleichzeitigem Rückzug des Sozialstaates aus vielen Aufgabenfeldern und entsprechender Kürzung der Leistungen sieht sich die Soziale Arbeit allerdings immer häufiger auch dann nicht in der Lage zu helfen, zu fördern und zu unterstützen, wenn es dringend notwendig wäre. Unter den Bedingungen einer flexiblen Arbeitsgesellschaft (Galuske 2002) werden dann von der widersprüchlichen und spannungsreichen Einheit von Hilfe und Kontrolle verstärkt die negativen, disziplinierenden Anteile beruflichen Handelns für die KlientInnen spürbar.

Übungsaufgabe

Vergleichen Sie folgende Texte zum Begriff „Hilfe" als Fachterminus der Sozialen Arbeit: Gängler (1995), Niemeyer (2002), Hillebrandt (2005).

Wissensbaustein: Soziale Konflikte und Konfliktbearbeitung
von Franz Herrmann

Konflikte sind quer durch alle Arbeitsfelder und Tätigkeitsebenen ständige Begleiter und Herausforderungen für Fachkräfte in der Sozialen Arbeit. *Definition:* Ein sozialer Konflikt beinhaltet nach Glasl (2002, 24) drei Elemente:

(1) Unvereinbarkeiten zwischen den Konfliktbeteiligten im emotionalen bzw. kognitiven Bereich (z. B. Interessensgegensätze oder emotionale Verletzungen)
(2) eine Form der Interaktion zwischen diesen Beteiligten (z. B. eine verbale Auseinandersetzung) und
(3) eine Beeinträchtigung im eigenen Handeln, die mindestens eine(r) der Beteiligten erlebt.

Die Allgegenwärtigkeit von Konflikten in der Sozialen Arbeit ist kein Zufall, sondern lässt sich systematisch aus ihrem Ort und Auftrag im Sozialstaat erklären: Soziale Arbeit agiert als intermediäre Instanz zwischen Lebenswelten der Subjekte und verschiedenen Teilsystemen der Gesellschaft (mit ihren Institutionen wie Ämtern, Schulen, Betrieben) und vermittelt hier zwischen gesellschaftlichen Anforderungen/Vorgaben und subjektiven Bedürfnissen/Möglichkeiten. Fachkräfte sind deshalb ständig mit den unterschiedlichen „Logiken" von Gesellschaftssystem und Lebenswelten, mit Interessensgegensätzen, Widersprüchen und Unverträglichkeiten auf bzw. zwischen beiden Seiten konfrontiert. Aber auch die eigenen Strukturen beinhalten Konfliktpotenziale, denn Soziale Arbeit handelt bei ihrer Vermittlungsarbeit nicht als freie, eigenständige Instanz, die sich ganz von ihren eigenen fachlichen Problemeinschätzungen leiten lassen kann, sondern als Teil des Sozialstaats innerhalb eines gesetzlich definierten Handlungsrahmens und den von den staatlichen Kostenträgern auf dieser Basis formulierten Aufträgen. Sie agiert in einem komplexen Bedingungsgefüge und wird daher mit sehr unterschiedlichen *Konfliktformen* konfrontiert:

(1) Konflikte zwischen AdressatInnen (z. B. Konflikte zwischen Eltern und Kindern, Nachbarn oder BewohnerInnen einer betreuten Wohngemeinschaft),
(2) Konflikte zwischen Fachkräften und KlientInnen (z. B. wenn KlientInnen nicht mit Problemdiagnosen oder Hilfeangeboten einverstanden sind),
(3) Konflikte zwischen Fachkräften im Team, mit Vorgesetzten oder anderen VertreterInnen der eigenen Organisation (z. B. bei der Fallverteilung),
(4) Konflikte zwischen Fachkräften und externen KooperationspartnerInnen (z. B. bei der Frage über Zuständigkeiten oder Entscheidungskompetenzen in einer Fallsituation).

Außer Konflikten *zwischen* Personen sind in der Sozialen Arbeit auch *innere* Konflikte bei KlientInnen oder Fachkräften verbreitet (z. B. in der Gestaltung von Beziehungen zwischen den Polen „sich einlassen" und „Grenzen setzen"). Im Rahmen dieser Konfliktformen sind folgende *Konfliktthemen* zu unterscheiden, die sich im konkreten Konflikt auch vermischen können:

(1) Verhandlungsthemen (Sachverhalte, Verteilungsfragen, Beziehungs- und Rollengestaltung)
(2) Klärungsthemen (Missverständnisse, Informationslücken, Unklarheiten innerhalb oder zwischen Personen)
(3) Würdigungsthemen (z. B. psychische oder physische Verletzungen, Traumata, die nicht mehr ungeschehen gemacht werden können)

Dabei ist zu beachten, dass sichtbare Konflikte oft „nur" die Oberfläche komplexerer Problemkonstellationen sind. Untersuchungen aus der Jugendhilfe zeigen z. B., dass sich hinter Erziehungskonflikten und Vernachlässigungssituationen bei Kindern und Jugendlichen häufig Armutskonstellationen in den betroffenen Familien verbergen. Aufgrund dessen brauchen Fachkräfte Fähigkeiten und Diagnoseinstrumente sowohl für den sichtbaren Konflikt als auch ein darüber hinaus gehendes „Situationsverstehen", um z. B. entscheiden zu können, welche Interventionen bei einem Konflikt sinnvoll sind. Als *Fokus der Konfliktbearbeitung* sind zu unterscheiden:

(1) Personenbezogene Interventionen, die sich vor allem auf Verhandlungs-, Klärungs- und Würdigungsprozesse in bzw. zwischen Subjekten richten.
(2) Strukturbezogene Interventionen, die auf den räumlichen und sozialen Kontext, die Gestaltung der Handlungsspielräume der Akteure sowie die Verteilung von Ressourcen zielen.

Fachkräfte sind häufig selbst Konfliktbeteiligte bzw. Träger eigener Interessen in Konflikten (z. B. aufgrund gesetzlicher Aufträge) und können nur selten als neutrale Personen agieren. Es ist ein wichtiger Teil professioneller Handlungskompetenz, den eigenen Ort und Empfindlichkeiten im eigenen Konfliktverhalten sowie Konfliktpotenziale im eigenen Arbeitsfeld, zwischen Institution und Person rechtzeitig zu erkennen und – wenn möglich – zu entschärfen.

Trotz der Allgegenwärtigkeit und Komplexität von Konfliktkonstellationen in der Sozialen Arbeit wird dieses Thema in der Theorieentwicklung wie auch in der empirischen Forschung der Disziplin wenig bzw. nur punktuell beachtet. Die fachliche Diskussion ist bisher begrenzt auf einzelne Arbeitsfelder und die Spezifika der Konfliktarbeit darin: z. B. Heimerziehung (Schwabe 1996), Schule und Schulsozialarbeit (z. B. Schröder/Merkle 2007), Trennungs- und Scheidungsberatung (z. B. Proksch 1998). Außerdem sind nur einzelne primär *personbezogene* Methoden wie „Mediation" (als Methode der Vermittlung in Konfliktsituationen; Proksch 1998), Formen „Konfrontativer Pädagogik" (als – fachlich umstrittene – Form der Arbeit mit gewalttätigen Jugendlichen) oder bestimmte Formen der Gesprächsführung thematisiert worden. Strukturbezogene Methoden werden dagegen kaum diskutiert.

Ein umfassenderer Zugang lässt sich über ein Modell methodischen Handelns konzipieren, in dem die Konfliktbearbeitung in mehrere Aufgaben- und Handlungsbereiche geteilt wird: (1) Analyse der Rahmenbedingungen des eigenen beruflichen Handelns, (2) Analyse konkreter Konfliktsituationen, (3) Zielbestimmung und Mandatserklärung, (4) Handlungsplanung, (5) Intervention und (6) Evaluation. Die verschiedenen Wissensfelder, Methoden und Verfahren, die dabei genutzt werden können, sind an anderer Stelle beschrieben worden (Herrmann 2006, 134ff). Fall- und System- und Selbstkompetenz sind dabei gleichermaßen gefordert.

Literaturempfehlungen

zur Einführung: Glasl, F. (2002): Konfliktmanagement. 7. Aufl. Stuttgart/Bern
Herrmann, F. (2006): Konfliktarbeit. Theorie und Methodik Sozialer Arbeit in Konflikten. Wiesbaden

zur Vertiefung: Proksch, R. (1998): Mediation – Vermittlung in familiären Konflikten. Nürnberg
Schröder, A., Merkle, A. (2007): Leitfaden Konfliktbewältigung und Gewaltprävention. Pädagogische Konzepte für Schule und Jugendhilfe. Schwalbach/Ts.
Schwabe, M. (1996): Eskalation und De-Eskalation in Einrichtungen der Jugendhilfe. Frankfurt/M.

3.4 Arbeitsprinzipien Sozialer Arbeit

Arbeitsprinzipien enthalten grundlegende Aussagen zum Selbstverständnis der Fachkräfte bzw. der Organisationen. Sie sind knapp gefasst, z. B. in der Form von Imperativen mit Handlungsanweisungen („Anfangen wo der Klient steht!"). Sie werden auch als Maximen formuliert, die auf Kombinationen zentraler Begriffe beruhen („Hilfe zur Selbsthilfe") oder bestehen aus Einzelbegriffen, die Hinweise auf zentrale Orientierungen geben (z. B. „Ressourcenorientierung", „Parteilichkeit", „Ganzheitlichkeit"). Im Unterschied zu zentralen Werten und Zielen des Berufs wie „soziale Gerechtigkeit" oder „soziale Anerkennung" sind Arbeitsprinzipien zwar ebenfalls sehr allgemein gehalten, verweisen aber auf Handlungsdimensionen. So wird z. B. einer der Zentralwerte der Profession die Förderung der Autonomie der Lebenspraxis handlungsbezogen z. B. als „Partizipation" gefasst und als „Aushandlungsorientierung" oder als „Dialogische Zielplanung" konkretisiert.

Soziale, politische und institutionelle Anforderungen ändern sich ständig, Konzeptionen müssen (entsprechend) umgeschrieben und Angebote umorganisiert werden. Dagegen haben Arbeitsprinzipien als allgemeinere Formulierungen eher Bestand und können durch ihre grundlegende Aussage zugleich Sicherheit und Orientierung bieten. Sie wirken insofern oftmals identitätsstiftend. Wenn Arbeitsprinzipien als Leitlinien für berufliches Alltagshandeln dienen sollen, so müssen sie zusätzlich über Handlungsregeln situations- und fallbezogen konkretisiert werden (v. Spiegel 2004, 249). Einen vielbeachteten Katalog von Handlungsmaximen für alle Berufsfelder Sozialer Arbeit, der konkreter ist als die berufsethischen Verweise auf die notwendige Achtung der Würde des Menschen und die Verpflichtung zur Sozialen Gerechtigkeit, enthielt der 8. Jugendbericht der Bundesregierung (BMJFFG 1990, 85ff) mit folgenden Strukturmaximen:

(1) *Prävention* als vorbeugendes Handeln nicht nur im Einzelfall bei bereits erkennbaren Gefährdungen, sondern auch als sozialpolitisch initiierte Verbesserungen der Lebensbedingungen und frühzeitige Unterstützung, Entlastung und Beratung;
(2) *Regionalisierung* der Dienstleistungen, um durch Dezentralisierung und Sozialraumorientierung die Zugangsbarrieren zu senken und die Kooperation unter den Anbietern zu erleichtern;
(3) Die *Alltagsorientierung*, definiert als „Zugänglichkeit" im Alltag, als Nähe zu gewachsenen sozialen Bezügen und als ganzheitlich ausgerichtete, unbürokratische Überwindung organisationsbedingter Spezialisierungen;
(4) *Integration* als Vermeidung der Ausgrenzung u. a. durch spezialisierte Institutionen und
(5) *Partizipation* als Mitbestimmung der Adressaten und ihres sozialen Umfeldes und ihrer Interessenvertretungen (z. B. Selbsthilfegruppen).

Diese Maximen sind bis heute aktuell und leider noch immer nur begrenzt realisiert worden. Sie sind nicht nur vom kompetenten Handeln der einzelnen Fachkraft abhängig, sondern mindestens ebenso von politischen und organisatorischen Entscheidungen, die z. B. für eine vorbeugende, aufsuchende, sozialraumnahe Arbeit die notwendigen Ressourcen bereitstellt. Stärker auf Interaktionen mit den KlientInnen und das methodische Handeln der Fachkräfte bezogen sind folgende Prinzipien formuliert worden (nach Herrmann 2006, 39ff, außer Punkt 4):

(1) *Wissenschaftliche Fundierung* des Handelns durch Nutzug von Forschungsergebnissen als Basis aller folgenden Prinzipien.
(2) *Strukturierte Offenheit*, um eine flexible, einzelfallspezifische und situationsangemessene Balance zu erreichen zwischen strategischem, also vorrangig aufgaben- und ergebnisorientiertem Handeln und verständigungsorientiertem Handeln (→ Wissensbaustein „Verständigungsorientiertes und strategisches Handeln", Bd. 3, Stimmer/Weinhardt).

(3) *Partizipation der KlientInnen* über mittelfristige Arbeitsabsprachen (Kontrakt) und situative Aushandlungsprozesse (→ Wissensbaustein „Dialogische Grundhaltung", Bd. 2, Gromann). Strukturierte Offenheit und Partizipation ermöglichen eine
(4) *Nutzerorientierung* der Angebote, nicht zuletzt weil sie zur Individualisierung der Interventionsplanung und ihrer Umsetzung beitragen (→ Wissensbausteine „Personenzentrierte Hilfen, Bd. 2, Gromann und „Hilfeplanung", Bd. 4, Schwabe).
(5) *Ressourcenorientierung* als Fokussierung auf vorhandene Fähigkeiten der KlientInnen und Unterstützungspotenziale im sozialen Umfeld bei gleichzeitiger Wahrnehmung von Stärken und Schwächen (→ Wissensbaustein „Ressourcenorientierung", Bd. 4, Schwabe).
(6) *Ganzheitlichkeit und Mehrperspektivität* als ein methodisches Vorgehen, das mehrdimensional alle Problemdimensionen zu berücksichtigen sucht (nicht unbedingt auch bearbeitet!) und dabei die Sichtweise aller beteiligten und betroffenen Akteure im Klientensystem und Leistungssystem berücksichtigt (→ Wissensbaustein „Hilfeplanung", Bd. 4, Schwabe).
(7) *Alltagsorientierung* als Zieldimension („gelingender Alltag", Verbesserung der Kompetenz der Lebensbewältigung) und als Methode, d. h. als dezentrale, alltagsnahe Unterstützung, bei der gewachsene sozialräumliche Bezüge genutzt und gestärkt werden (→ Wissensbaustein „Sozialraumorientierung", Bd. 2, Gromann).

Diese primär auf die Fallarbeit und das Klientensystem bezogene Liste soll durch zwei stärker auf das Leistungssystem bezogene Arbeitsprinzipien ergänzt werden. So können Qualitätsaspekte der Organisation Sozialer Dienste (wie z. B. Niedrigschwelligkeit und Erreichbarkeit) und Gesichtspunkte der Effektivität und Effizienz der Dienstleistungen berücksichtigt werden.

(8) *Qualitätsorientierung* als Entwicklung und Beachtung von Standards und Verfahren. Sie dienen der kontinuierlichen Überprüfung der Passung von Angebot, Bedarf und Bedürfnissen und der Realisierung fachlich anerkannter Konzept-, Prozess- und Ergebnisqualität → Wissensbausteine „Qualitätsmanagement" und „Personalentwicklung", Bd. 5, Merchel).
(9) *Wirkungsorientierung* als empirisch fundiertes Bemühen, die Effektivität der eigenen Arbeit durch Berücksichtigung neuester Forschungsergebnisse zur Wirkung von Interventionen zu steigern und nachzuweisen (Otto 2007). Dies erfordert auch die Be-

reitschaft zur Dokumentation und Evaluation der eigenen Arbeit
(→ Wissensbaustein „Selbst- und Fremdevaluation").

Diese neun Arbeitsprinzipien enthalten Kriterien und damit Bewertungskategorien, an denen fachliches Handeln prozess- und ergebnisbezogen gemessen werden kann. Sie werden nicht systematisch in jedem Band bei jeder Fallanalyse durchdekliniert. Zum einen, weil die Autoren in unterschiedlichen Begriffstraditionen stehen. So bevorzugen die einen den Terminus „Dialogorientierung", andere den Terminus „Partizipation", wieder andere „Verständigungsorientierung" etc., die einen verwenden den Begriff der „Alltagsnähe", andere den Begriff der „Lebensweltorientierung". Manche fassen Aspekte der „Ganzheitlichkeit" und „Mehrperspektivität" des Vorgehens unter dem Begriff der „systemischen Orientierung" usw. usw. usw. Begriffstraditionen variieren auch nach Berufsfeldern. So entspricht dem „Personenzentrierten Ansatz" aus der Sozialpsychiatrie und Behindertenarbeit in vieler Hinsicht der „Lebensweltorientierte Ansatz" in der Jugendhilfe und der „Kindzentrierte Ansatz" in der Pädagogik der frühen Kindheit, mit arbeitsfeldspezifischen Akzentuierungen. Selbst wenn man sich auf einen Katalog hätte einigen können, wäre seine vollständige und systematische Anwendung nicht möglich gewesen, denn drei Fälle eines Bandes können das Spektrum der Umsetzungsmöglichkeiten dieser Prinzipien nicht abdecken. Das wäre bestenfalls bei konstruierten „Demonstrationsfällen" möglich gewesen (zur Theorie der Kasuistik und Falltypologie vgl. Heiner 2004). So tauchen die neun Prinzipien in den Fallinterpretationen dieser Buchreihe weder vollständig noch in terminologisch identischer Form auf. Sie sind aber der Idee nach in allen Bänden zu finden.

3.5 Etappen des Interventionsprozesses

Handlungskompetenz als Fähigkeit zum gezielten, problemlösenden oder zumindest problemreduzierenden Handeln erfordert prozessbezogen zunächst eine zutreffende Analyse der Anforderungen, die Entwicklung realitätsangemessener Zielvorstellungen verbunden mit dem Entwurf eines Handlungsplanes, dann die Fähigkeit und die Bereitschaft, diesen Handlungsplan umzusetzen und schließlich eine zielbezogene Überprüfung der Ergebnisse dieser Umsetzung (Possehl 1993, 15). Die Wahrnehmung der aktuellen Anforderungen im Vergleich zu den eigenen Fähigkeiten, Absichten und Ressourcen dient dabei der kognitiven Strukturierung des Prozesses. Teilweise sind die einzelnen Etappen stärker ausdifferenziert worden in: (1) Analyse der Rahmenbedingungen, (2) Situations- oder Problemanalyse, (3) Zielentwicklung, (4) Planung und (5) Evaluation (v. Spiegel 2004, 125). Teilweise findet man Ablaufmodelle, die sich terminologisch an die medizinische oder psychotherapeutische Fachsprache anlehnen. Fachliches Handeln schreitet danach von der Anamnese und Diagnose über die Intervention zur Evaluation fort (z. B. Stimmer 2000, 32f; Cassée 2007, 65ff; Müller 2008). Die „Anamnese" dient der Erhebung biografischer Daten (Fallgeschichte), die „Diagnose" dem Verstehen dieser Geschichte und der aktuellen Situation und die „Evaluation" der ziel- und kriterienbezogenen Bewertung der Fallentwicklung auf der Basis systematisch dokumentierter Verlaufsergebnisse. Zusätzlich wird in manchen Ablaufmodellen der Abschluss eines „Kontrakts" als Etappe eingeführt.

Der Gegenstandsbezug zur Aufgabenstellung der Sozialen Arbeit in der Durchführungsphase bleibt in den meisten Modellen vage („Intervention"). Es überwiegt mit Analyse, Planung, Reflexion, Evaluation das gedankliche Handeln. Dass die Arbeit mit dem Hilfesystem zusätzlich andere Kompetenzen erfordert als die Arbeit mit dem Klientensystem, wird allenfalls im Begriff „Hilfeplan(ung)" angedeutet. Hier stellt das systemische Konzept von Pincus und Minahan (1990) mit seinem achtstufigen Ablaufmodell eine wichtige Ergänzung dar, indem es die unterschiedlichen Rollen der Beteiligten verdeutlicht (vgl. Kasten „Aktionssystem"). Auch dieses Modell beginnt mit Problemanalyse und Informationssammlung und endet mit der Auswertung der Ergebnisse (Evaluation). Die Durchführungsphase wird als Aufbau, Pflege und Nutzung von Aktionssystemen konzipiert. Dieser Ansatz wird in diesem Band aufgegriffen.

Aktionssystem

Das Aktionssystem einer Fachkraft der Sozialen Arbeit umfasst: (1) freiwillige KlientInnen, (2) unfreiwillige AdressatInnen und (3) BündnispartnerInnen. Als „KlientInnen" werden in diesem Modell nur die Personen bezeichnet, die von der Fachkraft der Sozialen Arbeit eine bestimmte Unterstützung wünschen, also nicht alle Personen, für die sie tätig wird. Eine Person kann im Aktionssystem gleichzeitig mehrere Rollen spielen. Sie kann in einem Teilbereich KlientIn sein, weil sie z. B. hofft, dass die Fachkraft ihr eine finanzielle Unterstützung bewilligt. Bezogen auf einen anderen Lebensbereich, in dem sie von der Fachkraft angestrebte Veränderungen nicht wünscht, ist sie dagegen „AdressatIn", d. h. eine Person, an die die Fachkraft Erwartungen und Angebote adressiert. „BündnispartnerInnen" sind Personen, die zur Bearbeitung von Problemen der KlientInnen beitragen können und wollen. In allen Fällen kann es sich um Personen aus dem Klientensystem oder dem Leistungssystem handeln. Differenziert man die Mitgliedsrollen in dieser Weise, so dürften auch unfreiwillige AdressatInnen in irgendeiner Hinsicht bzw. phasenweise zugleich KlientInnen und vielleicht BündnispartnerInnen sein. Im Laufe eines Interventionsprozesses gilt es, lösungsorientierte Aktionssysteme aufzubauen und zu pflegen (vgl. Kap. 3 in Pincus/ Minahan 1990).

Das folgende Ablaufmodell methodischen Handelns ist weitaus differenzierter als die in Kapitel 4.2.2 vorgestellten prozessbezogenen Dimensionen der Handlungskompetenz, die nur zwischen (1) Analyse- und Planungskompetenz, (2) Interaktions- und Kommunikationskompetenz und (3) Reflexions- und Evaluationskompetenz differenzieren. Durch diese Ausführlichkeit ist es möglich, die Arbeitsprinzipien (Kap. 3.4) zumindest teilweise zu integrieren (z. B. das Prinzip der Partizipation, der strukturierten Offenheit und der Mehrperspektivität). Zugleich wird die Bedeutung der Beziehungsgestaltung („Arbeitsbündnis", „Dialog", „Abschied") und die doppelte Aufgabenstellung der Sozialen Arbeit deutlich (vgl. Infokasten Aktionssystem dort: „Politische Schlussfolgerungen").

(1) Anfangsphase(n): Zielfindung und -vereinbarung
- Informationen zur Ausgangslage einholen
- Aufgaben benennen und gewichten
- Handlungsalternativen vergleichen
- Handlungspläne entwerfen und begründen
- Arbeitsbeziehung aufbauen, Ziele vereinbaren

(2) Mittlere Phase(n): Umsetzung der Planungen
- Arbeitsbündnis ausbauen und festigen
- Aktionssysteme bilden und koordinieren
- Interaktionsformen und -settings auswählen und gestalten
- Aktivitäten und Austauschprozesse im Aktionssystem unterstützen und koordinieren
- Zielsetzungen laufend im Dialog aktualisieren

(3) Endphase(n): Ablösung und Auswertung
- Neuanfänge markieren, Abschiede vorbereiten
- Entwicklungs- und Veränderungsprozesse auswerten
- Arbeitsprozesse abschließen, Abschied nehmen
- Schlussfolgerungen für Profession, Disziplin und Politik ziehen

Handlungsprozesse verlaufen nicht linear von Punkt 1.1 zu Punkt 3.3, sondern rekursiv, d. h. mit Rücksprüngen zu früheren Arbeitsschritten. Dieses ausführliche Modell kann von Studierenden z. B. dafür genutzt werden, die Fallbeispiele der Reihe daraufhin zu analysieren, wann und warum solche Wiederholungen nötig werden, warum z. B. erneut Informationen eingeholt und Ziele neu vereinbart werden müssen. Wurde anfänglich etwas Wichtiges übersehen? Oder sind sich die Beteiligten erst allmählich ihrer Ziele, Fähigkeiten und Grenzen bewusst geworden? Das kontrastierende Fallbeispiel in Kapitel 7 zeigt ausführlich einen solchen professionellen Suchprozess.

Übungsaufgabe

Im Fallbeispiel „Fatima" wird der Abschied nach der intensiven Kooperation während der Arbeitswoche nicht beschrieben. Wie hätte Frau Malzer diesen Abschied vorbereiten und gestalten können?

Wissensbaustein: Personenbezogene Veränderungstheorien

Wie kann man Menschen dabei unterstützen, ihr Leben und ihre Sichtweise des eigenen Lebens zu verändern? Im Folgenden sollen zunächst die unterschiedlichen Veränderungstheorien der klassischen therapeutischen Modelle skizziert werden, um dann übergreifende Vorstellungen und Vorgehensweisen und abschließend den speziellen Ansatz der Sozialen Arbeit darzustellen.

Tiefenpsychologische Theorien (Sammelbegriff für psychotherapeutische Ansätze, die im Englischen auch als psychodynamisch bezeichnet werden) sehen unbewusste psychische Prozesse, die auf Erfahrungen in der frühen Kindheit beruhen, als elementar für die Erklärung menschlichen Verhaltens und Erlebens an. Verarbeitungen dieser Erfahrungen sind die zentralen Ursachen äußerer Symptome. Entsprechend zielen psychotherapeutische Ansätze auf eine seelische Veränderung der Person, nicht auf eine Veränderung der Interaktion zwischen Personen oder ihrer Umwelt. Unbewusste

– nicht gelöste Konflikte und unbewusste Motive – müssen bewusst werden, um eine realitätsgerechtere Sicht der eigenen Biografie und eine Stärkung des „Ichs" (Selbstbewusstein, Selbstsicherheit, Selbstkontrolle) zu ermöglichen. Ein „ichstarker" Mensch kann einen zufriedenstellenden Ausgleich zwischen den Ansprüchen des „Es" (Triebimpulse, Verdrängtes, aber auch Spontaneität) und dem „Über-Ich" (Normen, Konventionen aber auch Idealbildungen) finden. Falls dies nur unzureichend gelingt, bieten diverse „Abwehrmechanismen" (Verdrängung, Verleugnung, Rationalisierung, Projektionen u. v. a.) eine Übergangslösung, die vor Es-Ansprüchen schützen. Diese psychodynamischen Theorien wurzeln in der Psychoanalyse von Sigmund Freud, die ständig weiterentwickelt wurde (Alfred Adler, Carl Gustav Jung, Karen Horney, neuere Narzissmustheorien, Heinz Kohut etc.). Die moderne tiefenpsychologische Psychotherapie geht von Wachstumsprozessen, nicht nur Anpassungsprozessen aus, die durch das Kreativitätspotenzial des „Ich" ermöglicht werden. Zentral bleibt der Ansatz, positive Veränderungen auf der Grundlage von Einsichten zu fördern, die dann auch zu Verhaltensänderungen führen können bzw. sollen. Verhaltensänderungen werden aber nicht gezielt (etwa durch gedankliches Probehandeln, Rollenspiele oder Verhaltenstrainings) unterstützt. Der Klient vollzieht sie ohne Anleitung selbst. Die Nutzung und Transformation psychoanalytischen Denkens in der Sozialen Arbeit hat eine Tradition, die mit den Namen von *August Aichhorn, Bruno Bettelheim und Fritz Redel* verbunden ist.

Verhaltenstherapeutische Veränderungstheorien setzen auf das Erlernen neuer Verhaltensmuster durch Trainingsprogramme. Nach diesem Konzept sind Änderungen des Erlebens und der Einstellung das Resultat neuer Erfahrungen durch Erproben alternativer Verhaltensweisen. Die *sozial-kognitiven Ansätze* stellen eine Weiterentwicklung dieses Grundmodells dar und wurzeln ebenfalls in der Lerntheorie. Sie distanzieren sich jedoch von älteren lerntheoretischen Ansätzen, z. B. des Verstärkungslernens, bei denen der Mensch eher als ein reaktives Wesen gesehen wurde. Dies hatte der Verhaltenstherapie (z. B. B. F. Skinner) oft den Vorwurf eingetragen, sie gehe davon aus, dass man Menschen wie Tiere dressieren könne, und würde es zulassen oder sogar nahelegen, sie zu manipulieren.

In den sozial-kognitiven Ansätzen der Verhaltenstherapie werden Menschen als pro-aktive Wesen gesehen, die ihr Verhalten in der Interaktion mit der Umwelt situationsspezifisch ausrichten. Dabei spielen Kognitionen, also Erwartungen, Überzeugungen, Wünsche und Interpretationen der Situation sowie die wahrgenommene Selbstwirksamkeit (Albert Bandura) eine zentrale Rolle. Ein

Schüler wird z. B. auf das Lob eines Lehrers nicht mit Freude und mehr Eifer reagieren, wenn er meint, er hätte mehr (oder weniger) Lob verdient.

Die von der *Humanistischen Psychologie* (Fritz Perls, Carl Rogers, Jacob Moreno u. a.) entwickelten Veränderungstheorien, die von der Tiefenpsychologie geprägt wurden, gehen von einem sehr positiven Menschenbild aus und setzen auf die Wirkung neuer Erfahrungen durch *Erleben* (z. B. in der Gestalttherapie von Fritz Perls). Änderungen des Denkens und Fühlens können durch neue emotionale Erfahrungen im Rollenspiel, im kreativen Gestalten oder durch körpertherapeutische Übungen vermittelt werden, auch ohne ein Training ganz bestimmter, problemlösender Verhaltensmuster.

Inzwischen ist eine ekklektische Mischung der Verfahren die Regel (z. B. eine Kombination der Gestalttherapie und der kognitiven Verhaltenstherapie). Unterschiedlich bleiben die Vorstellungen von der *Verhaltensspirale* menschlicher Entwicklungen: vom Erleben über das Verstehen und neuen Erfahrungen zur Veränderung des Verhaltens – oder von der Veränderung des Verhaltens über neue Erfahrungen zu neuen Erlebnissen, deren Verarbeitung wiederum zu neuen Verhaltensmustern führt.

Die bisher dargestellten Veränderungsmodelle zielen alle auf Veränderungen der Person, ihres Erlebens, Denkens und Verhaltens. Mit den *systemischen Ansätzen* hat sich diese auf die Einzelperson gerichtete *intra-personale* Perspektive zur *inter-personalen* Perspektive ausgeweitet. Gegenstand der Veränderungsbemühungen sind die *Beziehungen* von Personen zueinander. Die zunächst in der Familientherapie entwickelten systemischen Ansätze gehen davon aus, dass Probleme eines Familienmitglieds ihre Ursache nicht in dieser Person haben, sondern im Familiensystem, im Zusammenspiel seiner Mitglieder. Dabei stellen die Probleme des Symptomträgers für ein System auch eine Lösung der Schwierigkeiten dar, indem sie das Fortbestehen dieses Systems sichern. So führte das Kind, das die Schule schwänzt oder auf andere Weise auffällig wird, die Eltern, die sich entfremdet haben, in der gemeinsamen Sorge um seine Person wieder zusammen. Das Kind sichert damit den Familienzusammenhalt, ohne sich der Funktionen seines Verhaltens bewusst zu sein.

Die familientherapeutischen Ansätze, die auf der Grundlage der Systemtheorie von Gregory Bateson und der Kommunikationstheorie von Paul Watzlawick entstanden sind und in den systemischen Therapie- und Beratungsansätzen weiterentwickelt wurden, sind bei ihrer Rezeption in der Sozialen Arbeit durch eine verstärkt sozialökologische und sozialräumliche Ausrichtung ergänzt worden

(Ritscher 2002). Dies erlaubt eine stärkere Berücksichtigung struktureller und materieller (z. B. ökonomischer) Faktoren. Sie sind für die psychosozialen Veränderungstheorien der Sozialen Arbeit im Unterschied zu psychotherapeutischen Ansätzen angemessener, weil die Soziale Arbeit immer auch die Verbesserung der Lebensbedingungen ihrer Klienten anstrebt. Auf der Basis von systemischen Veränderungstheorien sind auch auf die Veränderung von Organisationen bezogene Konzepte entwickelt worden. Dies erleichtert den interdisziplinären Brückenschlag zwischen Psychologie, Pädagogik, Soziologie, Politikwissenschaft, den Wirtschaftswissenschaften und der Sozialen Arbeit.

Veränderungen von sozialen Systemen werden nach Veränderungen ersten, zweiten oder dritten Grades unterschieden. Die Fähigkeit zu *Veränderung ersten Grades* (Adaptivität) bezieht sich auf die Anpassungsfähigkeit des Systems gegenüber Anforderungen der Außenwelt. Dabei verändert sich das System nicht hinsichtlich seiner grundlegenden Art, auf diese Anforderung (z. B. Arbeitslosigkeit) zu reagieren. *Veränderungen zweiten Grades* setzen dagegen die Fähigkeit zur Veränderung bisheriger Adaptationsstrukturen voraus (z. B. grundlegender Wertvorstellungen oder Verhaltensmuster) (Metaadaptivität oder Morphogenese). *Veränderungen dritten Grades* beziehen sich auf das Selbstbild des Systems hinsichtlich seiner Veränderungsmöglichkeiten zweiten Grades, also auf seine wahrgenommene Selbstwirksamkeit. Sie stellen ein entscheidendes Kriterium für die nachhaltige Wirksamkeit von Interventionen dar. Übernimmt das Hilfesystem zu sehr die Initiative, so kann es Veränderungen zweiten und dritten Grades blockieren, weil weitere Veränderungen aus eigener Kraft für überflüssig gehalten werden. (→ Wissensbausteine „Beratungsmethoden" und „Beratungsmodell", Bd. 3, Stimmer/Weinhardt)

Literaturempfehlungen

zur Einführung: Kriz, J. (2007): Grundkonzepte der Psychotherapie. Eine Einführung. 6. vollst. überarb. Aufl. Weinheim
Payne, M. (2005): Modern Social Work Theory. 3. Aufl. New York

zur Vertiefung: Müller, B. (1995): Außensicht-Innensicht. Beiträge zu einer analytisch orientierten Sozialpädagogik. Freiburg
Ritscher, W. (2002): Systemische Modelle für die Soziale Arbeit. Ein integratives Lehrbuch für Theorie und Praxis. Heidelberg
Stimmer, F. (1987): Narzissmus. Zur Psycho- und Soziogenese narzisstischen Verhaltens. Berlin

4 Kompetenzbegriff und Kompetenzmodell

4.1 Kompetenzbegriff und Kompetenzverständnis

4.1.1 Begriffsdimensionen

Im Alltagsgebrauch wird als „kompetent" bezeichnet, wer sicher (fast selbstverständlich) und zuverlässig in der Lage ist, eine Aufgabe zu bewältigen. Als Fachbegriff verweist „Handlungskompetenz" im Unterschied zu „Fähigkeit" auf *komplexe und zugleich bedeutende* Anforderungen. So spricht man von Erziehungskompetenz, nicht aber von der Kompetenz, ein Kind zu ermutigen, es zu trösten, oder es z. B. bei den Hausaufgaben zu unterstützen – obwohl all diese einzelnen Fähigkeiten zur Erziehungskompetenz zählen. Die Bewältigung einfacher Aufgaben (z. B. Kartoffelschälen oder einen Nagel einschlagen) wird nicht als „Kartoffelschäl-Kompetenz" oder als „Nageleinschlag-Kompetenz" bezeichnet, obwohl auch hier recht unterschiedliche Grade der Geschicklichkeit zu beobachten sind. Ein Komplex unbedeutender Fähigkeiten, deren Beherrschung als selbstverständlich erachtet werden (z. B. essen, sich anziehen) wird erst dann zur Kompetenz „Alltagsbewältigung", wenn der Erwerb besonderer Anstrengung bedarf, nicht mehr selbstverständlich ist und insofern eine „bedeutende" Anforderung darstellt (z. B. bei behinderten oder alten Menschen). Durch den Bezug auf komplexe Sachverhalte ist Handlungskompetenz ein sehr abstraktes Konzept, das viele Fähigkeiten begrifflich bündelt.

„Kompetenz" verweist im Unterschied zu „Performanz" nur auf ein Potenzial, auf Handlungsoptionen, nicht auf die Umsetzung in mehr oder minder erfolgreiches Handeln. Warum und inwieweit eine kompetente Person bereit ist, ihr Potenzial einzusetzen, bleibt in vielen Kompetenzkonzepten offen, die Handlungsmotivation unterbelichtet (anders: Roth 1971, 183, Löwisch 2000, 150ff, Klieme/Hartig 2007, 20). Teilweise werden motivationale Elemente gesondert als Kompetenzen ausgewiesen, so z. B. der Gestaltungswille und die Tatkraft als „umsetzungsbezogene Kompetenz" (Erpenbeck/Heyse 2007, 159ff). Eine umfassende Rezeption der psychologischen Motivationsforschung hat aber bisher im Zusammenhang mit dem Thema Handlungskompetenz nicht stattgefunden.

Der Begriff der „Kompetenz" bezeichnet neben der *Fähigkeit* etwas zu vollbringen auch die *Berechtigung* und *Verpflichtung*, es zu tun, weil die Person z. B. im Rahmen einer Organisation eine bestimmte Stellung inne hat und aufgrund dieser Position für die Erledigung bestimmter Aufgaben zuständig ist. Das Konzept „Handlungskompetenz" enthält also drei Bedeutungsdimensionen: (1) die Berechtigung und Verpflichtung in einem bestimmten Aufgabenbereich tätig zu werden *(Zuständigkeitsdimension)*, (2) die Fähigkeit, komplexe und bedeutende Aufgaben zu bewältigen *(Qualifikationsdimension)* und (3) die Bereitschaft, dies auch zu tun *(Motivationsdimension)*.

Nicht alle drei Dimensionen müssen gleichzeitig und gleichermaßen gegeben sein. So wird eine fähige und motivierte Person, die bemerkt, dass sich der Zuständige um ein Problem nicht kümmert, diese Aufgabe wahrscheinlich auch dann angehen, wenn sie nicht zuständig ist. Menschen, die fähig wären, eine bestimmte Aufgabe gut zu erledigen, aber ablehnen, es zu tun, gelten als kompetent. Meint eine Person aber, handeln zu sollen und zu können, wäre dazu auch in der Lage, besitzt aber nicht genügend Willenskraft, um ihre Absichten umzusetzen, so ist damit auch ihre Handlungskompetenz in Frage gestellt. Sie ist offenbar nicht hinreichend fähig, ihre vorhandene Motivation volitional zu stützen, um umzusetzen, was sie vorhatte (zur Volition → Wissensbaustein „Motivation I").

Handlungskompetenz ist ein relationales Konzept: Kompetenzen lassen sich nur durch den Bezug zu bestimmten Anforderungen und Rahmenbedingungen konkretisieren (Treptow 2009, 628, 634). Eine Erläuterung beruflicher Kompetenzen anhand von Fallbeispielen ist naheliegend. Am Einzelfall und konkreten Situationen lässt sich z. B. aufzeigen, inwieweit „Kommunikationskompetenz" situationsübergreifend, auf einer mittleren Abstraktionsebene zwar gleiche Fähigkeiten umfasst, die im konkreten Einzelfall aber den spezifischen Anforderungen der Situation entsprechend variieren. Nur bestimmte Konkretisierungen sind dabei jeweils situationsadäquat.

4.1.2 Kompetenzmodelle in der Sozialen Arbeit

Schon 1971 hat Roth folgende Unterteilung pädagogischer Kompetenzen vorgeschlagen: (1) Sachkompetenz, (2) Sozialkompetenz und (3) Selbstkompetenz (Roth 1971, 180). Diese Systematik wird bis heute auch in der Methodenliteratur der Sozialen Arbeit verwendet

(Cassée 2007, 33ff). Sie wird häufig ergänzt um (4) Methodenkompetenz. In anderen Aufteilungen wird Methodenkompetenz als Teil der Sach- bzw. Fachkompetenz gesehen. Diese relativ verbreitete Vierteilung folgt keiner einheitlichen Systematik. Sie enthält sowohl *bereichsbezogene* als auch *fähigkeitsbezogene* Aussagen. Bereichsbezogen wird der Umgang mit der eigenen Person (Selbstkompetenz) vom Umgang mit anderen Personen (Sozialkompetenz) unterschieden. „Methodenkompetenz" bezieht sich dagegen bereichsunspezifisch auf Fähigkeiten, die im Umgang mit anderen Menschen ebenso gefragt sein können wie im Umgang mit der eigenen Person, der Lösung von technischen Aufgaben oder der Handhabung von Objekten. „Sachkompetenz" oder „Fachkompetenz" ist vor allem als Verfügung über Wissen konzipiert worden, oft bezogen auf Fächer oder Fachgebiete wissenschaftlicher Disziplinen. In der Lehr-Lernforschung, aus der diese Drei- und Vierteilung der Kompetenzen ursprünglich stammt, war mit Sachkompetenz z. B. die Fähigkeit des Lehrers gemeint, das Wissen eines Faches zu vermitteln. In der Sozialen Arbeit berufsfeldübergreifend zu definieren, was die „Sache" ist, über die man informiert sein muss, ist wesentlich schwieriger. Welche Wissensinhalte aus welchen Disziplinen (Soziologie, Psychologie, Pädagogik, Rechts- und Politikwissenschaft, Medizin etc.) eine kompetente Fachkraft der Sozialen Arbeit benötigt, ist umstritten. Angesichts der Komplexität und Heterogenität der Aufgaben, Adressaten und Problemlagen ist ein Konsens über einen entsprechenden interdisziplinären Wissenskanon auch nicht in einer Form zu erwarten, die dem schulischen Curriculum in einem Fach nahekommt. Eine bereichsspezifische Spezifikation des Wissens und Könnens könnte ein erster Schritt zu einer Systematisierung der Wissensbestände der Sozialen Arbeit sein. Im folgenden Modell wird „Sachkompetenz" durch drei Kompetenzbereiche ersetzt: Selbst-, Fall- und Systemkompetenz. Darauf werden die prozessbezogenen Fähigkeiten jeweils bezogen (Tab. 1, Kap. 1.2).

Kombinationen von bereichs- und prozessbezogenen Kompetenzen finden sich auch im Modell von Cassée. Unterschieden wird dabei zwischen den Dimensionen der Sozial-, Selbst- und Fachkompetenz (2007, 33ff) und diese über ein Zyklusmodell des Hilfeprozesses mit folgenden prozessbezogenen Dimensionen in Beziehung gesetzt: diagnostische Phase, Interventionsphase und Abschlussphase (65f). Für jede Phase werden Instrumente dargestellt (z. B. Netzwerkanalysen, Techniken für den Umgang mit Gefühlen, Family Group Conferences etc.). „Fachkompetenz" wird dabei so umfassend definiert („Berufsspezifisches Wissen", „Gestaltung von Problemlösungsprozessen", s. Cassée 2007, 36), dass Sozial-, Selbst- und Methodenkompetenz darin aufgehen müssten. Die theoretische Begründung des Kompetenzmodells erfolgt nicht über ein spezifisches Professions- und Aufgabenverständnis, sondern durch Bezug auf Theorien, z. B. zur menschlichen Kompetenzentwicklung der Entwicklungspsychologie, Lerntheorie und Systemtheorie. Dieser theoretische Ansatz entspricht der Zielsetzung des Buches, die Kompetenz von KlientInnen und Fachkräften gleichermaßen theoretisch zu erfassen und praktisch zu fördern. Im vorliegenden Modell wird dagegen davon ausgegangen, dass die Analyse der spezifischen Kompetenzen der Fachkräfte ein eigenes Kompetenzmodell erfordert, das den beiden zentralen beruflichen Aufgabenbereichen entspricht (Arbeit mit dem KlientInnensystem und dem Leistungssystem). Entsprechend ist die Sachkompetenz in Fall-, System- und Selbstkompetenz aufgegliedert.

Der Central Council for Education and Training in Social Work in Großbritannien (CCETSW 1995) hat als Handlungskompetenzen vier Komplexe von Aktivitäten bezeichnet:

(1) communicate and engage
(2) promote and enable
(3) intervene and provide services
(4) work in organizations

In dieser Auflistung wird nicht zwischen bereichsbezogenen und fähigkeitsbezogenen Kompetenzen unterschieden und dementsprechend ist auch der Bezug zwischen diesen beiden Dimensionen ungeklärt. So bezieht sich die vierte Kompetenz auf einen Bereich, auf das Handeln in Organisationen, während „communicate and engage" auf den Umgang mit KlientInnen bezogen ist. „Work in organizations" benennt keine Tätigkeiten oder Fähigkeiten, um in und mit Organisationen erfolgreich zu arbeiten. Dazu würden Kommunikationskompetenzen ebenso gehören wie administrative Kompetenzen oder planerische Fähigkeiten. Damit käme es zu Überschneidungen mit der ersten Kompetenz. Die sehr abstrakten Oberbegriffe „engage", „enable" und „intervene" benennen keine Handlungsmuster und schließen keine aus – vom Nichtstun abgesehen. Welcher theoretisch begründeten Systematik diese Gliederung folgt, wird nicht erläutert. Analytische Kompetenzen wie die Reflexions- und Evaluationskompetenz fehlen völlig. Der Bezug bestimmter prozessbezogener Kompetenzen, z. B. der Planungs- und Reflexionskompetenz auf die eigene Person (Selbstkompetenz), ist ebenfalls nicht erkennbar.

Der Berufsverband für Soziale Arbeit (DBSH) hat ein umfassendes, weitaus stärker aufgefächertes und speziell auf die beruflichen Anforderungen Sozialer Arbeit zugeschnittenes Kompetenzmodell vorgelegt und dabei „Schlüsselkompetenzen" der Sozialen Arbeit definiert. Es soll u. a. dazu dienen, eine objektivere Bewertung (Rankingliste) zu entwickeln, um die Qualität von Ausbildungsstätten zu beurteilen (Maus et al. 2008, 8). Neun Schlüsselkompetenzen werden benannt: Strategische Kompetenz, Methodenkompetenz, Sozialpädagogische Kompetenz, Sozialrechtliche Kompetenz, Sozialadministrative Kompetenz, Personale und Kommunikative Kompetenz, Berufsethische Kompetenz, Sozialprofessionelle Beratungskompetenz, Praxisforschungs- und Evaluationskompetenz.

Die Aufgliederung der Kompetenzen erfolgt auf unterschiedlichen Abstraktionsebenen. So stehen enger umgrenzte, konkretere Kompetenzbereiche (z. B. sozialadministrative oder sozialrechtliche Kompetenz) neben sehr viel umfassenderen Kompetenzen (z. B. personale und kommunikative Kompetenz). Zwischen bereichsbezogenen Kompetenzen (z. B. sozialadministrative Kompetenz) und prozess- und fähigkeitsbezogenen, bereichsübergreifenden Fähigkeiten (z. B. strategische Planungskompetenz, Evaluationskompetenz) wird nicht unterschieden. Die „Methodenkompetenz" beschränkt sich auf die traditionelle Aufteilung in Einzelfallhilfe, Gemeinwesenarbeit und Gruppenarbeit. Querverbindungen von diesen drei Methoden zu anderen Kompetenzen (z. B. zur kommunikativen oder strategischen Kompetenz) werden nicht systematisch hergestellt. Überschneidungen und Vermischungen entstehen durch die Vorschaltung von „Grundlagenkompetenzen", einem sozialwissenschaftlichen Wissensfundus, der in den folgenden neun Schlüsselkompetenzen dann teilweise konkretisiert oder ergänzt wird. Die Wissensgebiete, die den Kompetenzen zugeordnet wurden, benennen teilweise Themen, teilweise Theorien, teilweise Fähigkeiten, und dies auf unterschiedlichem Abstraktionsniveau. Die Konstruktionsprinzipien und Schwerpunktsetzungen der Aufgliederung werden weder theoretisch begründet noch systematisch erläutert. Eine Gewichtung der Kompetenzen ist später, im Rahmen der geplanten Ausbildungsrankings geplant (Maus et al. 2008, 18).

Dieser Überblick über Kompetenzmodelle zeigt, wie schwierig es ist, eine schlüssige, trennscharfe Systematik auf einer angemessenen, gleichbleibenden Abstraktionsstufe, mit theoretisch begründeten Schwerpunktsetzungen und Abgrenzungskriterien zu entwerfen, um eine unverbundene, disparate Auflistung von Wissensbeständen zu vermeiden. Zwei Konzepte sind für die Soziale Arbeit entwickelt worden, bei denen bereichs- und prozessbezogene Kompetenzen systematisch in Beziehung gesetzt werden, sodass ein Gitter für eine differenzierte Analyse der notwendigen beruflichen Fähigkeiten entsteht. Da diese Konzepte hinsichtlich ihrer Grundstruktur dem Kompetenzmodell der vorliegenden Buchreihe ähneln, sollen sie im nächsten Kapitel ausführlicher dargestellt werden. Dazu bedarf es zunächst einer Klärung des Verhältnisses von Wissen, Können und Wollen.

4.1.3 Handlungskompetenz und Handlungsmotivation

Handlungskompetenz verlangt ein Zusammenspiel von Wissen, Können und Wollen. Bezogen auf das Wissen der Fachkräfte wird in der Methodenlehre der Sozialen Arbeit häufig unterschieden zwischen (1) Beobachtungs- und Beschreibungswissen, (2) Erklärungs- und Begründungswissen, (3) Wertewissen, (4) Handlungs- und Interventionswissen (v. Spiegel 2004, Kap. 2.2). Damit wird „Wissen" auf die Funktionen bezogen, die es erfüllen kann. *Beobachtungs- und Beschreibungswissen* dient der strukturierten Informationssammlung. Es stellt dafür Begriffe und Raster zur Verfügung, die einer spezifischen Tendenz der Selektivität von Wahrnehmungen und ihrer Interpretation entgegenwirken sollen. So soll z. B. der Tendenz, Probleme der Adressaten zu individualisieren und sie auf persönliches Versagen zurückzuführen und nur noch defizitorientiert Informationen zu sammeln, entgegengewirkt werden. Bei gezielter Suche nach Ressourcen und durch Fragen nach Ausnahmesituationen, in denen bestimmte Probleme nicht auftreten, steigt dagegen die Wahrscheinlichkeit, Entwicklungspotenziale zu entdecken.

Erklärungs- und Begründungswissen beruht bei Professionen nicht alleine auf Erfahrungswissen und Alltagstheorien, sondern auf wissenschaftlichem Wissen, das zur Erklärung von Zusammenhängen und zur Begründung für eine geplante Handlung und/oder nachträglich zur Überprüfung dieser Begründungen genutzt werden kann. *Wertewissen* bezieht sich auf bestimmte normative Postulate, z. B. auf Vorstellungen davon, was die Soziale Arbeit leisten oder wie eine Fachkraft mit ihren KlientInnen umgehen soll. Diese wertebasierten Vorstellungen begründen also Verhaltensleitlinien. Die berufsethischen Prinzipien des Deutschen und des Internationalen Berufsverbands der Sozialen Arbeit (DBSH) und viele methodische Arbeitsprinzipien Sozialer Arbeit (z. B. „an Stärken ansetzen") enthalten solche Prinzipien (vgl. auch Kap. 3.4 und → Wissensbaustein „Ethik und Moral"). Mit *Interventionswissen* sind vor allem Konzepte und Handlungsmodelle gemeint, in denen Beschreibungswissen, Erklärungswissen und Wertewissen für den Entwurf von Handlungsplänen genutzt wurde und deren (mehr oder minder) erfolgreiche Umsetzung dokumentiert und auf der Basis dieses Wissens reflektiert wurde (v. Spiegel 2004, 72ff). Dies entspricht dem, was auch als „strategisches Wissen" bezeichnet wird. Für strategisches Wissen bedarf es sowohl der Faktenkenntnisse („knowing that", deklaratives Wissen) als auch des Wissens über die Nutzung des deklarativen Wissens (prozedurales Wissen, „knowing how").

Die Bereitschaft einer Person, aktiv zu werden, hängt von ihren grundlegenden Einstellungen, ihren Wertvorstellungen und damit verbundenen Zielen ab. Diese beruhen nur zum Teil auf Wissen. Es ist vor allem die Integration der vorhandenen Informationen in eine *Vorstellung* von der Bewältigung einer Aufgabe auf der Grundlage der beruflichen Ethik, des fachlichen Wissens und persönlicher Überzeugungen, die handlungsmotivierend wirkt. In der beruflichen „Haltung" sind diese inneren Bilder als Handlungstendenzen, als Dispositionen verinnerlicht und wirken oftmals auch unbewusst handlungssteuernd.

Das Erleben der Selbstwirksamkeit, wenn dieser Vorstellung entsprechend gehandelt wird, die Erfahrung, dass dem Wissen auch ein Können entspricht, erzeugt eine starke Motivation. Besteht dagegen eine Kompetenzlücke, so liegt es nahe, diese unangenehme Situation dadurch zu beenden, dass die ursprüngliche Zielsetzung korrigiert wird. Hinter vielen motivationalen Zickzackkursen von KlientInnen und auch von Fachkräften steckt der Versuch, reale oder befürchtete Kompetenzlücken auf diese Weise zu schließen. „Unmotivierte" KlientInnen (und auch Fachkräfte!) sind dann vor allem motiviert, erneute Misserfolge zu vermeiden – z. B. indem sie das Ziel aufgeben. Solche demotivierenden Mechanismen zu erkennen, ist eine der zentralen Kompetenzen in der Sozialen Arbeit (→ Wissensbaustein „Motivation II", zur motivierenden Gesprächsführung Kasten in Kap. 6.4.2 und → Wissensbaustein „Motivierende Gesprächsführung", Bd. 3, Stimmer/Weinhardt sowie Miller/Rollnick 2009).

Handlungsleitendes „Wissen" beruht nicht nur auf bewusstseinsfähigen, wissenschaftlich generierten Inhalten. Professionen verfügen über weitere, oftmals wichtigere Wissensquellen, z. B. über ein „berufskulturelles Wissen". Dieses Wissen entsteht durch die Arbeitsvollzüge in Organisationen, im Team, in Projekten und wird dort tradiert und weiterentwickelt. Es resultiert aus einem Zusammenspiel von Wissensbeständen, die aus reflektiertem, bewusst erworbenen Fachwissen und Routinewissen stammen. Das bewusste Fachwissen wird in Aus- und Fortbildungen sowie über die Lektüre der Fachliteratur vermittelt, das lokale Organisationswissen über Teamsitzungen, Projektgespräche, kollegiale Beratung, informellen Austausch und Supervisionen. Das Zusammenspiel beider Wissensbestände wird oft über unbefragte Routinen gesichert, sodass es nur als intuitives, implizites Wissen verfügbar ist. Bewusstsein stellt im Verhältnis zu Routinehandlungen, bei denen implizites Wissen automatisch eingesetzt wird, eine energetisch-stoffwechselphysiologisch kostpielige Verarbeitungsform dar (Roth 2001, 231; Kasten „Neurowissenschaftliche Grundlagen der Handlungsregulation" in Kap. 2.1). Der Fundus des „abrufbaren" Wissens („knowing that"), das vor einer Entscheidung oder im Vollzug einer Handlung bewusst genutzt werden kann, ist nur im „Können", als „knowing how" erkennbar. Es kann aber als implizite Wissensbasis dieses Könnens (vielleicht) nachträglich, unterstützt durch kollegiale Beratung und Supervision expliziert werden (Dewe/Otto 2005, 1418ff).

Die meisten Praxissituationen sind zu komplex, als dass alle Handlungsalternativen im Voraus bedacht werden könnten, um das für ihre Bewältigung relevante, explizite Wissen vorab bereitzustellen. Für bekannte, häufiger zu erwartende, aber dynamische und vor allem folgenreiche Entscheidungssituationen wird explizites Wissen gespeichert und seine Verfügbarkeit und Angemessenheit vorab überprüft. Implizites Wissen lässt sich allerdings bei entsprechender Kompetenz auch im Handlungsvollzug aktivieren und für die Selbstmotivierung nutzen. Dies geschieht zum einen über die bewusste längerfristige Selbstverpflichtung auf bestimmte Ziele, an die sich der Akteur durch handlungsbegleitende Selbstbeobachtung und Selbstbewertung ständig erinnert. Zusätzlich können Menschen sich selbst bestärken oder verunsichern, sich in Gedanken selbst zureden, sich belohnen und anspornen, auch in Sekundenschnelle, im Handlungsvollzug. Die entsprechenden Methoden der Selbstverstärkung lassen sich erlernen und als Handlungsroutinen bewusst einsetzen. Diese neurowissenschaftlich fundierten Methoden der Selbstregulation können durch entsprechende Trainingsprogramme die Handlungskompetenz von Fachkräften und KlientInnen gleichermaßen steigern (Storch/Krause 2007).

Wissensbaustein: Strukturbezogene Veränderungstheorien
von Joachim Merchel

Soziale Arbeit läst sich nicht allein als ein interaktionales Handeln zwischen einer Fachkraft und einem Adressaten oder einer Adressatengruppe verstehen. Es wäre verkürzt, würde man professionelles Handeln vorwiegend oder gar ausschließlich mit dem Blick auf Interaktionen beschreiben und erfassen wollen. Personale Interaktionen sind in „Verhältnisse" eingebunden und von diesen beeinflusst: Auf Seiten der Adressaten sind deren Lebensverhältnisse zu betrachten, auf Seiten der Fachkräfte sind die Organisationen in den Blick zu nehmen, die wiederum in Wechselbeziehungen zu ihrer Umwelt stehen.

Strukturbezogene Gestaltungs- und Veränderungskonzepte zielen somit auf drei „Struktur-Konstellationen":

- auf die Lebensverhältnisse der Adressaten mit dem Ziel, Lebensbedingungen zu schaffen, die für deren persönliche und soziale Entwicklung förderlich wirken, Benachteiligungen reduzieren und ihnen ein „gutes Leben" ermöglichen;
- auf die Organisationen, in denen Leistungen der Sozialen Arbeit erbracht werden, mit dem Ziel, für die Fachkräfte Handlungsbedingungen zu schaffen, die sie in ihrer fachlichen Kompetenz unterstützen und herausfordern;
- auf die Infrastruktur und die (sozial-)politischen Verhältnisse, in die die einzelne Organisation der Sozialen Arbeit eingebunden ist, mit dem Ziel, eine bedarfsgerechte, aufeinander abgestimmte Struktur von Leistungen und Angeboten für Adressaten herzustellen sowie der jeweiligen Organisation innerhalb dieser Angebotsstruktur einen adäquaten Platz zu ermöglichen.

Strukturbezogene Gestaltungs- und Veränderungskonzepte vor dem Hintergrund der drei genannten „Struktur-Konstellationen" sind u. a. folgende: Auf *Lebensverhältnisse von Adressaten* zielen insbesondere Konzepte und Aktivitäten der Gemeinwesenarbeit und des sozialräumlichen Handelns. In Ansätzen der Gemeinwesenarbeit verfolgen Fachkräfte das Ziel, die Lebensbedingungen in einem Stadtteil bzw. in einem Wohnquartier durch gemeinsames Handeln mit den aktivierten Bewohnern zu verbessern. Das Handeln zielt sowohl auf eine Herbeiführung politischer Entscheidungen zur Verbesserung der Infrastruktur als auch auf eine verbesserte Koordination und Abstimmung der unterschiedlichen Institutionen und Akteure in einem Wohnquartier. Solche Aktivitäten werden bisweilen auch mit dem Begriff „Quartiersmanagement" charakterisiert. In ähnlicher Weise wird in Konzepten des sozialräumlichen Handelns die Interaktion mit einzelnen Adressaten verwoben in ein Handeln, das auf die Förderung und Aktivierung von sozialen Netzwerken im Lebensfeld der Adressaten ausgerichtet ist und das zur Unterstützung der Adressaten genutzt werden kann.

Organisationen stehen im Blickpunkt von strukturbezogenen Gestaltungs- und Veränderungskonzepte, wenn es um die Beeinflussung der konkreten Arbeitsbedingungen der Fachkräfte geht. Auf Organisationen ausgerichtete Veränderungskonzepte beziehen sich auf unterschiedliche Aspekte des Organisationslebens:

- Ziele und Handlungsprogramme: Hier sind insbesondere Vorgehensweisen zur Konzeptionsentwicklung und zur Qualitätsentwicklung (bzw. des Qualitätsmanagements) bedeutsam.
- Strukturen und Kooperationsformen: Darauf zielen z. B. Überlegungen zur Gestaltung von formalen Hierarchien, zur Ausgestaltung von Teamarbeit, zu Modalitäten der Leitung, zu Formen der Kooperation zwischen unterschiedlichen Organisationseinheiten etc.
- Personal/Mitarbeiter: Diese stehen im Mittelpunkt von Konzepten der Personalentwicklung, die auf die Qualifikation und die Motivation sowie auf die Identifikation der Mitarbeiter mit den Zielen und Werten der Organisation ausgerichtet sind.
- Finanzen: Die finanziellen Rahmenbedingungen einer Organisation sind Gegenstand verschiedener betriebswirtschaftlicher Steuerungsaktivitäten, insbesondere des Controlling, mit dem eine jeweils zeitnahe Information zum betriebwirtschaftlichen Stand einer Organisation und auf dieser Grundlage eine kontinuierliche gezielte Möglichkeit zur Finanzsteuerung geschaffen werden soll.

Diese Veränderungskonzepte stehen nicht unabhängig nebeneinander, sondern sind in ihren Auswirkungen miteinander verkoppelt. So wirkt sich die finanzbezogene Steuerung (Controlling) auch auf die Handlungsprogramme aus, weil z. B. bestimmte aufwändige Konzepte oder Qualitäten des Handelns nicht mehr finanzierbar sind, oder sie haben Auswirkungen auf die Personalentwicklung, weil Gehälter „eingefroren" werden oder Fortbildungen für Mitarbeiter nicht mehr wie vorgesehen finanziert werden können. Veränderungen in den Modalitäten der Teamarbeit oder der bereichsübergreifenden Kooperation können neue Reflexionen zum Konzept erforderlich machen oder Kriterien und Abläufe in der Qualitätsüberprüfung verändern. Der Zusammenhang solcher unterschiedlicher Facetten der organisationsbezogenen Gestaltungs- und Veränderungskonzepte wird in Konzepten der „Organisationsentwicklung" thematisiert. Während die Konzepte der Organisationsentwicklung den Schwerpunkt auf gezielte, zeitlich begrenzte und vielfach projektförmig vom sonstigen Alltag der Organisation abgehobene Prozesse der Organisationsveränderung legen, verweist die Leitvorstellung der „lernfähigen Organisation" deutlicher auf die in einer Organisation herausgebildete Fähigkeit, Veränderungsnotwendigkeiten in der Organisation kontinuierlich wahrzunehmen und die Organisation andauernd und dynamisch an neue Anforderungen und an Verbesserungen des Handelns heranzuführen. Konzepte des Sozialmanagements nehmen sowohl die Steuerung der Organisation im Hinblick auf die hier skizzierten Aspekte innerhalb der Organisation auf als auch die Steuerung und Verankerung der Organisation in ihrer Umwelt (z. B. durch Aktivitäten des Marketings oder durch systematische Beobachtung und Auswertung sozialpolitischer und rechtlicher Veränderungen).

Infrastruktur und (sozial-)politische Rahmenbedingungen stehen vor allem dann zur Diskussion, wenn Konzepte der Sozialplanung und der Jugendhilfeplanung praktiziert werden. In der Sozial- und Jugendhilfeplanung werden Entscheidungen über den Bedarf an sozialen Hilfen und Förderungsangeboten im Hinblick auf deren quantitative und qualitative Erforderlichkeit vorbereitet einschließlich der Entscheidungen über die zur Bedarfsdeckung notwendigen Ressourcen, deren Beschaffung und deren gezielten Einsatz. Repräsentanten von Organisationen (Leitung) und Fachkräfte sind aufgefordert, sich mit ihrer Fachkenntnis zum Hilfebedarf und zur angemessenen Hilfegestaltung an den Planungsprozessen aktiv zu beteiligen, zumal in einem modernen Planungsverständnis der Beteiligung von Adressaten, Organisationen und Fachkräften eine große Bedeutung für eine bedarfsentsprechende (und Wirkung versprechende) Hilfe- und Angebotsstruktur zugesprochen wird. Gleichzeitig wird in der Infrastruktur insofern ein Bogen zu der ersten der drei genannten „Struktur-Konstellationen" geschlagen, als mit der Sozialplanung wichtige Markierungen gesetzt werden für die Lebensverhältnisse der Adressaten: für die Gestaltung des sozialen Raumes, in dem die Adressaten leben, und für den Zugang zu unterschiedlichen Hilfen, die zur Unterstützung der Adressaten eingesetzt werden können.

> **Literaturempfehlungen**
>
> zum Strukturaspekt „Lebensverhältnisse der Adressaten": Früchtel, F., Budde, W., Cyprian, G. (2007): Sozialer Raum und Soziale Arbeit. Fieldbook: Methoden und Techniken. Wiesbaden
> Früchtel, F., Cyprian, G., Budde, W. (2007): Sozialer Raum und Soziale Arbeit. Textbook: Theoretische Grundlagen. Wiesbaden
> Hinte, W., Lüttringhaus, M., Oelschlägel, D. (2001): Grundlagen und Standards der Gemeinwesenarbeit. Münster
>
> zum Strukturaspekt „Organisationen": Merchel, J. (2009): Sozialmanagement. Eine Einführung in Hintergründe, Anforderungen und Gestaltungsperspektiven des Managements in Einrichtungen der Sozialen Arbeit. 3. überarb. Aufl. Weinheim/München
> Merchel, J. (2005): Organisationsgestaltung in der Sozialen Arbeit. Weinheim/München
> Wöhrle, A. (2005): Den Wandel managen. Organisationen analysieren und entwickeln. Baden-Baden
>
> zum Strukturaspekt „Infrastruktur und (sozial-)politische Rahmenbedingungen": Markert, A., Wieseler, S. (2005): Sozialberichterstattung und Sozialplanung. In: Otto, H.-U., Thiersch, H. (Hrsg.): Handbuch Sozialarbeit/Sozialpädagogik, 3. Aufl. München/Basel, 1591–1597
> Merchel, J. (2005): Sozial- und Jugendhilfeplanung. In: Thole, W. (Hrsg.): Grundriss Soziale Arbeit. Ein einführendes Handbuch. 2. Aufl. Wiesbaden, 617–631

4.2 Das Kompetenzmodell der Buchreihe

4.2.1 Bereichsbezogene Kompetenzmuster: Fallkompetenz, Systemkompetenz, Selbstkompetenz

Ihrem Auftrag der Vermittlung zwischen Individuum und Gesellschaft entsprechend hat die Soziale Arbeit die Aufgabe, sowohl die Lebensbedingungen als auch die Lebensweise ihrer Klientel zu verbessern und dabei mit KlientInnensystem und dem Leistungssystem zu kooperieren (vgl. Kap. 3). Dementsprechend wird im Folgenden bereichsbezogen zwischen Fallkompetenz und Systemkompetenz unterschieden. „Fallkompetenz" umfasst die Fähigkeiten, die für die direkte KlientInnenarbeit (Arbeit mit dem KlientInnensystem) benötigt werden. „Systemkompetenz" bezeichnet Fähigkeiten der indirekten KlientInnenarbeit, also für die Arbeit mit Organisationen des Wohlfahrtsstaates, des Bildungssystems, der Wirtschaft, der Justiz etc., um den KlientInnen Leistungen zu vermitteln und zu erschließen oder sie darin zu unterstützen, ihre Rechte durchzusetzen (z. B. auf Gleichbehandlung durch das Schulsystem oder Gesundheitssystem). Auch die fallübergreifende Arbeit zur Verbesserung der Angebote bzw. zur Schließung von Versorgungslücken fällt unter diesen Begriff (Arbeit mit dem Leistungssystem). In einigen Kompetenzmodellen der Sozialen Arbeit ist das Leistungssystem zusätzlich unterteilt worden in (1) Organisation/Angebot und (2) Infrastruktur/Gesellschaft/Politik (z. B. Nieke 2002, 23) oder in (1) Organisation/Organisationseinheiten, z. B. Teams und (2) kommunale Planungsebene/Infrastruktur (z. B. v. Spiegel 2004, 252). Da in dieser Buchreihe der Leitungskompetenz ein eigener Band gewidmet wurde und dafür ein eigenes Kompetenzmodell entwickelt wurde, kann auf diese Ausdifferenzierung verzichtet werden. Mit Zweiteilung in Fallkompetenz und Systemkompetenz sind die beiden großen AdressatInnengruppen der Aktivitäten von Fachkräften Sozialer Arbeit benannt: das Klientel und die Kooperationspartner innerhalb des wohlfahrtsstaatlichen Leistungssystems. Für eine umfassende Kompetenzanalyse fehlt aber ein für Humandienstleistungen besonders wichtiger Adressat: die Fachkraft. Sie muss sich ihrer eigenen Person bewusst zuwenden, ihre Stärken und Schwächen kennen und deren Auswirkungen im Handlungsvollzug beobachten, um *Selbstkompetenz* zu entwickeln. Es gehört generell zu den besonderen Fähigkeiten von Menschen, dass sie sich selbst zum Gegenstand ihrer Beobachtungen und Analysen und zum Adressaten ihrer Bemühungen wählen können. Sie können in sich hineinhorchen und hineinfühlen, um herauszufinden, was sie empfinden. Und sie können dann diese Gefühle mit ihren Ursachen und Folgen analysieren. Sie können sich alternative Ziele und Vorgehensweisen ausdenken und deren Vor- und Nachteile abwägen. Sie können auch darüber nachdenken, worüber sie wie (nicht) nachdenken wollen oder (nicht) nachgedacht haben. Selbstkompetenz verlangt die Fähigkeit zur Metakognition, zum Nachdenken über die eigenen Denk- und Deutungsmuster, einschließlich des bewussten (Nach)Empfinden der eigenen Empfindungen und Gefühle. Kompetenz setzt von daher neben jenem Wissen und Können, das auf die Arbeit mit dem KlientInnensystem und dem Leistungssystem bezogen ist, ein auf die eigene Person bezogenes Wissen und Können voraus und die Fähigkeit zur Selbstbeobachtung und Selbstregulation.

Selbstregulation verlangt neben reflexiven Kompetenzen auch die Fähigkeit zur Beeinflussung der eigenen emotionalen Reaktionsmuster und spontaner Handlungsimpulse. Selbstregulation stellt insofern eine zentrale Querschnittskompetenz dar, die entsprechend separat auszuweisen ist. Zusammenfassend lässt sich festhalten, das im Folgenden zwischen drei Kompetenzen unterschieden wird: *Selbst-, Fall- und Systemkompetenz.*

- Die *Selbstkompetenz* ist bezogen auf die Person der Fachkraft (Qualifikation, Motivation, Konstitution, Haltung etc.).
- Die *Fallkompetenz* ist bezogen auf das *KlientInnensystem* (Probleme und Ressourcen der Klientin und ihres sozialen und institutionellen Umfeldes).
- Die *Systemkompetenz* ist bezogen auf die eigene Organisation (Konzept und Angebot) und andere Organisationen (z. B. des Bildungs-, Gesundheits-, Rechts-, Sozial- und Wirtschaftssystems).

Damit sind zugleich drei Handlungsfelder mit ihren Adressaten benannt. Sie werden im Folgenden mit prozessbezogenen Kompetenzen in Beziehung gesetzt, um zu verdeutlichen, welche Fähigkeiten in diesen Bereichen benötigt werden.

4.2.2 Prozessbezogene Kompetenzmuster: Analyse- und Planungskompetenz, Interaktions- und Kommunikationskompetenz, Reflexions- und Evaluationskompetenz

Problemlösendes oder problemreduzierendes Handeln erfordert drei grundlegende, prozessbezogene Kompetenzmuster:

- Analyse- und Planungskompetenz
- Interaktions- und Kommunikationskompetenz
- Reflexions- und Evaluationskompetenz

Für die zweite, die Durchführungs- oder Umsetzungsphase problemlösenden Handelns, wird im vorliegenden Modell die Interaktions- und Kommunikationskompetenz zentral gesetzt. Auch Analyse- und Planungsprozesse verlangen Kommunikation, z. B. um Informationen einzuholen. Und auch die Reflexion und Evaluation der Arbeit findet nicht nur als einsame Denkarbeit statt, sondern erfolgt auf den Grundlagen von Rückmeldungen und Anregungen von KlientInnen und KollegInnen. Aber für die Zielerreichung der jeweiligen Phase sind kommunikative Kompetenzen weniger zentral als analytische, konzeptionelle und diagnostische, also primär kognitive Kompetenzen. In der mittleren Phase eines Interventionsprozesses oder einer einzelnen Intervention dominiert dagegen als Aktivität der direkte Austausch mit Menschen (vgl. „Ablaufmodell methodischen Handelns" in Kap. 3.5). Es geht darum, sie zu bewegen, sich selbst und ihre Lebenssituation realistisch zu betrachten, sich zu Veränderungen zu entschließen und dafür Mut und Hoffnung, Geduld und Zuversicht zu entwickeln und gegebenenfalls fehlende Fähigkeiten und Fertigkeiten zu erwerben. Dafür sind kommunikative Kompetenzen zentral. Im Umgang mit Kooperationspartnern geht es in der Umsetzungsphase um eine Verbesserung des Umfangs oder der Qualität von Dienstleistungen. Interaktions- und kommunikationsbezogene Kompetenzen sind notwendig, um in der Umsetzungsphase am gleichen Strang zu ziehen. Unkoordinierte oder zerstrittene Helfersysteme können zu sehr unfruchtbaren Blockaden im KlientInnensystem beitragen. So werden Fachkräfte – ohne es zu merken – zu Bündnispartnern einzelner Familien- oder Gruppenmitglieder gegen andere Mitglieder und verhindern so positive Veränderungen (Imber-Black 1992).

Die drei prozessbezogenen Kompetenzmuster stehen in einer logischen zeitlichen Abfolge, bei dem kein Schritt des Problemlösungsprozesses übersprungen werden kann – aber eine Rückkehr zu einem früheren Schritt jederzeit sinnvoll sein kann (rekursives Vorgehen). Der Gesamtprozess ist dabei ein zirkulärer, der mit dem letzten Schritt wieder zur ersten Phase, zur Analyse und Planung zurückkehrt. Jede längere Handlungsabfolge (z. B. ein einjähriger Interventionsprozess) lässt sich in kleinere Sequenzen aufteilen, z. B. bei der gesetzlich vorgeschriebenen Hilfeplanung in sechsmonatige Abschnitte. Jeder einzelne Abschnitt und jede Intervention in diesem Zeitabschnitt verlangt alle drei prozessbezogenen Kompetenzmuster. So ist schon in der Anfangsphase, z. B. beim Erstgespräch in einer Beratungsstelle, nicht nur Analyse-, Planungs- und Interaktionskompetenz gefragt, sondern auch Reflexions- und Evaluationskompetenz, um den Verlauf und das Ergebnis von dieser ersten Begegnung an auszuwerten und die Stärken und Schwächen des eigenen Vorgehens erkennen zu können. Aber die Evaluation nimmt zu Beginn weniger Zeit in Anspruch als später, z. B. in der halbjährlichen Auswertung der Kooperation – es sei denn, es treten gleich zu Beginn Schwierigkeiten auf. Die drei prozessbezogenen Kompetenzen stellen Kompetenzmuster dar, d. h. komplexe Bündel von aufeinander bezogenen und sich ergänzenden Teilkompetenzen. Sie werden im Folgenden erläutert.

4.2.3 Teilkompetenzen der prozessbezogenen Kompetenzmuster

Die drei prozessbezogenen Kompetenzmuster beruflichen Handelns lassen sich durch die Benennung exemplarischer, tätigkeitsbezogener Teilkompetenzen (Kompetenzformen) konkretisieren. Die folgenden Anwendungsbereiche sollen verdeutlichen, welche Kompetenzformen für die Lösung welcher Aufgaben genutzt werden können.

Prozessbezogene Kompetenzmuster: Teilkompetenzen

(1) Analyse- und Planungskompetenz

- Teilkompetenzen (Kompetenzformen):
  Beobachtungskompetenz, Recherchekompetenz, Erklärungskompetenz, Prognosekompetenz
- Anwendungsbereiche:
  Diagnostik, Fallanalyse, Situationsanalyse, Sozialraumanalysen, Konzeptionsentwicklung, Hilfeplanung, Projektentwicklung, Interventionsplanung etc.

(2) Interaktions- und Kommunikationskompetenz

- Teilkompetenzen (Kompetenzformen):
  Präsentationskompetenz, Wahrnehmungskompetenz, Rezeptionskompetenz, Mitteilungskompetenz (verbal und nonverbal), Einfühlungskompetenz, Strukturierungs- und Fokussierungskompetenz, Deutungskompetenz, Organisationskompetenz
- Anwendungsbereiche:
  Anleitung, Information, Beratung, Alltagsbegleitung, Alltagsstrukturierung, Gruppenleitung, Verhandlung, Gesprächsführung, Mediation, Moderation etc.

(3) Reflexions- und Evaluationskompetenz

- Teilkompetenzen (Kompetenzformen):
  Dokumentationskompetenz, Datenanalysekompetenz, Interpretationskompetenz, Introspektionskompetenz
- Anwendungsbereiche:
  Selbstreflexion, Entwicklungsdokumentation, Fallreflexion, Begutachtung, kollegiale Beratung, Supervision, institutionelle Berichterstattung etc.

„Organisationskompetenz" wurde im vorliegenden Modell dem Kompetenzmuster der Kommunikations- und Interaktionskompetenz zugeordnet. „Organisieren", verstanden als Bereitstellung von Ressourcen (Räumen, Geldern, Geräten, Dienstleistungen etc.) erfordert in der Regel eine ausführlichere mündliche oder schriftliche Kommunikation, da die Fachkraft meist nicht über alle erforderlichen Ressourcen verfügt. Vor allem „Organisieren" verstanden als Koordination der Aktivitäten von Personen verlangt die Fähigkeit, die AdressatInnen zur Kooperation zu motivieren, Aktivitäten abzustimmen und unterstützend zu begleiten.

Das Kompetenzmuster *Reflexions- und Evaluationskompetenz* dient der Steuerung und Überprüfung des eigenen Tuns und ist durch Selbstbezüglichkeit gekennzeichnet. Die Fachkraft nutzt vor allem ihre eigenen Potenziale, z. B. ihr theoretisches Wissen, ihre Praxiserfahrung, ihre Kenntnisse des Vorgehens von KollegInnen in vergleichbaren Situationen, ihr Wissen um Reaktionsweisen der Klientel und ihre Informationen über institutionelle und gesellschaftliche Bedingungen. Beziehen sich diese Kenntnisse der Fachkraft auf zukünftige Interventionen, so werden sie der Planungskompetenz zugeordnet. Auch hier ist Kommunikations- und Interaktionskompetenz notwendig. Entscheidend und prägend aber ist in dieser Phase die Fähigkeit und Bereitschaft, theoretisches und praxisbezogenes Wissen zu aktivieren, um das bisherige eigene Handeln gedanklich zu überprüfen. Dabei spielen neben den kognitiven Prozessen der Verarbeitung von Wissen und Erfahrung auch Bewertungen des Geschehens und der Informationen darüber eine wichtige Rolle. Sie werden vom Erleben beeinflusst und enthalten emotionale Komponenten, die bewusst werden sollen. Von daher gehört zum Kompetenzmuster der Reflexions- und Evaluationskompetenz z. B. auch die Introspektionsfähigkeit, um sich rückblickend der eigenen psychischen Reaktionen bewusst zu werden und sie reflektieren zu können.

Eine Reihe von Begriffen verweist auf sehr ähnliche Kompetenzen, die aber in ihren Ausprägungen variieren und entsprechend unterschiedlichen Prozessetappen zugeordnet wurden. So setzen alle drei Kompetenzmuster die drei grundlegenden Operationen des Wahrnehmens, Erklärens und Bewertens voraus. Sie nehmen aber im Prozess unterschiedliche Formen an. Entsprechend wird bei den Teilkompetenzen z. B. unterschieden zwischen der „Beobachtung" als bewusster, zielbezogener Wahrnehmungskompetenz (in der Analyse- und Planungsphase) und „Wahrnehmungskompetenz" als Fähigkeit zu einer eher schwebenden, unfokussierten Aufmerksamkeit (in der

Umsetzungsphase). Diese Wahrnehmungsfähigkeit bedarf zugleich der „Rezeptionskompetenz", d. h. der Fähigkeit, Wahrnehmungen bewusst zu speichern. Ähnlich wie sich die bewusste, gezielte, fokussierte Beobachtung von der mitlaufenden, offeneren, ungezielteren Wahrnehmungskompetenz unterscheidet, wird die bewusste und gezielte „Erklärungskompetenz" in der Analyse- und Planungsphase von der mitlaufenden „Deutungskompetenz" in der Umsetzungsphase, im Rahmen des Kompetenzmusters „Interaktions- und Kommunikationskompetenz", unterschieden. „Deutungskompetenz" meint eine ganzheitlichere, intuitive und stärker affektiv geprägte Fähigkeit der Interpretation von Verhaltensweisen und Situationen im Unterschied zur stärker analytisch und kognitiv konzipierten „Erklärungskompetenz". Benachbarte Teilkompetenzen des Modells weisen also in den drei Phasen des Prozesses andere Ausprägungen auf, die dem Kontext der jeweiligen Kompetenzmuster entsprechen.

Eine zentrale Kompetenz in der Sozialen Arbeit ist die Fähigkeit, sich der eigenen Gedanken und Gefühle bewusst zu werden und sie zu reflektieren. Zwei Begriffe verweisen im Tableau der Kompetenzformen und Teilkompetenzen auf diese Fähigkeit: die *Einfühlungskompetenz* und die *Introspektionskompetenz*. „Introspektion" bezeichnet die nach innen, auf eigene Gedanken und Gefühle gerichtete, gezielte Aufmerksamkeit. Diese Aufmerksamkeit ist auch für die Kommunikations- und Interaktionskompetenz in der Umsetzungsphase von Bedeutung. Dort ist aber vor allem die Fähigkeit zur Wahrnehmung von aktuellen, situativen Übertragungs- und Gegenübertragungsphänomenen in der Begegnung mit einer anderen Person gefragt. Gefühle, die von der Klientin aufgrund ihrer biografischen Erfahrung auf die Fachkraft übertragen werden und in dieser einen Resonanzboden finden, können so von der Fachkraft für das Verstehen ihres Gegenüber genutzt werden. Unter dem Begriff „Einfühlungskompetenz" wurde diese Fähigkeit der Interaktions- und Kommunikationskompetenz zugeordnet, weil sie ein den Kommunikationsprozess ständig begleitendes Mitschwingen erfordert. „Introspektion" meint im Unterschied dazu eine distanziertere Wahrnehmung der eigenen Gedanken und Gefühle, die vor allem im Rückblick zur Analyse von Interaktionsprozessen genutzt werden kann und daher der Reflexions- und Evaluationskompetenz zugeordnet wurde.

Für solche feinen Unterscheidungen der Phänomene zwischen Erklärung und Deutung, Wahrnehmung und Beobachtung, Introspektion und Empathie fehlt in der Sozialen Arbeit noch weitgehend die Fachterminologie, sodass diese Auflistung als ein erster Versuch zu sehen ist, zu ihrer Entwicklung beizutragen. Alle drei Kompetenzen sind *unverzichtbar*, allerdings im Laufe einer einzelnen Intervention oder eines Interventionsprozesses *unterschiedlich bedeutsam*. Sie werden also in bestimmten Phasen des Interventionsprozesses und bei bestimmten Aktivitäten zu komplexen Handlungsstrategien kombiniert, die entsprechend unterschiedliche Profile aufweisen.

4.2.4 Kombinationen von bereichs- und prozessbezogenen Kompetenzen im Interventionsprozess

Hiltrud v. Spiegel gliedert in ihrer Methodenlehre die Kompetenzbereiche nach Ebenen. Sie unterscheidet zwischen der Fallebene und der Managementebene und verknüpft diese in einer Matrix mit den Dimensionen „Können", „Wissen" und „berufliche Haltungen" (v. Spiegel 2004, 97, 113). Die konkreten Arbeitshilfen sind dann ebenfalls auf ein Prozessmodell bezogen, das von der Analyse und Planung bis zur Evaluation reicht (120, 125). Der Fallebene und der Managementebene im Modell von v. Spiegel entsprechen die Kompetenzbereiche Fall- und Systemkompetenz im vorliegenden Handlungskompetenzmodell. Tabelle 1 in Kapitel 1.2 verdeutlicht die möglichen Kombinationen von prozess- und bereichsbezogenen Kompetenzen. Nach dieser Systematik sind die Erläuterungen der Fälle und der Situationen in diesem und in allen Bänden der Buchreihe gegliedert. Der Band 5 „Leiten in Einrichtungen der Sozialen Arbeit" enthält ein eigenes, dem Gegenstand entsprechendes Kompetenzmodell.

Alle bereichsbezogenen Kompetenzmuster erfordern eine Kombination mit allen drei prozessbezogenen Kompetenzmustern, um eine vollständige, erfolgversprechende Handlungsstrategie zu entwickeln. Allerdings kann der Schwerpunkt im Interventionsprozess und mit dem jeweiligen Bereich wechseln. So wird bei der Fallkompetenz der Schwerpunkt häufiger auf der Interaktionskompetenz liegen, aber die Planungs- und Analysekompetenz und die Reflexions- und Evaluationskompetenz sind ebenfalls unerlässlich, um effektive Fallarbeit zu leisten. Bei ungewöhnlichen Entwicklungen und Krisen werden jene Aktivitäten zunehmen, die vor allem Reflexions- und Evaluationskompetenz erfordern. Wenn dann klar ist, worauf die Schwierigkeiten beruhen, wird die Analyse- und Planungskompetenz für die Vorbereitung eines erneuten Versuchs der Problemlösungen wieder wichtiger. Selbstkompetenz erfordert vorrangig eine prozessbezogene Reflexionskompetenz, aber sekundär auch Interaktionskompetenz, z. B. um erhellende Rückmeldungen und konstruktive Kritik von KollegInnen zu erbitten. Die unterschiedlichen Kombinationen und Anteile von prozessbezogenen und bereichsbezogenen Kompetenzmustern charakterisieren also bestimmte Handlungsstrategien in bestimmten Phasen des Fallverlaufs. In den Fall- und Situationsanalysen soll deutlich werden, welche Grundmuster und welche Variationen dieser Muster für kompetentes Handeln in der Sozialen Arbeit konstitutiv sind.

Dieser kasuistische Ansatz entspricht dem erläuterten Verständnis von Handlungskompetenz, bei dem ein bestimmter Fundus an Wissen und eingeübten Fertigkeiten (z. B. der Gesprächsführung) nicht ausreicht. Was sich in vielen Fällen und Situationen bewährt hat, kann dennoch in anderen Fällen und Situationen unangemessen sein. Die Fähigkeit zur kontextspezifischen Variation, zum Erkennen der Besonderheiten des Einzelfalles, einer bestimmten Person, Gruppe oder Organisation und eines Territoriums (Stadtteil, Straßenzug, Siedlung etc.) und ihrer aktuellen Bedürfnisse und Ressourcen muss zusätzlich gegeben sein. Die Zahl der denkbaren Variationen bewährter Handlungsmuster ist jedoch in der Praxis nicht unendlich, bestimmte wiederkehrende Muster dominieren. Zu bewährten Handlungsmustern liegen zahlreiche Publikationen vor, die hinsichtlich der Darstellung von Verfahren und Techniken (z. B. der Gesprächsführung) genauer und konkreter sind als die vorliegende Reihe. Oft fehlt diesen Darstellungen aber der Fallkontext in seiner Mehrdeutigkeit, Dynamik und Abhängigkeit von der Ausdeutung durch die beteiligten Akteure. Ein „Fall" ist zudem nicht losgelöst von der Fallbearbeitung zu denken. Indem sich Fachkräfte und KlientInnen auf eine bestimmte Art begegnen, wird der Fall erst zum „Fall" (Müller 2008). Nur wenn eine Organisation zuständig ist und sich eine Person auch für zuständig erklärt hat oder für zuständig erklärt wurde, wird der Fall ein „Fall für …" diese Einrichtung, diese Fachkraft. Damit ist noch nicht klar, wie dieser Fall zu verstehen ist, was das zu bearbeitende Problem sein könnte, welche Lösungen anvisiert, welche Ressourcen aktiviert werden können („Fall von …"). Und ebenso wenig ist klar, ob es gelingen wird hinsichtlich dieser Einschätzung („Fall von …") eine gemeinsame Sichtweise mit den KlientInnen zu entwickeln, sodass der Fall nun zu einem „Fall mit …" werden kann, ein Kristallisationspunkt gemeinsamer Anstrengungen (Müller 2008).

Übungsaufgabe

Analysieren Sie die Fallvignetten in diesem Buch mit Hilfe der Falltypologie von B. Müller (2008) aus der Sicht der jeweiligen Fachkraft. Versuchen Sie insbesondere Ihre Aussage zum „Fall von ..." in einen knappen Satz zu fassen. Sie können mehrere Varianten dieses Satzes zur Diskussion im Seminar oder in einer Arbeitsgruppe formulieren.

Wissensbaustein: Motivation I

Wir alle kennen das: Wir haben uns etwas vorgenommen und handeln nicht entsprechend. Die Begründung scheint naheliegend: Unsere Motivation war nicht stark genug. Nur ist das noch keine Erklärung. Warum war sie nicht stark genug? Was macht eine Motivation überhaupt zu einer starken Motivation? Was ist die Antriebskraft dahinter? Bei Misserfolgen zu behaupten, „es fehlte eben an der Motivation", heißt außerdem, die Verantwortung der Person zuzuschreiben. Aber vielleicht waren es die Umstände, Schwierigkeiten der Aufgabe oder die unzureichenden Fähigkeiten – nicht der mangelnde Wille. Und warum hat sich eine Person nicht angestrengt?

Ein Phänomen wie „Motivation" kann nicht direkt beobachtet, nur erschlossen werden, so wie man „Freude" hinter einem Lächeln oder Lachen vermutet. Es hat damit den erkenntnistheoretischen Status einer erklärenden gedanklichen Annahme (hypothetisches Konstrukt) und birgt die Gefahr einer zirkulären, inhaltsleeren Begriffsverwendung. „Peter hat zugeschlagen, weil er ein aggressiver Typ ist", ist eine bloße Behauptung, denn die Etikettierung von Peter als „aggressiver Typ" enthält keine Aussagen über seine Beweggründe. Vom beobachteten Verhalten (Schlägerei) wird auf sein Motiv geschlossen, noch dazu auf ein persönlichkeitsbedingtes, situationsübergreifend stabiles Motiv (Aggressivität). Mit diesem hypothetischen Motiv wird dann wiederum das beobachtbare Verhalten „erklärt", ohne dass dafür Bedingungen bzw. die Gründe genannt werden (z. B. Provokation und verletztes Ehrgefühl).

Motivationsbegriff und Motivationstheorie

Die Motivationspsychologie beschäftigt sich mit den Beweggründen (lat. movere = bewegen) menschlichen Handelns. Sie untersucht, wie Menschen ihr Handeln steuern oder zu steuern versu-

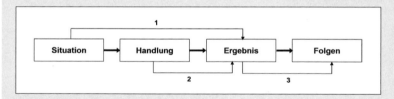

Abb. 1: Elemente einer Handlungssequenz

chen. Die Zielrichtung, Ausdauer und Intensität von Verhalten wird dabei durch die subjektive Attraktivität und Erreichbarkeit der angestrebten Zielzustände erklärt (Rheinberg 2008, 13). Auch das Vermeiden eines unerfreulichen Zustands kann ein attraktives Ziel sein.

Im Zuge der Entwicklung *kognitiver Motivationstheorien* sind die klassischen eindimensionalen Schub- und Druckmodelle (z. B. das psychoanalytische Modell des „Leidensdrucks") weiterentwickelt und neben der Einschätzung der Wünschbarkeit und Erreichbarkeit eines Zieles weitere gedankliche Impulse untersucht worden. Sie beziehen sich auf die in Abbildung 1 dargestellten Elemente einer Handlungssequenz (Heckhausen 1989, 468ff).

Eine Person kann gedankliche Verbindungen zwischen diesen Elementen herstellen, indem sie z. B. annimmt, (1) dass die Situation in jedem Falle zu einem bestimmten Ergebnis führt, (2) sie dieses mit ihrer Handlung beeinflussen kann (oder nicht) und (3) dieses Ergebnis (un)erwünschte Folgen nach sich zieht (oder nicht). „Folgen" sind im Gegensatz zu „Ergebnissen" von der Person nicht (vollständig) beeinflussbar. So führen z. B. gute Prüfungsnoten (Ergebnis) nicht mit Sicherheit zu einem Ausbildungsplatz. In der erweiterten Fassung dieses Modells (Heckhausen/Heckhausen 2006, 5) ist „Situation" sowohl als äußere Situation (Bedingungen, Anreize) als auch als innere Situation der Person (Motive, Bedürfnisse, Ziele) konzipiert worden. Dieses Modell lässt sich für die Motivationsanalyse nutzen, indem folgende Fragen beantwortet werden:

(1) Erscheint mir das Ergebnis durch die Situation bereits festgelegt? (Wenn ja, Schlussfolgerung: Tue nichts!)
(2) Kann ich das Ergebnis durch eigenes Handeln hinreichend beeinflussen? (Wenn „nein", Schlussfolgerung: Tue nichts!)
(3) Sind mir die möglichen Folgen des Ergebnisses wichtig genug? (Wenn „nein", Schlussfolgerung: Tue nichts!)
(4) Zieht das Ergebnis auch die erwünschten Folgen nach sich? (Wenn „nein": Tue nichts!)

Hier wurden Antizipationen von KlientInnen formuliert, die sich selbst blockieren, weil sie davon ausgehen, dass sie es nicht schaffen werden (Frage 2) oder am Ergebnis nicht interessiert sind (Frage 3). Ebenso können KlientInnen sich selbst überschätzen, die Anforderungen der Situation und ihre geringe Veränderbarkeit unterschätzen, aber sehr „motiviert" sein (im Sinne der Frage 3). Und schließlich können über die Fragen 1 und 4 auch die nicht von der Person beeinflussbaren Rahmenbedingungen berücksichtigt werden.

Motivation und Volition im Prozess der Selbststeuerung

Motivationale Prozesse weisen einen bestimmten Ablauf auf. Nach dem *Rubikonmodell* (Heckhausen/Heckhausen 2006, 198) unterscheidet man zwischen der motivationalen und volitionalen Phase der Handlungssteuerung. Der Name dieses Modells rührt vom Namen des Flusses her, den Cäsar 49 v. Chr. nach langem Abwägen überschritt. Damit waren die Würfel gefallen und unwiderruflich der Bürgerkrieg eröffnet. Eine scharfe Zäsur zwischen der Entscheidung für ein Ziel (verbunden mit einem bestimmten Vorgehen) und der Phase der Umsetzung des gefassten Entschlusses kennzeichnet das Modell.

Diese Zäsur beruht auf Untersuchungen, die zeigen, dass sich eine Person in der motivationalen Phase in einer ganz anderen bewusstseinsmäßigen Lage befindet als in der volitionalen Phase. In der motivationalen Phase vor der Entscheidung werden möglichst breit und umfassend Informationen gesammelt und ausgewertet, das Für und Wider, Kosten, Nutzen und Realisierungschancen abgewogen. In der volitionalen Phase nach der Intentionsbildung werden dagegen nur noch die Informationen beachtet, die zur Umsetzung des Entschlusses benötigt werden. Es bedarf nun einer kontinuierlichen „Handlungskontrolle", um die Absicht aufrechtzuerhalten. Man schirmt sich gegen konkurrierende Absichten und Bedürfnisse, Ablenkungen durch äußere Umstände und Zweifel an der Attraktivität der Zielsetzung ab. Bei längeren Umsetzungsprozessen muss die Motivation immer wieder erneuert, sogar gesteigert werden, indem man sich z. B. angesichts der Anstrengungen und (unerwarteten) Schwierigkeiten das Fernziel in leuchtenden Farben ausmalt (Kuhl 2001). Die Aufmerksamkeit muss mehrfach fokussiert, Ablenkungen können auch durch äußere Arrangements vermieden werden (z. B. bei einer Diät keine Süßigkeiten im Haus aufbewahren!). Soziale Unterstützung ist ebenfalls hilfreich. Manchmal allerdings wird deutlich, dass man sich zuviel vorgenommen und die Schwierigkeiten unterschätzt hat. Dann ist eine neue Entscheidung nötig und der Rubikon muss erneut überschritten werden.

Kompetenzbegriff und Kompetenzmodell

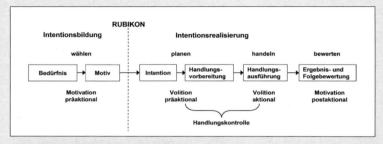

Abb. 2: Erweitertes Rubikonmodell

Die Ausbildung der Absicht zu handeln (Intentionsbildung) hängt nicht nur von kognitiven Prozessen ab. Viele Wünsche oder Befürchtungen sind uns kaum bewusst, manche mögen wir uns auch nicht gerne eingestehen. Daher ist eine Erweiterung des Modells von Heckhausen um die Dimension der „Bedürfnisse" vorgeschlagen worden, um unbewussten Motiven Rechnung zu tragen (Storch/Riedener 2006, Kap. 1.2).

Ist ein Bedürfnis bewusst geworden, so ist es ein Motiv, das aber (wie viele gute Vorsätze) nicht unbedingt umgesetzt wird. Erst wenn der Rubikon überschritten wurde, das Motiv zur Intention wurde, indem eine Person das was sie beabsichtigt mit ihrer Gesamtidentität abgestimmt hat, ist sie intrinsisch, d. h. aus sich selbst heraus motiviert. Auch dann können alte Automatismen die Umsetzung noch behindern (vgl. Kasten „Neurowissenschaftliche Grundlagen der Handlungsregulation" in Kap. 2.1). Dann bedarf es zusätzlicher präaktionaler Vorbereitungen, um die Handlungskontrolle zu gewährleisten (zu entsprechenden Trainings mit Erwachsenen Storch/Krause 2007).

Die äußere Situation kann sich eine Person oftmals nicht aussuchen und sie nur begrenzt beeinflussen, sie ist gegeben. Aber jede gegebene Situation wird von einer Person (mehr oder minder zutreffend) wahrgenommen und interpretiert. Motivation ist also das Ergebnis komplexer Wechselwirkungen von innerer und äußerer Situation eines Akteurs jenseits von Persönlichkeitseigenschaften wie Ängstlichkeit oder Antriebslosigkeit.

Andererseits sind Menschen biografisch geprägte Wesen, die aufgrund von Erfahrungen nicht immer vernünftig, zielstrebig und konsequent reagieren. Welche hinderlichen emotionalen und kognitiven Schemata als Automatismen in solchen Fällen wirksam werden und wie in der Motivationsarbeit damit umgegangen werden kann, soll im → Wissensbaustein „Motivation II" dargestellt werden.

Literaturempfehlungen

zur Einführung: Rheinberg, F. (2008): Motivation. 7. aktual. Aufl. Stuttgart
Storch, M., Riedener, A. (2006): Ich pack's. Selbstmanagement für Jugendliche. Ein Trainingsmanual für die Arbeit mit dem Zürcher Ressourcen Modell. 2. überarb. Aufl. Bern

zur Vertiefung: Heckhausen, H. (1989): Motivation und Handeln. 2. Aufl. Berlin
Heckhausen, J., Heckhausen, H. (Hrsg.) (2006): Motivation und Handeln. 3. Aufl. Berlin
Kuhl, J. (2001): Motivation und Persönlichkeit. Interaktionen psychischer Systeme. Göttingen

5 Berufsfeldbezogene Handlungstypen als Anforderungskontexte

5.1 Heterogenität und Entwicklungsdynamik der Handlungskontexte

Soziale Arbeit ist ein Beruf, der durch eine Vielfalt an Berufs- und Tätigkeitsfeldern mit unterschiedlichen Adressaten, Problemlagen, Angebotsorganisationen und Handlungsformen gekennzeichnet ist. Diese Heterogenität der Handlungskontexte hat seit jeher alle Systematisierungsbemühungen erschwert. Die Berufsfelder Sozialer Arbeit werden üblicherweise nach *Altersgruppen* gegliedert oder/und nach *Problemlagen* bzw. nach *Unterstützungs- und Förderbedarf* (z. B. Jugendarbeit, Altenarbeit, Behindertenhilfe, Straffälligenhilfe, Erziehungsberatung, Sozialpädagogische Familienhilfe, Schuldnerberatung, Jugendberufshilfe, Tagespflege etc. etc.) Diese Untergliederungen beruhen auf gewachsenen Strukturen auf gesetzlichen Vorgaben und umfassen von daher nicht immer ähnliche Tätigkeitskomplexe und Handlungsanforderungen. Sie variieren zudem regional erheblich.

Die Tätigkeits- und Berufsfelder lassen sich auch nach den *Funktionen* gliedern, die die Soziale Arbeit bei diesen Adressaten übernimmt, um zu einem gelingenden oder zumindest einem gelingenderen Leben beizutragen (z. B. Persönlichkeitsentwicklung, berufliche Qualifizierung, Rehabilitation oder Resozialisierung, vgl. ausführlicher Heiner 2010, Teil A, Kap. 2.1). Diese Funktionen können aber organisations- oder/und methodenbezogen sehr unterschiedliche Formen annehmen. Sie werden von den Organisationen der Sozialen Arbeit teilweise kombiniert und altersübergreifend, teilweise aber auch in getrennten, spezialisierten Einrichtungen wahrgenommen. Keines der drei Kriterien Alter, Problemlage, Funktion reicht zur Kennzeichnung der Kompetenzanforderungen aus. In manchen Arbeitsfeldern müssen die Fachkräfte altersgruppenübergreifende Kompetenzen entwickeln (z. B. FamilienhelferInnen, die mit den Kindern und ihren Eltern arbeiten), während sich andere auf eine Altersgruppe spezialisieren können (z. B. in der Bewährungshilfe für Erwachsene). Manche bemühen sich vorrangig um die Bewältigung einer einzigen Problemlage (z. B. Suchtberatung), andere um mehrere Probleme oder Problembündel (z. B. Familienhilfe). Manche Fachkräfte arbeiten vorrangig oder nur mit Einzelpersonen, andere nur mit Gruppen, andere mit beiden und vielleicht auch noch stadtteil- und gemeinwesenbezogen. Die jeweiligen Zuschnitte können sich außerdem durch neue Aufgabenzuschreibungen, neue Erkenntnisse und neue Angebotsformen verändern. Auch die Unterscheidung nach methodischen Ansätzen bzw. nach Sozialformen der Intervention (Einzelfallhilfe, Gruppenarbeit und Gemeinwesenarbeit) reicht zur Kennzeichnung der Handlungsanforderungen nicht aus. Zwar verlangt die Leitung einer Gruppe oder die Aktivierung eines Stadtteils andere Kompetenzen als das Gespräch mit einer Einzelperson oder einem Paar. Aber ein Großteil der prägenden Rahmenbedingungen der Kooperation ist damit nicht erfasst.

Die Handlungskontexte der Sozialen Arbeit werden häufig nach der lebensweltlichen Reichweite und den *Organisationsformen* in ambulante, teilstationäre und stationäre Angebote unterteilt. Ambulante Angebote, die der Klient aufsucht (z. B. Beratungsstellen) haben den geringsten Zugriff auf die Lebenswelt und Lebensweise der KlientInnen. Die KlientInnen müssen einen Dienstleister der Sozialen Arbeit aufsuchen (z. B. eine Beratungsstelle, einen offenen Treffpunkt) oder die Fachkräfte suchen ihrerseits die KlientInnen auf (Hausbesuche oder bei Obdachlosen Streetwork). Teilstationäre Angebote (z. B. Tagesgruppen, Tagesstätten, Tageskliniken, Werkstätten für Behinderte), in denen die KlientInnen etwa den halben Tag oder auch die Nacht (Nachtkliniken) verbringen, prägen die Lebenssituation bereits stärker. Stationäre Angebote ersetzen die Privatsphäre vollständig, sei es vorübergehend oder dauerhaft (Heime, betreute Wohngemeinschaften, Kliniken).

Mit der Organisationsform verbunden ist eine grundlegend andere Funktion der Hilfen für die KlientInnen. Sie wird häufig über die Unterscheidung von lebensweltunterstützenden, lebensweltergänzenden und lebensweltersetzenden Angeboten gefasst. Diese Terminologie verdeutlicht, dass die KlientInnen zunehmend abhängig von fremder Hilfe werden bzw. in ihrer Lebensgestaltung zunehmend fremdbestimmt sind. Zugleich nimmt die Präsenz der Fachkräfte im Alltag der KlientInnen zu und der zeitliche Umfang (Zeitaufwand pro Woche bzw. die Zeitdauer im Lebenslauf) steigt. Damit verbunden sind auch andere Anforderungen an die Fachkräfte (Alltagsbegleitung, Schichtdienst etc.), die andere Kompetenzen verlangen. Die Unterscheidung von ambulanten, teilstationären und stationären Angeboten verdeutlicht zwar die Intensität und Reichweite des Eindringens in die Lebenswelt der KlientInnen, aber auch ambulante Angebote (wie z. B. die Intensive Sozialpädagogische Einzelfallhilfe) können durch hohe Stundenzahl pro Klient und große Alltagsnähe gekennzeichnet sein. Entscheidend für unterschiedliche Handlungsmöglichkeiten und Handlungsanforderungen sind nicht alleine die Organisationsform, sondern der Zeithorizont, der Zeitumfang und die Alltagsnähe der Angebote.

5.2 Kompetenzrelevante Merkmale von Handlungstypen

Professionelles Handeln kann mehr oder minder invasiv in die Lebenswelt der KlientInnen eindringen und mehr oder minder dauerhaft und zeitaufwändig zum Teil ihres Lebens, ihres Alltags werden. Dies beeinflusst auch die Kooperationsformen und Beziehungen zwischen KlientIn und Fachkraft, ihre Dauerhaftigkeit, Nähe und Intensität. Die folgende Untergliederung geht von insgesamt sechs Faktoren aus, die das berufliche Handeln vor allem in der Arbeit mit dem KlientInnensystem aber auch mit dem Hilfesystem prägen und so bestimmte Handlungstypen konstituieren:

(1) die Zeitdauer der Kooperation von KlientIn und Fachkraft,
(2) der Umfang der gemeinsam verbrachten Zeit,
(3) die Lebensweltnähe und Alltagspräsenz,
(4) der Formalisierungsgrad der Intervention,
(5) das Spektrum der bearbeiteten Probleme und
(6) das Ausmaß der fallbezogenen Vernetzung mit anderen Diensten und Einrichtungen.

Die *Zeitdauer* und der *Zeitumfang* reichen in der Sozialen Arbeit von zwei anderthalbstündigen Gesprächen mit den KlientInnen oder ihrem sozialen Umfeld im Zeitraum von ein bis zwei Wochen (z. B. bei der Schwangerschaftskonfliktberatung) bis zu jahrelanger Begleitung bei ganztägiger Präsenz (z. B. in der Heimerziehung). Aus dem jeweiligen Zeitumfang und der zeitlichen Dauer und Kontinuität resultiert eine bestimmte Interaktionsdichte, die jeweils andere Anforderungen und Möglichkeiten der Zielfindung und Interventionsplanung, der Anleitung und Kooperation und auch der Beziehungsgestaltung mit sich bringt.

Lebensweltnähe: Mit einem längeren Zeithorizont und einem stärkeren zeitlichen Zeitumfang ist zumeist auch eine stärkere Präsenz in der Lebenswelt und im Alltag der KlientInnen und damit eine größere Abhängigkeit der KlientInnen von den Organisationen und ihren MitarbeiterInnen gegeben. Die Fachkräfte müssen ihrerseits bereit sein, sich auf die gleichen Personen längerfristig und viele Stunden am Tag, teilweise auch nachts oder am Wochenende einzulassen.

Der *Formalisierungsgrad* der Interaktion ist der vierte prägende Faktor. Er wird durch die jeweilige Organisationsform und Angebotsgestaltung, ihrer Lebenswelt- und Alltagsnähe bestimmt. So sind z. B. die Erziehungsberatungsstelle und das Jugendhaus beide ambulante Angebote mit Komm-Struktur. Die Nutzungsdauer und der Zeitumfang der (z. B. monatlichen) Interaktionen Fachkraft – KlientIn können im Jugendhaus und in der Erziehungsberatungsstelle sehr ähnlich sein – aber die Erziehungsberatungsstelle weist ein sehr viel formalisierteres Setting auf. Ort, Zeitdauer, Themenspektrum, Aktivitäten und Interaktionsformen sind weitgehend vorgegeben. Die Struktur im Jugendhaus ist im Vergleich dazu wesentlich offener und vielfältiger.

Das *Spektrum der bearbeitbaren Probleme* verschiedener Handlungstypen reicht von eng umgrenzten Problemlagen (z. B. in der Adoptionsvermittlung) bis zu koordinierenden Instanzen, die für fast alle Lebensprobleme ihrer KlientInnen zuständig sind (z. B. der Allgemeine Sozialdienst und der Sozialpsychiatrische Dienst). Diese weisen auch den höchsten Vernetzungsgrad mit anderen Organisationen auf. Sie planen und initiieren deren Beiträge zur Lebensbewältigung ihrer Klientel und koordinieren die Leistungserbringung.

Die spezifische Kombination dieser sechs Faktoren ergibt jeweils einen Tätigkeitstypus, dessen Handlungsprofil sehr stark durch die Zeitdimensionen bestimmt wird. Zumeist gehen eine längere Zeitdauer der Kooperation und ein größerer Umfang der mit den KlientInnen verbrachten Zeit mit einer größeren Lebensweltnähe und einem geringeren Formalisierungsgrad und einem großen Spektrum bearbeitbarer Probleme einher. So teilt die Fachkraft in der betreuten Wohngemeinschaft von Jugendlichen oder psychisch kranken Menschen mit diesen Phasen des Alltags, und dies über Jahre. Dies gilt nicht nur für stationäre Einrichtungen. Es trifft ebenso z. B. auf die Sozialpädagogische Familienhilfe zu, die die KlientInnen in ihren Wohnungen aufsucht. Der Interaktionsmodus ist entsprechend informell und alle Aspekte des Lebens können Thema sein. Punktuell sind allerdings auch andere, formellere Interaktionsformen eingebettet (z. B. ein Gespräch über die berufliche Zukunft). Spezialisierte Dienste mit kurzfristigen, zeitlich nicht sehr umfangreichen Kontakten mit den KlientInnen (wie z. B. die Schuldnerberatung) weisen einen noch höheren Formalisierungsgrad der Interaktion auf, und dies durchgängig bei schmalerem Problemspektrum, geringerer Vernetzung und geringer Lebenswelt- und Alltagsnähe. Folgende Handlungstypen lassen sich beim derzeitigen Entwicklungsstand des Hilfesystems und der gegebenen Ausdifferenzierung der Angebote mit ihren Settings unterscheiden: (1) Koordinierende Prozessbegleitung, (2) Fokussierte Beratung, (3) Begleitende Unterstützung und Erziehung, (4) Niedrigschwellige Förderung und Bildung. Nach diesen vier Typen sind die Bände dieser Buchreihe gegliedert.

5.3 Überblick über die Handlungstypen und Handlungsfelder der Buchreihe

Die vier Handlungstypen, auf die die fallbezogene Kompetenzanalyse bezogen ist, sollen hier kurz in ihrem Zuschnitt und ihren zentralen Merkmalen verdeutlicht werden. Die ausführlichere Darstellung anhand von Fällen in den Einzelbänden ermöglicht es, dort die einzelnen Handlungskompetenzen interventionsbezogen genauer nachzuvollziehen.

(1) *Handlungstypus „Koordinierende Prozessbegleitung"*. Zu diesem Typus zählen z. B. folgende Organisationen mit ihren Angeboten: der Sozialpsychiatrische Dienst, der Allgemeine Sozialdienst des Jugendamtes, der Sozialdienst in Krankenhäusern und Rehabilitationseinrichtungen. Folgende Merkmale kennzeichnen den Typus: Es handelt sich um ambulante Dienstleistungen, bei denen KlientIn und Fachkraft nur wenig Zeit miteinander verbringen (ca. ein bis vier Stunden pro Monat). Die Zeitdauer der Unterstützung kann von kurz bis lang variieren (unter einem Jahr bis zu Jahrzehnten), einschließlich zeitweiser längerer Unterbrechungen dieser Begleitung und Unterstützung, die manchmal sogar lebenslang dauern. Die Situation, in der sich KlientInnen und Fachkräfte begegnen, ist durch eine geringe bis mittlere Alltags- und Lebensweltnähe gekennzeichnet (Bürokontakte und seltene und kurze, angemeldete Hausbesuche). Dies ist verbunden mit einem mittleren bis hohen Formalisierungsgrad der Interaktion. Charakteristisch für diesen Handlungstypus ist insbesondere der hohe Anteil an Vernetzungs- und Vermittlungsarbeit bei einem sehr breiten Aufgabenspektrum, das alle Lebensprobleme von KlientInnen umfasst. Es dominiert die indirekte Soziale Arbeit, bei der die Fachkraft *für* die KlientInnen im Hilfesystem planend und koordinierend

tätig wird, und selten *mit* den KlientInnen interagieren. Die direkte KlientInnenarbeit wird an andere Institutionen (z. B. solche vom Handlungstypus „Begleitende Unterstützung und Erziehung") delegiert.

(2) *Handlungstypus „Fokussierte Beratung"*. Zu diesem Typus zählen z. B. folgende Organisationen mit ihren Angeboten: Erziehungsberatung, Eheberatung, Adoptionsvermittlung, Schwangerschaftskonfliktberatung, Bewährungshilfe, Straffälligenhilfe, Jugendgerichtshilfe, Schuldnerberatung, Suchtberatung. Folgende Merkmale kennzeichnen den Tätigkeitstyp: Es handelt sich um ambulante Dienstleistungen, die eine kurze bis mittlere Dauer der Kooperation vorsehen (zwei Monate bis zwei oder drei Jahre). Der Umfang der gemeinsam verbrachten Zeit ist gering (zwei bis vier Stunden pro Monat), bei geringer bis mittlerer Alltags- und Lebensweltnähe, hohem Formalisierungsgrad der Interaktion und mittlerem Anteil an Vernetzungsarbeit. Die Organisationen sind für ein enges (Schuldnerberatung) bis mittleres Problemspektrum (Erziehungsberatung) zuständig. Sofern die klassische Komm-Struktur von Beratungsstellen durch aufsuchende und niedrigschwelligere Angebote ergänzt wird (z. B. Teestuben in der Drogenberatung oder Stadtteilläden in der Erziehungsberatung), handelt es sich um die Kombination des Handlungstypus „Fokussierte Beratung" mit dem Handlungstypus „Niedrigschwellige Unterstützung und Bildung". Die Fachkräfte müssen dann zwei Anforderungsprofilen gerecht werden. Das dominante Merkmal dieses Handlungstypus ist die geringe Alltagsnähe und der hohe Formalisierungsgrad von primär verbal gesteuerten Interaktionen mit überwiegend intensiven aber kurzen Kontakten.

(3) *Handlungstypus „Begleitende Unterstützung und Erziehung"*. Zu diesem Typus zählen z. B. folgende Organisationen mit ihren Angeboten: Tagesgruppen, Heimerziehung, betreute Wohngruppen oder betreute Einzelwohnformen in der Jugendhilfe, stationäre Behindertenhilfe und Sozialpsychiatrie, Sozialpädagogische Familienhilfe, intensive Sozialpädagogische Einzelfallhilfe, Erziehungsbeistandschaft, persönliche Assistenz bei Behinderten. Folgende Merkmale kennzeichnen den Tätigkeitstyp: Es handelt sich um lebensweltersetzende oder lebensweltergänzende Dienstleistungen, die als stationäre, teilstationäre und aufsuchende ambulante Angebote organisiert sind. Kennzeichnend ist der mittlere bis große Umfang der gemeinsam verbrachten Zeit (vier bis 40 Stunden pro Woche) bei mittlerer (ein bis drei Jahre) bis langer, teilweise lebenslanger Dauer der Kooperation. Der Handlungsmodus ist überwiegend von mittlerer bis hoher All-

tagsnähe geprägt. Durch die Kombination von ganztägiger Präsenz (hoher Umfang gemeinsam verbrachter Zeit) über mindestens ein Jahr entsteht eine ähnlich intensive Arbeitsbeziehung wie bei einer längerfristigeren Kooperation (z. B. fünf Jahre) mit geringerem Umfang gemeinsam verbrachter Zeit (z. B. zweimal zwei Stunden pro Woche). Charakteristisch für diesen Typus ist eine besonders enge, alltagsnahe, nicht nur oder primär verbal geprägte und thematisch fokussierte Interaktion zwischen Fachkraft und KlientIn, mit einer engeren persönlichen Beziehung.

(4) *Handlungstypus: „Niedrigschwellige Unterstützung, Förderung und Bildung".* Zu diesem Typus zählen folgende Organisationen mit ihren Angeboten: Bürgerhaus, Müttertreff, Seniorencafé, Jugendhaus, Jugendkulturarbeit, Mädchentreff, Tagesstätte für psychisch Kranke, Selbsthilfetreff Suchtkranker, Gesundheitsladen, Gesundheitsinitiativen, offene Jugendberufshilfen, Arbeitslosenberatung, Arbeitslosentreff, diverse Formen der Street Work. Folgende Merkmale kennzeichnen den Handlungstypus: Diese offenen Angebote, die keine Mitgliedschaft und regelmäßige Teilnahme voraussetzen, sind niedrigschwellige und freiwillig genutzte Dienstleistungen. Sie können von verschiedenen und auch von den gleichen Nutzern phasenweise auf sehr unterschiedliche Weise in Anspruch genommen werden, entsprechend ihrer aktuellen Lebenslage. So können sie nur einmal pro Woche unverbindlich vorbeischauen oder sich einer festen Gruppe anschließen und sich allmählich auch ehrenamtlich engagieren. Daraus resultieren die sehr breite und variable Form der Aktivitäten in diesem Handlungstypus und die sehr variable Dauer der Kooperation (ca. zwei Monate bis zehn oder mehr Jahre). Sie ist verbunden mit einer (potenziell) hohen Fluktuation der meisten NutzerInnen, bei einigen „Stammgästen", die in der Einrichtung verkehren. Der Umfang der gemeinsam verbrachten Zeit variiert ebenfalls sehr stark von Nutzer(gruppe) zu Nutzer(gruppe) (ca. vier bis 40 Stunden pro Monat). Wenn solche offenen Treffpunkte auch Kurse anbieten (Ausbildungen, Schulungen, Trainings, z. B. Bewerbungstraining oder Fitness), so wird der geringe Formalisierungsgrad der Interaktion, der kennzeichnend für den in diesen Settings üblichen Handlungstyp ist, für eine Nutzergruppe reduziert und die Alltagsnähe nimmt ab. Dies kann zu dauerhaften Kombinationen von zwei Handlungstypen in einer Einrichtung führen. Bietet das Mütterzentrum z. B. eine Müttersprechstunde an (Einzelberatung zu Erziehungsfragen mit Anmeldung), so verlangt dies von den Fachkräften auch Kompetenzen vom Typ „Fokussierte Beratung". Das Spektrum der bearbeitbaren Pro-

bleme ist breit, da z. B. im Arbeitslosentreff oder im Gesundheitsladen auch andere Lebensthemen bearbeitet werden können. Charakteristisch ist neben der Niedrigschwelligkeit, Alltagsnähe und geringen Formalisierung der Kooperation die Möglichkeit des Zusammentreffens und des Austauschs mit Gleichgesinnten und Menschen in ähnlichen Lebenslagen. Insofern ist auch eine geringere Zentrierung der Interaktion auf den Austausch mit den Fachkräften für diesen Handlungstypus kennzeichnend. Fallanalysen anhand dieses Handlungstypus waren im Rahmen der vorliegenden Reihe leider nicht möglich, obwohl Fachleute aus diesen Arbeitsfeldern die Typologie auch hier zutreffend fanden.

Wissensbaustein: Motivation II

Die Motivation, in einer bestimmten Situation zu handeln, beruht auf situativen und situationsübergreifenden, unbewussten Bedürfnissen und bewussten Motiven. Widersprechen sie sich, so behindert dies die Ausbildung und Aufrechterhaltung einer Intention. Zwei übergeordnete Steuerungssysteme wirken handlungsleitend: das bewusste motivationale Selbstbild einer Person und ihre unbewussten psychischen Bedürfnisse (basale Motive). Motivationale Selbstbilder sind bewusste, kulturell, sozial und biografisch geprägte Vorstellungen von den eigenen grundlegenden Zielen und Methoden der Zielerreichung. Bedürfnisse und Wünsche, die im Wesentlichen vom limbischen System des Gehirns erzeugt und im emotionalen Erfahrungsgedächtnis gespeichert werden, sind als Erinnerungen an das, was dem psycho-biologischen Wohlbefinden diente, dort zwar deponiert, aber nicht jederzeit bewusst verfügbar. Zu den von der Motivationspsychologie erforschten basalen Motiven gehört das Bedürfnis (1) etwas zu bewirken, zu leisten, sich als kompetent zu erleben (Kompetenz- und Leistungsmotiv), (2) in Kontakt mit anderen Menschen zu sein, Anschluss zu finden, soziale Nähe, Akzeptanz und Zuwendung zu erfahren (Anschlussmotiv), (3) sich gegenüber anderen Menschen durchzusetzen, sie zu gewinnen, zu beeinflussen (Macht- und Einflussmotiv). Ob andere Motive, z. B. ein Ordnungs- und Sicherheitsmotiv oder das Neugiermotiv, als „basal" gelten können ist umstritten. Basale Motive als grundlegende, überdauernde Orientierungen werden teilweise schon in frühester Kindheit erworben, ohne jegliche Bewusstheit (Rheinberg 2008, 194ff, 198ff). Sie wirken allerdings nur grob handlungsleitend.

Motivationale Widersprüche können auftreten, wenn eine Person zwar darauf achtet, dass ihr Tun zu ihrem Selbstbild passt, aber sich dabei in eine Situation manövriert, die ihren basalen und anderen unbewussten Motiven nicht entspricht. Jemand hält sich für leistungsmotiviert, aber seine basale Motivationsstruktur ist eher auf Anschluss und soziale Nähe ausgerichtet, sodass diese Person sich in Konkurrenzsituationen unwohl fühlt und sich über Leistungserfolge kaum freuen kann. Solche motivationalen Diskrepanzen verlangen ein erhöhtes Maß an Willensanstrengung. Auch im Rahmen eines scheinbar kongruenten Selbstbildes können sich situationsbezogen widersprüchliche Absichten herausbilden. Das Selbstbild „Ich bin ein umgänglicher, geselliger, allgemein beliebter Mensch" kann bei unterschiedlichen Erwartungen (z. B. von Ehefrau und Schwiegermutter) zu Konflikten führen. Solche Konflikte können tabuisiert und von daher ebenfalls nur teilweise bewusst sein.

Motivationale Selbstbilder entsprechen nicht immer der Realität und basale Motive können zu unrealistischen Zielen führen. Misserfolgsängstliche Menschen haben z. B. ein Selbstbild entwickelt, das zu sich selbsterfüllenden Prophezeiung und damit bei vielen Handlungen immer wieder zu negativen Bilanzen führt. Ihre *Ursachenerklärung* folgt dabei einem Muster, wonach der (unerwartete) eigene Erfolg dem Zufall, einer leichten Aufgabe oder der Nachsicht der Beteiligten zugeschrieben wird. Bei Misserfolg wird die Ursache dagegen zeitstabil der eigenen Person zugerechnet, z. B. einem Mangel an Begabung. Eine Person, die sich ihre Misserfolge mit zeitstabilen Faktoren erklärt (z. B. mit geringer Fähigkeit oder dauerhaft hohem Schwierigkeitsgrad der Anforderungen), wird beim nächsten Versuch, diese oder eine ähnliche Aufgabe zu meistern, kaum erwarten, besser abzuschneiden. Erfolgsmotivierte sehen eigene Erfolge dagegen eher als Ergebnis der eigenen, kompetenten Person. Misserfolge schreiben sie zeitvariablen Faktoren zu (z. B. „habe mich diesmal nicht angestrengt", „war unausgeschlafen"). Diese Erklärung stellt eine motivationsfördernde Art der Ursachenzuschreibung (Attribution) dar. Wiederholte Misserfolgserfahrungen können zu Generalisierung pessimistischer und ängstlicher Erwartungshaltungen, zu „erlernter Hilflosigkeit" führen: Das eigene Leben erscheint unbeeinflussbar, unkontrollierbar, man fühlt sich ausgeliefert. Wie hinderlich sich solche negativen Selbstkonzepte und die damit verbundenen Attributionsmuster auf die eigene Motivation auswirken, ist den Betroffenen meist ebenso wenig bewusst wie die Wirkung konkurrierender Motive auf ihre Selbststeuerungsfähigkeit. Erleben sich Menschen als autonom und kompetent (zumindest in Teilbereichen), so trägt dies entscheidend dazu bei, dass sie Ziele, die sie ursprünglich nur halbherzig aufgrund externer Erwartungen verfolgten *(extrinsische Motivation)*, zunehmend aus eigenem Antrieb anstreben *(intrinsische Motivation)*. Dies legt ein Persönlichkeitsmodell nahe, bei dem nicht nur das Streben nach Selbstwirksamkeit, sondern auch nach Autonomie von zentraler motivationaler Bedeutung ist (Deci/Ryan 1993). Autonomie ist dabei nicht als vollständige Unabhängigkeit zu verstehen, sondern als sozial gebundene Selbstständigkeit, die über eine Balance von eigenen und fremden Bedürfnissen erreicht werden kann.

Motivationsförderung in der Sozialen Arbeit

Konzipiert man Motivationsarbeit als Förderung der Selbststeuerungskompetenz, so ist offensichtlich, dass dies ein langwieriger Prozess mit ungewissem Ausgang ist. Soziale Arbeit wird zudem oftmals in *Zwangskontexten* tätig (Kähler 2005) und hat es dabei mit unfreiwilligen und zumindest skeptischen und oftmals mutlosen KlientInnen zu tun, die nicht allzu viele Erfolge in ihrem Leben erfahren haben. Ein gemeinsames Ziel in der Arbeit mit unfreiwilligen KlientInnen kann die möglichst rasche Wiederherstellung ihrer Autonomie sein – und sei es nur in Teilbereichen („Was können wir für Sie tun, damit Sie uns möglichst bald wieder los werden?"). Fachkräfte der Sozialen Arbeit sind häufig im Alltag der KlientInnen tätig oder agieren – auch im Büro – zumindest *alltagsnah*, indem sie Alltagshandeln fordern und einüben. Alltagsnah lässt sich z. B. ein gefürchtetes Telefongespräch (mit einem Amt oder dem Exehemann) zunächst üben, dann ausführen und gemeinsam auswerten. So ist es möglich, den KlientInnen nicht nur neue Sichtweisen und Lösungsansätze verbal zu vermitteln, sondern auch neue, motivierende Erfahrungen (→ Wissensbaustein „Personenbezogene Veränderungstheorien"). Gemeinsame Aktivitäten bei der Bewältigung kleiner, scheinbar banaler Alltagsschwierigkeiten können dazu beitragen, dass die KlientInnen Erfahrungen sammeln, die ihren tendenziell pessimistischen Einschätzungen („Es wird wieder nichts") oder auch ihren illusionären Deutungsmustern („Ich mach das mit Links") widersprechen. Solche neuen Erfahrungen können etablierte Routinen im Denken und Handeln in Frage stellen, und produktiv irritieren, indem sie die Neugier und den Unternehmungsgeist anregen. Ein vertrauensvolles Arbeitsbündnis kann dabei hoffnungsstiftend wirken („Du kannst es schaffen!" „Ja? Dann traue ich es mir auch zu!")

Aufgabe der Sozialen Arbeit ist im Gegensatz zur Therapie nicht nur die Begleitung von Selbstklärungsprozessen, die zur Veränderung der *inneren Situation* ihrer Klientel beitragen sollen, sie ist ebenso für die Optimierung der *äußeren Situation* zuständig. Sie kann den KlientInnen Ressourcen (Geld-, Sach- und Dienstleistungen) erschließen, die diese dringend brauchen. So sind sie vielleicht trotz aller Skepsis bereit, in eine Kooperation einzutreten. Auch bei der Arbeit an der Veränderung der äußeren Situation (den Lebensbedingungen) ist darauf zu achten, dass Eigenverantwortung und Selbstwirksamkeitsüberzeugung der KlientInnen nicht untergraben werden, indem sie nur entlastet und umsorgt, nicht gefordert werden. Der Wunsch nach *Selbstbestimmung* und Autonomie und die *Selbstwirksamkeitsüberzeugung* der KlientInnen stellen neben der Arbeitsbeziehung die entscheidenden motivationalen Ressourcen dar, wenn es darum geht, volitionale „Durststrecken" zu überstehen.

Soziale Arbeit findet in einem institutionellen Rahmen statt, der nicht immer dafür geeignet ist, z. B. unbewusste Bedürfnisse, konkurrierende Motive und emotionale Ambivalenzen aufzuarbeiten. So besteht im Rahmen der gesetzlich vorgeschriebenen Hilfeplanung z. B. die Gefahr, dass Ziele zu früh, zu konkret und zu endgültig festgeschrieben werden. In der motivationalen Phase geht es aber um versuchsweise Neuorientierungen bei der Suche nach Identitätszielen – nicht um detaillierte Planungen und verbindliche Festlegungen (vgl. Kasten „Zielformulierungen" in Kap. 6.2). Dies klar zu unterscheiden, ermöglicht es dem Klienten, auch zu seinem Zögern, seinem Zweifeln oder zu Revisionen seiner vorläufigen Absichten zu stehen, ohne sich als wankelmütig und willenlos zu erleben – oder vorschnell zuzustimmen und wieder zu scheitern. Dies setzt von Seiten der Fachkraft die Kompetenz voraus, überhaupt zu erkennen, in welcher motivationalen Phase sich die KlientIn befindet, bzw. sie dabei zu unterstützen, dies selbst zu erkennen. In der volitionalen Phase dagegen fördert die Konkretisierung von Zielen die Handlungskontrolle und behindert das Vagabundieren des Willens.

Um sich widersprüchlicher Ziele und Gefühle bewusst zu werden, bedarf es kreativer Methoden. Unbewusste Bedürfnisse lassen sich z. B. über Rollenspiele, Bilder, assoziationsfördernde Objekte, Parabeln oder Gedankenexperimente erschließen. Im gemeinsamen Alltag können sie auch im Spiel, beim Spazierengehen, beim Vorlesen von Geschichten oder über körperbezogene Aktivitäten bewusst werden. „Herz, Hirn und Hand" müssen auch in der Hilfeplanung gleichermaßen angesprochen werden, um zu den Zielen hinter den Zielen zu gelangen (Schwabe 2005). Steht das Ziel im Einklang mit den eigenen Bedürfnissen, so wird dies auch in Körpersignalen deutlich. Die Fachkraft kann solche Signale beobachten und auch die KlientInnen darauf hinweisen („Jetzt haben Sie richtig tief durchgeatmet und sich entschlossen aufgerichtet"). Dies fördert auch ihre Selbstwahrnehmung und das Bewusstwerden von Gefühlen. In der volitionalen Phase tragen auch phantasievolle Erinnerungshilfen zur Selbststeuerung bei, indem sie das emotionale Erfahrungsgedächtnis aktivieren und so zur Unterstützung der Absicht beitragen (zur Methode vgl. ausführlicher Storch/Krause 2007).

Um motivationale Prozesse zu unterstützen, müssen sich Systemkompetenz (Erschließung von Ressourcen) und Fallkompetenz (z. B. Einfühlsamkeit und aktivierende Gesprächsführung, gründliche Situationsanalyse) ergänzen, um KlientInnen weder zu überfordern noch zu unterfordern. Nicht zuletzt bedarf es auch der Selbstkompetenz (z. B. der Reflexion eigener Motive), um die KlientInnen nicht abhängig werden zu lassen – etwa aus dem unbewussten Bedürfnis, als Helfer unersetzlich zu bleiben (→ Wissensbaustein „Motivation III", Bd. 3, Stimmer/Weinhardt).

Literaturempfehlungen

zur Einführung: Deci, E. L., Ryan, R. M. (1993): Die Selbstbestimmungstheorie der Motivation und ihre Bedeutung für die Pädagogik. In: Zeitschrift für Pädagogik. Weinheim, 223–238

Storch, M., Krause, F. (2007): Selbstmanagement – ressourcenorientiert. Grundlagen und Trainingsmanual für die Arbeit mit dem Züricher Ressourcen Modell (ZRM). 4. vollst. überarb. Aufl. Bern

zur Vertiefung: Kähler, H. D. (2005): Soziale Arbeit in Zwangskontexten. Wie unerwünschte Hilfe erfolgreich sein kann. München

Kuhl, J. (2001): Motivation und Persönlichkeit. Interaktionen psychischer Systeme. Göttingen

Schwabe, M: (2005): Methoden der Hilfeplanung. Zielentwicklung, Moderation und Aushandlung. Frankfurt/M.

6 Zentrale Falldarstellung: Herr Mersing, ein suchtabhängiger Psychotiker in einem Übergangsheim für Wohnungslose

6.1 Rahmenbedingungen der Intervention

Herr Mersing (Name geändert) ist derzeit in einem Wohnheim für Wohnungslose untergebracht. Das Heim ist ein dreigeschossiges, in freundlichen Farben gestrichenes, etwa 15m langes Gebäude mit einem winzigen Handtuchgarten hinter dem Haus. Es liegt in einem relativ zentrumsnahen Wohngebiet der unteren Mittelschicht, an einer größeren Durchgangsstraße inmitten von ähnlichen Wohnhäusern, teilweise mit Geschäften im Erdgeschoss. Nach hinten grenzt es an eine Siedlung von Ein- und Mehrfamilienhäusern an.

In der Nähe des Wohnheims befindet sich eine S-Bahn-Haltestelle und daneben eine kleine öffentliche Grünanlage, in der sich die Wohnungslosen aus dem Wohnheim mit Bekannten treffen, die teilweise noch obdachlos sind, um gemeinsam Alkohol zu trinken. Betritt man das Haus, so geht man zunächst an einer Pforte vorbei, die immer besetzt ist, damit keine Bekannten der Bewohner im Haus einquartiert werden oder Drogendealer das Haus besuchen. Die Pforte hat auch die Funktion der zentralen Anlaufstelle. Hier befinden sich die Postfächer der Bewohner, die Schlüsselausgabe und der Fahrkartenverleih. Sie ist auch Beschwerdestelle und insgesamt ein wichtiger informeller Ort der Kommunikation und Informationsvermittlung des Hauses. Im Erdgeschoss befinden sich neben einem kleinen, halboffenen Fernsehraum das Büro und das Besprechungszimmer der Mitarbeiter.

Das Heim verfügt über 41 Einzelzimmer von 12 qm mit Dusche, die die Bewohner für einen Aufenthalt von durchschnittlich etwa 18 Monaten nach ihren Vorstellungen einrichten können. Jeder Bewohner hat für sein Zimmer und die Haustür einen eigenen Schlüssel. Es gibt keine Hausregeln, wann die Bewohner das Haus verlassen dürfen oder wieder zurück sein müssen. Einmal täglich werden Zimmersichtungen durchgeführt. Sie dienen der Anwesenheitskontrolle und erlauben es, einen Eindruck von der Befindlichkeit der Bewohner und vom Zustand des Wohnraums zu gewinnen. Dabei bemühen sich die

MitarbeiterInnen, die Privatsphäre der Klienten zu respektieren. Manche Bewohner funktionieren diese Überwachung um, indem sie versuchen, in die Rolle der Gastgeber zu schlüpfen, die Mitarbeiter auf ihr Zimmer einladen und auf diese Weise die Besuchszeit bestimmen. So lange es keine Probleme mit vagabundierendem Ungeziefer oder durchdringenden Gerüchen gibt, entscheiden die Bewohner, wie es in ihrem Zimmer aussieht. Die Grenzen der Akzeptanz des Hygienezustands der Räume sind allerdings Thema vieler Diskussionen. Auf jedem Flur befindet sich etwa in der Mitte eine Gemeinschaftsküche mit einem großen Esstisch für alle Bewohner dieses Flures, die abends gemeinsam essen sollen. Jeder Bewohner muss bestimmte Arbeiten für die Gemeinschaft übernehmen, z. B. einkaufen, einmal in der Woche für alle ein Abendessen kochen, spülen, den Müll entsorgen, die Wohnküche, den Flur und einen Teil des Treppenhauses säubern, die Betreuer beim Waschen der Bettwäsche unterstützen. Im Keller befindet sich neben den Räumen mit den Waschmaschinen eine kleine Werkstatt und zwei Beschäftigungsräume für verschiedene Aktivitäten im handwerklichen und kreativen Bereich (z. B. Fahrräder reparieren, Einrichtungsgegenstände aus Holz bauen, Mal- und Bastelwerkstatt). Der zweite Raum wird je nach Interesse der Bewohner als Musikübungsraum oder Fitnessraum genutzt.

Im Garten stehen vor einer begrünten Mauer ein Gartengrill und ein Holzhäuschen. Hier wird die Bettwäsche der Bewohner vor dem Waschen gesammelt, um Geruchsbelästigungen im Haus zu vermeiden. Der kleine Handtuchgarten von 15 × 5m wirkt trotz der Mauer nicht klaustrophobisch, im Sommer durch die Bepflanzung sogar heiter und entspannend, das Treppenhaus und die Flure nüchtern, aber nicht trist, die Gemeinschaftsküchen sind vom Flur einsehbar, einladend und geräumig. Die Türen zu Mitarbeiterbüros in den unterschiedlichen Etagen stehen die meiste Zeit offen und signalisieren Ansprechbarkeit. Insgesamt wirken die Räumlichkeiten freundlich.

Das Heim ist eines der wenigen sogenannten „nassen" Häuser im Versorgungssystem dieser Großstadt, d. h. es darf im Haus Alkohol konsumiert werden. Hier leben neben 27 Bewohnern im sogenannten Übergang auch 14 Personen, die dauerhaft im Haus untergebracht sind. Manche der Bewohner haben abgesehen von einigen Wochen im Winter zehn bis 15 Jahre auf der Straße gelebt. Rückblickend wird dieses Leben auf der Straße von ihnen romantisch verklärt als Abenteuer einsamer Wölfe.

Die Mitarbeiterschaft besteht aus insgesamt siebzehn Personen: sechs Sozialpädagogen, einer Leitung ohne Betreuungsaufgaben, sieben Betreuungsassistenten ohne pädagogische Ausbildung, teilweise Ehemalige, teilweise Ehrenamtliche. Zwei Beschäftigungstherapeuten, eine Krankenschwester, eine Hauswirtschafterin und ein Hausmeister ergänzen das pädagogische Team. Die Krankenschwester verfügt über ein eigenes Büro, das zugleich Behandlungszimmer ist. Sie teilt den psychisch Kranken die Medikamente aus oder legt Verbände an bei Wunden, die auf einen Sturz oder selbstverletzendes Verhalten zurückzuführen sind (z. B. Beißen, Ritzen mit Rasierklingen). Ebenfalls Aufgabe der Krankenschwester ist die Organisation der externen medizinischen Versorgung der Bewohner (Vermittlung an Fachärzte, Terminvereinbarungen etc.). Die ausgebildeten Fachkräfte arbeiten alle bereits seit einigen Jahren im Haus, obwohl der Schichtdienst anstrengend ist: zwei Abenddienste von 14 bis 22 Uhr pro Woche und ein Wochenenddienst von 8 bis 16 Uhr pro Monat.

Der gute Personalschlüssel von 1:6, d. h. von einer ausgebildeten Fachkraft der Sozialen Arbeit für sechs Bewohner, ermöglicht eine intensive Begleitung und Förderung. Die Fachkräfte sehen die Klienten täglich, sei es bei Alltagsbegegnungen im Haus, sei es zu festen Terminen. Sie legen Wert darauf, dass jeder Bewohner täglich einmal von ihnen gesehen wird und dass sie in irgendeiner Form mit ihm gesprochen haben. Zumeist initiiert der Bezugsbetreuer das Gespräch oder die zweite Person, die für den Bewohner zuständig ist. Durch die doppelte Zuständigkeit sind immer zwei Fachkräfte vorhanden, die die Entwicklung des Bewohners kennen und sich darüber austauschen können. Außerdem ist damit in Krisensituationen zumindest eine Person vor Ort, die dem Bewohner vertraut ist. Die Fallverantwortung und Federführung bei der Dokumentation der Entwicklung und die Verwaltung der Akten liegt jedoch bei einer Person. Das Team hat regelmäßig Supervision.

Trotz entsprechender Versorgungsverpflichtungen der regionalen Träger wurde Herr Mersing von keiner Einrichtung für psychisch Kranke aufgenommen und landete in diesem Wohnheim für Wohnungslose. Yvonne Feneberg, die mir in einem Interview die Entwicklung dieses Klienten geschildert hat, verfügt über eine Ausbildung zur Sozialarbeiterin an einer Fachhochschule. Sie war zum Zeitpunkt des Gesprächs seit sieben Jahren in der Sozialen Arbeit tätig und seit zwei Jahren in diesem Arbeitsfeld, mit dieser Klientel. Sie wird im Folgenden als Frau Fischer bezeichnet. Sie hat Herrn Mersing (Name geändert) etwas länger als die ursprünglich vorgesehenen achtzehn Monate begleitet.

6.2 Fallverlauf und Interventionsprozess

Herr Mersing ist 25 Jahre alt, er gehört zur Generation der „Ecstasy Kids" und hat seit seinem 17. Lebensjahr Drogen konsumiert. In Folge leidet er heute unter einer drogeninduzierten Psychose, hört Stimmen und hat bedrohliche Halluzinationen. So überfallen ihn Käfer in seinem Zimmer oder plötzlich befinden sich fremde Menschen im Raum. Er ist eher manisch als depressiv gestimmt, traut sich z. B. mehr zu als er kann und träumt sich oft eine wunderbare Welt zusammen. Zunächst erlebte Herr Mersing mit seinen Geschwistern eine wohlbehütete Kindheit in einer gutsituierten Familie. Nach den ersten Auffälligkeiten mit 15 Jahren brachten ihn die Eltern ins Internat. Seit seinem 17. Lebensjahr pendelt er oft zwischen Elternhaus und Psychiatrie: drei Monate zu Hause, drei Monate Psychiatrie. Immer wieder hat er dieses Karussell erlebt, ein typischer Drehtürpatient.

In einem psychotischen Schub vor drei Jahren griff er seine Mutter an, schüttelte und schlug sie. Es kam zu einem richterlichen Beschluss, dass er sich dem Elternhaus nicht mehr nähern darf und ein gesetzlicher Betreuer für den gesamten Wirkungskreis einer rechtlichen Betreuung (Aufenthaltsbestimmung, Gesundheitsfürsorge, Vermögenssorge bis hin zur Einleitung freiheitsentziehender Maßnahmen) zu bestellen sei. Wenn Herr Mersing dazu gesundheitlich in der Lage ist, trifft der gesetzliche Betreuer die Entscheidungen in Absprache mit ihm. Auf Wunsch von Herrn Mersing wurden die Eltern nicht Teil des Aktionssystems von Frau Fischer. Die langjährigen Auseinandersetzungen haben die Eltern so belastet, dass sie nur noch mit Rückzug, Resignation oder Abwehr reagieren. Bis heute antworten sie bei Fragen oder Kooperationsvorschlägen: „Machen Sie nur, sie sind die Experten!"

Seit Herr Mersing nicht mehr zu seinen Eltern zurückkehren konnte, hat er mehrfach auf der Straße gelebt. Nach dem letzten Psychiatrieaufenthalt wollte ihn keine Einrichtung aufnehmen, trotz vertraglich vereinbarter Versorgungsverpflichtungen. Er war nicht fit genug für eine therapeutische Wohngemeinschaft, bei der erwartet wird, dass er seinen Tag selbstständig organisieren kann und nicht alkoholabhängig ist. Herr Mersing aber nutzt Alkohol und Cannabis quasi als Beimedikation, sobald er unter Stress steht. Die Suchtproblematik ist nach Einschätzung des Heimes zwar nicht zentral, sie stellte aber ein großes Hindernis für seine Aufnahme in andere Wohngemeinschaften oder Heime dar.

Um zu entscheiden, ob das Heim Herrn Mersing aufnehmen soll, führte Frau Fischer zunächst zusammen mit einem Kollegen ein Vorstellungsgespräch mit ihm und zeigte ihm das Haus. Anschließend beriet das Team insgesamt fast zwei Stunden über die Aufnahme. Ein Problem bei der Aufnahme neuer Bewohner ist oft die Zusammensetzung der Stockwerkgruppe. Selbst wenn die Fachkräfte fürchten, dass dieser Bewohner nicht in die Gruppe passt, so zwingt der ökonomische Druck die Einrichtung manchmal, ihn dennoch aufzunehmen, weil kein anderer Bewerber da ist. Früher konnte das Heim einen Platz drei Wochen frei lassen, ohne finanzielle Einbußen. Heute wird dann die Zuwendung vom kommunalen Kostenträger gekürzt.

Herr Mersing hat insgesamt etwas mehr als eineinhalb Jahre in diesem Heim gelebt. Als er im Herbst einzog, war er hospitalisiert. Nach langen Jahren in diversen Einrichtungen hatte er das selbstständige Leben in einer eigenen Wohnung, mit einer geschützten Privatsphäre verlernt. Geschlossene Zimmertüren waren für ihn keine Grenze: Er lief in alle Zimmer. Man musste ihm zunächst beibringen, an die Türen zu klopfen. Aber nicht nachts um ein Uhr! Er schnorrte alle an, ging selbst nicht einkaufen und war es nicht mehr gewohnt, sich selbst zu versorgen. Er konnte nicht preisbewusst einkaufen, nicht kochen und keine Waschmaschine bedienen. Er wollte zwar selbstständiger werden, um eventuell auch einmal in einer eigenen Wohnung zu leben, war aber zunächst sehr antriebslos, lag am liebsten in seinem Zimmer im Bett.

In den ersten Monaten ließ Frau Fischer ihm Zeit, sich einzugewöhnen. Bei der Möblierung und Reinigung seines eigenen Zimmers unterstützten ihn die Betreuungsassistenten. Er konnte immer sagen: „Es ist mir zu viel. Ich wünsche mir Unterstützung!" Aber bestimmte Aufgaben sollten erledigt werden oder zumindest der Versuch, sie zu erledigen, erkennbar sein. Herr Mersing schaffte es auch recht bald, sein Zimmer selbst in Ordnung zu halten – die meiste Zeit. Als er etwa ein Vierteljahr nach seinem Einzug zunehmend in der Lage war (mit Begleitung) einkaufen zu gehen und für die Gruppe zu kochen, begann Frau Fischer mit ihm zusammen weitere Aktivitäten außerhalb des Hauses zu planen. Sie hatte eine niedergelassene Fachärztin der Psychiatrie gefunden, die bereit war, ihn zu begleiten. Am Anfang wurde Herr Mersing von der Betreuungsassistentin hingebracht, an der Tür der Praxis sozusagen abgegeben und später wieder abgeholt. Allmählich gelang es ihm, alleine dort hinzugehen.

Die Ärztin trug erstmals alle medizinischen Unterlagen über Herrn Mersing aus den letzten sechs Jahren zusammen. Es stellte sich heraus, dass fünf unterschiedliche Akten existierten und niemals eine

Zusammenfassung und ein Vergleich der Diagnosen und der Behandlungsergebnisse stattgefunden hatten. Teilweise waren von den Kliniken und Praxen unterschiedliche Zielsetzungen verfolgt worden. Mal hatte man auf eine berufliche Rehabilitation hingearbeitet, mal eine eher tiefenpsychologische und einsichtsorientierte Aufarbeitung der belasteten Beziehung zu den Eltern versucht, mal mit verhaltenstherapeutischen Entspannungsübungen gehofft, zur Minderung seiner Autoaggressivität beizutragen usw. Zusammen mit der Ärztin und dem gesetzlichen Betreuer wurde nun ein individuelles Programm für ihn und mit ihm entwickelt, an dem sich alle Organisationen ausrichteten. So einigte man sich z. B. darauf zu versuchen, Herrn Mersing dabei zu unterstützen, auf Cannabis zu verzichten, weil es offensichtlich ein Auslöser von psychotischen Schüben bei ihm war.

Herr Mersing wohnte ein Jahr im Heim, ohne das eine psychiatrische Einweisung nötig wurde. Selbst Krisen bemühte er sich im Heim zu meistern. In Gesprächen mit ihm war deutlich geworden, dass die Klinikeinweisung auch immer eine Fluchtreaktion bei Belastungssituationen gewesen war. Allmählich konnte er eskalierende Belastungssituationen wahrnehmen und mitteilen, sodass Frau Fischer mit der Ärztin nach einer Lösung suchen konnte (z. B. nach einer anderen Medikation).

Nach etwa einem Jahr zeichnete sich eine gewisse Stagnation in der Entwicklung von Herrn Mersing ab, die dem Team angesichts regelmäßiger Fallbesprechungen nicht verborgen blieb. Einige KollegInnen stellten den Sinn eines weiteren Verbleibs von Herrn Mersing in der Einrichtung in Frage. Offenbar mache er keine Fortschritte mehr. Die ursprüngliche Hoffnung, ihn zu weitergehender Selbstständigkeit zu befähigen, mit dem Fernziel, ihn nach einer Zwischenstation in einem Heim mit weniger intensiver Betreuung in eine eigene Wohnung mit ambulanter Betreuung zu vermitteln (z. B. mit ein oder zwei Hausbesuchen pro Woche), war offenbar eine Illusion, von der man sich nun verabschieden müsse. Frau Fischer als Hauptbezugsperson konnte dieser Einschätzung so generell nicht zustimmen. Nach der ersten ergebnislosen Diskussion stellte sie für die zweite Besprechung all die kleinen alltagsbezogenen Fortschritte der letzten Monate dar. Sie gaben zwar auch nicht zu großen Hoffnungen Anlass, zeigten aber, dass noch ein Entwicklungspotenzial vorhanden war. Ihr wurde empfohlen, noch einmal forciert auch größere Ziele (z. B. bezogen auf seine Gruppenfähigkeit und die berufliche Rehabilitation) zu verfolgen. Bezogen auf seine berufliche Zukunft kam Frau Fischer im nächsten halben Jahr allerdings nicht weiter. Offenbar konnte man ihn in dieser Hinsicht doch nicht mehr fördern, zumindest in diesem Hilfesetting.

Zielformulierungen

Zu unterscheiden ist zwischen Zielformulierungen, die vor der Entscheidung für ein Ziel zur Motivationsklärung führen sollen und Zielformulierungen, die nach dieser Entscheidung der Steuerung der Realisierung des Zieles dienen (Handlungskontrolle). Vor der Entscheidung für ein Ziel gilt es, an identitätsstiftende Selbstbilder, basale Motive und oftmals unbewusste Bedürfnisse anzuknüpfen bzw. diese bewusst werden zu lassen. Dies gelingt eher über allgemeine, umfassend und vage formulierte Ziele, die das Selbstbild tangieren und emotional besetzt sind („Ich möchte eine gute Mutter sein."). Auf der Basis solcher Identitäts- oder Haltungsziele können dann „smarte" Handlungsziele entwickelt werden, die konkrete Vorgaben enthalten. „Smart" steht dabei für: s=spezifisch, m=messbar, a=ttraktiv, r=realistisch, t=terminiert. „Attraktive" Ziele sind auf erwünschte zukünftige Zustände bezogen (Annäherungsziele), nicht auf Unerwünschtes (Vermeidungsziele). „Messbar" sind sie dann, wenn die Annäherung an das Ziel als beobachtbare Wahrnehmung formuliert wird. Wenn es z. B. dem Selbstbild der Mutter entspricht und ihr attraktiv erscheint, als „gute" Mutter fürsorglich zu handeln, so könnte ein realistisches, spezifisches und hoffentlich auch attraktives Ziel für sie so lauten: „Ich will meinem Sohn ab sofort (terminiert) jeden Morgen ein Frühstück und ein Pausenbrot richten." (→ Wissensbausteine „Motivation I und II" und „Hilfeplanung", Bd. 4, Schwabe)

Im letzten Halbjahr kam es zu einer Klinikeinweisung, weil Herr Mersing seine Medikamente nicht genommen hatte. Nach einem kurzen stationären Aufenthalt und einer Neueinstellung der Medikation konnte er ins Heim zurückkehren. Dieser Rückfall hatte auch etwas mit den drohenden Veränderungen zu tun. Herr Mersing lebte inzwischen über ein Jahr in diesem Übergangsheim und Frau Fischer hatte daher begonnen, mögliche Zukunftsperspektiven zu erörtern. Aber er mochte sich noch nicht wirklich den Kopf über seine künftige Wohn- und Lebenssituation zerbrechen, obwohl er wusste, dass der Aufenthalt in diesem Haus begrenzt war. Irgendwie hoffte er, würde sich schon eine gute Lösung finden. Drei Monate lang sah sich die Sozialarbeiterin ein Heim nach dem anderen mit ihm an, insgesamt acht. Entweder zeigte er sich nicht interessiert oder die Einrichtung lehnte ihn ab, weil er nicht in der Lage war, selbstständig eine feste Tagesstruktur durchzuhalten. Noch immer lag er an manchen Tagen bis mittags im Bett, aß und kochte dann unregelmäßig. In Heimen mit Rundumversorgung für chronisch Kranke ab 40 Jahre, deren Bewohner meist 60 Jahre und älter waren, hätte man ihn genommen. Seinem Gefühl nach war das aber ein Abstellgleis. Er wollte nicht mit antriebslosen alten Männern zusammenleben und bis zum Ende seines Lebens malen, töpfern und Karten spielen. Er war durchaus außenorientiert, hatte Spaß daran, etwas zu unternehmen – wenn man ihn dazu ermunterte. Er konnte charmant und witzig sein und auf Leute zugehen. Für jüngere chronisch psychisch Kranke wie ihn gab es in dieser Großstadt keine Einrichtung. Auch die Rückkehr zu den Eltern war für ihn eine unakzeptable Alternative. So entstand ein gewisser Druck, den Herr Mersing trotz seiner Tendenz zur Betrachtung der Welt durch eine rosa Brille deutlich spürte und der sicher zu seinem Rückfall beitrug.

Aber schließlich begann Herr Mersing doch, sich mit Frau Fischer grundlegende Gedanken über seine Zukunft zu machen: Wo wollte er wohnen? Im Heim würde keiner der wenigen Dauerwohnplätze demnächst frei werden. Er hatte durchaus auch Ansprüche (Einzelzimmer etc.). Daher wurde auf seinen Wunsch hin schließlich bundesweit nach Wohnmöglichkeiten gesucht. Als dann ein konkretes Angebot aus einer anderen Stadt vorlag, wollte er lieber doch nicht so weit weg, war aber nun bereit, in eine Einrichtung außerhalb der Stadtgrenzen zu ziehen, in eine kleine ländliche Gemeinde mit direktem S-Bahn-Anschluss zur Stadtmitte. In dieser Ablösungsphase suchte Frau Fischer für Herrn Mersing schon vor dem Umzug nach einer psychiatrischen Betreuung am neuen Wohnort und fand wieder eine niedergelassene Ärztin, die er akzeptieren konnte. Seit zwei Monaten wohnt Herr Mersing inzwischen im neuen Heim. Er hat sich, wie sich Frau Fischer per Telefon vergewisserte, trotz der reduzierten Betreuungsintensität gut eingelebt. So wie die neuen Betreuer ihn schildern, hatte er sich auch noch ein winziges bisschen positiv weiterentwickelt. Eine telefonische Rückfrage nach einem halben Jahr ergab allerdings, dass er einen schweren Rückfall hatte und aus der Sicht der Klinik wohl nicht mehr so weit gesunden würde, dass ein halbwegs selbstständiges Leben mit ambulanter Unterstützung ein realistisches Ziel sein könnte.

Übungsaufgaben

1. Formulieren Sie ein Identitätsziel für Herrn Mersing und konkretisieren Sie es mit zwei oder drei „smarten" Handlungszielen (vgl. Kasten „Zielformulierungen").
2. Diskutieren Sie folgende Fragen: Warum darf Herr Mersing sich nicht frei entscheiden und häufiger im Bett liegen bleiben oder auf seinem Zimmer essen, statt mit der Gruppe? Ist es sinnvoll, ihn zur Teilnahme an dieser unfreiwilligen Gemeinschaft zu zwingen? Sind Alternativen zur Förderung seiner Sozialkompetenz denkbar?
3. Wie wäre Herr Mersing in der Psychiatrischen Familienpflege begleitet worden? Stellen Sie diesen Angebotstypus vor (Schöneberger/Stolz 2003).

Wissensbaustein:
Rechtlich und administrativ kompetent handeln
von Joachim Merchel

Soziale Arbeit kann in ihren Handlungsanforderungen und Abläufen nicht verstanden werden, wenn man den Blick lediglich auf die Interaktionen zwischen einer Fachkraft einerseits und den Adressaten und deren Umfeld andererseits richtet. Soziale Arbeit wird zum einen beeinflusst durch rechtliche Bedingungen, durch die sie (mit-) konstituiert wird und die den Verlauf der Hilfe mitbestimmen. Zum anderen ereignet sich Soziale Arbeit immer in Organisationszusammenhängen, die wiederum u. a. geprägt sind durch ihre Einordnung in ein System von rechtlichen und damit einhergehenden verwaltungsförmigen (administrativen) Regelungen in einem bestimmten sozialpolitischen Kontext.

An einem Beispiel, in dem das BGB (Bürgerliches Gesetzbuch), SGB (Sozialgesetzbuch) und das Strafgesetzbuch (StGB) von Belang sind, sei dies verdeutlicht: Eine Fachkraft im Jugendamt, die eine Meldung aus einem Kindergarten erhält, dass ein dreijähriges Kind vermutlich häufig geschlagen wird, und dass der Verdacht besteht, dass dieses Kind bisweilen über eine längere Zeit am Wochenende von der alleinerziehenden Mutter allein zu Hause gelassen wird, muss Kontakt mit der Mutter aufnehmen, um (a) die Verdachtsäußerungen auf ihren Realitätsgehalt zu überprüfen, (b) einzuschätzen, ob eine mögliche Kindeswohlgefährdung vorliegt und (c) mit der Mutter so in Kontakt kommen, dass diese bereit ist, Hilfen anzunehmen. Die fachliche sozialpädagogische Aufgabe, die die

Fachkraft zu bewältigen hat, ist eingebunden in ein komplexes rechtliches Umfeld: Es geht um Fragen der Kindeswohlgefährdung (§ 1666 BGB), um Aufgaben des Jugendamtes zur Abklärung der Situation und zur Unterstützung in schwierigen erzieherischen Lebenssituationen sowie um die Frage, ob möglicherweise das Familiengericht angerufen werden muss (§ 8a SGB VIII), um die Bewilligung von Hilfen zur Erziehung (§§ 27ff SGB VIII). Und es geht nicht zuletzt auch um die Frage, wie die Fachkraft handeln muss, um sich vor strafrechtlichen Konsequenzen eines Unterlassungsdelikts zu schützen (Strafbarkeit wegen Unterlassens bei anzunehmender „Garantenstellung" gem. § 13 StGB). Darüber hinaus ist in Rechnung zu stellen, dass die Fachkraft nicht nur als „Einzelperson" handelt, sondern als Mitarbeiterin eines Jugendamtes. Sie ist also eingebunden in die amtsinternen Regelungen, in denen festgelegt ist, wie man in solchen Situationen vorzugehen hat. Neben diesen „offiziellen" Regelungen gibt es im Allgemeinen Sozialen Dienst (ASD) des Jugendamtes und in dessen Teams Gewohnheiten und (informelle) Verabredungen darüber, wie die Regelungen gehandhabt werden. Ferner muss die Fachkraft berücksichtigen, wie in dem Jugendamt der verwaltungsmäßige Weg bei einer Beantragung (und Finanzierung) einer Hilfe zur Erziehung geformt ist und welche Verfahren (→ Wissensbaustein „Hilfeplanung", Bd. 4, Schwabe) und welche Begründungsmuster für die Initiierung einer Hilfe in dem Jugendamt maßgeblich sind. Auch die Finanzierungsmodalitäten einer Hilfe zur Erziehung müssen von der Fachkraft ebenso beachtet werden wie sie Kenntnisse darüber benötigt, welche Leistungserbringer (öffentlicher Träger und freie Träger sowie möglicherweise auch gewerbliche Träger) für eine nachfolgende Hilfegestaltung geeignet wären und welche Kooperationsabsprachen mit einem solchen Träger zu treffen sind. Das, was hier für die Fachkraft im Jugendamt gilt, könnte nun auch gespiegelt werden mit dem Aufgabenprofil derjenigen Fachkraft, die möglicherweise in einem ambulanten Dienst der Erziehungshilfe später bei der alleinerziehenden Mutter die Hilfe übernimmt. Auch diese Fachkraft muss über fachliche und rechtliche Fragen des Kinderschutzes informiert sein, sie muss die (formellen und informellen) Entscheidungsmodalitäten im Jugendamt kennen, bei ihrer Hilfegestaltung den Finanzierungsrahmen im Auge behalten u. a. m. (zur Verkoppelung von fachlichen Aufgaben mit rechtlichen und administrativen Bedingungen und deren Eingebundenheit in einen Organisationsrahmen am Beispiel des Kinderschutzes vgl. ISS 2008). An diesem Beispiel wird deutlich, dass die einzelne Fachkraft nur dann kompetent handeln können wird, wenn sie zugleich in der Lage ist einzuschätzen,

- welcher rechtliche Rahmen für die jeweilige Interaktionssituation bedeutsam ist und wie sich die Fachkraft innerhalb dieses rechtlichen Rahmens bewegen kann oder sollte,
- wie die Lebenssituation des jeweiligen Adressaten nicht nur fachlich, sondern auch im Hinblick auf rechtliche Hilfemöglichkeiten zu bewerten ist,
- wie eine mögliche Hilfe in diesem Rahmen begründet werden kann,
- welche formellen administrativen Abläufe für die Beantragung und Gewährung der Hilfe vorgegeben sind und
- nach welchen (formellen und informellen) Entscheidungskriterien die jeweiligen Behörden den rechtlichen Rahmen der Hilfe interpretieren.

Die Notwendigkeit, rechtlich und administrativ kompetent zu handeln, besteht nicht nur für Fachkräfte, die in einem kommunalen Amt (Jugendamt, Sozialamt, Gesundheitsamt) oder in der Planungsabteilung eines größeren Trägers der Sozialen Arbeit (größere Einrichtung, Geschäftsstelle eines Wohlfahrtsverbandes o. ä.) arbeiten, sondern auch für diejenigen Fachkräfte in den Einrichtungen und Diensten, die unmittelbar mit Adressaten der Sozialen Arbeit umgehen. Der Umgang mit solchen rechtlichen und administrativen Rahmenbedingungen und der Erwerb entsprechender Kenntnisse mögen von mancher Fachkraft als eher lästig und unangenehm empfunden werden – weil man doch eigentlich lieber „mit Menschen arbeiten" möchte. Jedoch helfen rechtliche und administrative Kompetenzen den Adressaten in vielfältiger Weise: Sie erhalten Wissen über ihre Rechte – ihre Ansprüche und ihre Möglichkeiten des Schutzes und der Hilfe in schwierigen Lebenssituationen – und sie finden Hilfen, um sich in der ihnen fremden „Verwaltungswelt" zurechtzufinden. Je nach Arbeitsfeld sind für die Soziale Arbeit unterschiedliche Rechtsbestimmungen relevant. Ein kurzer Blick auf einige Rechtsbereiche macht dies deutlich:

- In einigen Bereichen der Jugendhilfe (Hilfen zur Erziehung, familienbezogene Beratungs- und Bildungsangebote) sind neben den Regelungen zu Leistungen und anderen Aufgaben der Jugendhilfe (SGB VIII) auch Regelungen des Familienrechts und des Kindschaftsrechts (BGB) bedeutsam.
- Im Bereich der Offenen Jugendarbeit hat man es neben landesgesetzlichen Förderungsregelungen und kommunalen Finanzierungsbestimmungen auch mit Fragen des Jugendmedienschutzes und des gesetzlichen Jugendschutzes in der Öffentlichkeit (Jugendschutzgesetz) zu tun.

Wissensbaustein: Rechtlich und administrativ kompetent handeln

- Bei der Arbeit mit Migranten ist eine Kenntnis der Grundzüge des Ausländerrechts und ggf. des Asylrechts erforderlich.
- Grundzüge der Grundsicherung für Arbeitssuchende (SGB II) und der Sozialhilfe nach dem SGB XII sollten den Fachkräften in einem Großteil der Arbeitsfelder der Sozialen Arbeit bekannt sein, denn hier geht es um elementare Fragen der materiellen Absicherung von Hilfe-Adressaten.
- Fachkräfte in Einrichtungen der Suchthilfe sollten neben den Regelungen des Betäubungsmittelgesetzes (BtmG) auch Grundzüge des Sozialversicherungsrechtes (u. a. Krankenversicherungsrecht SGB V; Arbeitsförderung SGB III) kennen.
- Fachkräfte der Sozialen Arbeit in Einrichtungen der Altenhilfe und der Behindertenhilfe sollten elementare Kenntnisse in Fragen der Sozialhilfe (SGB XII) und der Pflegeversicherung (SGB XI) haben.
- In den „justiznahen" sozialen Diensten (u. a. Bewährungshilfe, Soziale Arbeit im Strafvollzug) werden Fachkräfte neben Kenntnissen zu materiellen Hilfen auch grundlegende Kenntnisse im Strafrecht (zu Grundsätzen des Strafrechts, zum Strafverfahren, zu strafrechtlichen Sanktionen) erwerben müssen – ebenso wie die Fachkräfte in Einrichtungen und Diensten für delinquente Jugendliche (Jugendgerichtshilfe, Träger von ambulanten Maßnahmen und nachgehender Betreuung) Kenntnisse im Jugendstrafrecht benötigen.
- Alle Mitarbeiter in Einrichtungen der Sozialen Arbeit dürften sich für Grundfragen des Tarifrechts und des Arbeitsrechts interessieren.

Diese stichwortartige und beispielhafte Aufzählung einiger Rechtsgebiete, die in bestimmten Arbeitsfeldern relevant sind, soll nun nicht nahe legen, dass kompetent handelnde Fachkräfte in der Sozialen Arbeit „kleine Juristen" sein müssten. Die Fachkräfte sollten sich vielmehr mit den Grundstrukturen des Rechtssystems im Hinblick auf dessen Bedeutung für Soziale Arbeit vertraut machen. Die Strukturen des Sozialrechts (SGB und dabei insbesondere SGB II, VIII und XII) sollten allen Fachkräften dabei etwas vertrauter werden als die anderen Rechtsgebiete, die jeweils arbeitsfeldspezifisch erschlossen werden sollten. Damit eine solche arbeitsfeldspezifische Erschließung von Rechtsgebieten möglich ist, bedarf es der elementaren strukturbezogenen Kenntnisse zum Rechts- und Verwaltungssystem. Kompetenz bedeutet hier vor allem, sich zielbezogen und im Hinblick auf die spezifische soziale Situation genaues Wissen (durch Nachfragen und Nachschlagen) beschaffen zu können. Soziale Arbeit als gesellschaftlich organisiertes Hilfesystem ist notwendigerweise gebunden an bestimmte Grundsätze der Leistungsgestaltung, so insbesondere

- der rechtsstaatlichen Neutralität und Gleichbehandlung der Adressaten,
- der Transparenz und Überprüfbarkeit der zu erbringenden oder erbrachten Leistungen sowie
- der Effektivität der Leistungserbringung.

Darüber hinaus müssen Eingriffe in die persönliche Lebensgestaltung (z. B. Einschränkungen des elterlichen Personensorgerechts, Einsetzen einer gesetzlichen Betreuung, Einschränkungen der persönlichen Autonomie nach einem Psychisch-Kranken-Gesetz) mit dem Grundsatz der Verhältnismäßigkeit in Übereinstimmung stehen. In diese rechtlichen und administrativen Prinzipien müssen auch Fachkräfte der Sozialen Arbeit ihre Handlungsweisen einordnen. Dabei können auch Spannungen auftreten zwischen administrativen und professionellen Erwägungen, so z. B. wenn eine Ausrichtung an kurzfristiger Effektivität einer Leistung einen längeren Lernprozess einschränkt, der langfristig zu einer größeren Selbstbestimmung im Leben des Adressaten führen könnte, oder wenn es schwer wird, die fachliche Einschätzung eines höheren Hilfebedarfs einer bestimmten Person mit dem Prinzip der formalen Gleichbehandlung zu vereinbaren. Solche Spannungen gehören zu den Alltagserfahrungen eines Großteils von Fachkräften. Die Wahrnehmung und Interpretation solcher Spannungen sowie die Fähigkeit zum reflektierten Ausbalancieren solcher Spannungen sind Teil eines kompetenten Handelns.

Ebenso gehört es zu den Alltagserfahrungen von Fachkräften der Sozialen Arbeit, dass die Anwendung von Recht und die Handhabung von administrativen Bedingungen nicht in erster Linie nach rein formalen Abläufen erfolgen, sondern dass in der Interpretation der rechtlichen und administrativen Bestimmungen häufig Spielräume vorhanden sind, die zur Aushandlung zur Verfügung stehen. Ob z. B. in der Erziehungshilfe ein Rechtsanspruch auf eine Erziehungsbeistandschaft oder auf die intensivere und langfristigere Sozialpädagogische Familienhilfe konstituiert wird, ob für einen jungen Menschen mit 19 Jahren eine ambulante „Hilfe für junge Volljährige" im Umfang von fünf oder acht Stunden pro Woche, dies für zwei oder von vier Monate gewährt wird, ob ein 13-jähriges

Mädchen neben der Unterbringung in der Wohngruppe eines Heimes auch noch eine psychologische Hilfe für die Aufarbeitung traumatischer Erfahrungen bewilligt bekommt – solche und ähnliche Fragen lassen sich nicht mit formalen und allgemein gültigen Wenn-Dann-Regeln klären. Sie bedürfen der einzelfallbezogenen Einschätzung (→ Wissensbaustein „Diagnostisches Fallverstehen") und der Aushandlung mit Kosten- und Leistungsträgern. Ein Großteil der für Soziale Arbeit maßgeblichen Rechtsbestimmungen enthält Ermessensspielräume aufgrund von unbestimmten Rechtsbegriffen.

In rechtlichen und administrativen Verfahren unterscheidet man zwischen *Konditionalprogrammierung* und *Zweckprogrammierung*. Ein Konditionalprogramm liegt immer dann vor, wenn in rechtlichen Regelungen Tatbestandsmerkmale relativ genau definiert sind, bei deren Vorliegen eine ebenfalls genau definierte Handlung (z. B. Gewährung einer Hilfe) zu erfolgen hat und dadurch die Handlungsschritte und Entscheidungsparameter für die Sachbearbeiter weitgehend vorgeprägt sind. In Form von festgelegten Wenn-Dann-Schemata wird die Gewährung einer spezifischen Hilfe (Einkommens- oder Sachleistung) innerhalb festgelegter Handlungsroutinen erledigt. Dem stehen zweckprogrammierte Aufgabenstellungen gegenüber, bei denen lediglich die zu erreichenden Ziele vorgegeben werden (z. B. die Konstruktion einer im Einzelfall angemessenen Hilfe zur Erziehung gem. § 27 SGB VIII) und zu deren Erfüllung eigenständige Handlungsschritte entworfen werden müssen. Aufgrund der Komplexität der Aufgabenstellung, bei der eindeutige Wenn-Dann-Handlungsfolgen fehlen, lassen sich zweckprogrammierte Aufgaben zu großen Teilen auch nicht in Handlungsroutinen zwängen. Ein erheblicher Teil der Anforderungen und Rechtsbestimmungen in der Sozialen Arbeit folgt einer Zweckprogrammierung, was dem sozialpädagogischen Handeln einen Raum für Aushandlungen und Ermessensentscheidungen eröffnet. In informellen Aushandlungsmodalitäten agieren zu können, unbestimmte Rechtsbegriffe und Ermessensspielräume zu kennen und für informelle Absprachen nutzen zu können, mit verschiedenen Akteuren in Ämtern und Einrichtungen die Möglichkeiten von zielbezogenen Absprachen in ihrer Terminologie und entsprechend ihrer fachlichen Logik ausloten zu können, stellt einen wichtigen Aspekt der rechtlichen und administrativen Kompetenz von Fachkräften der Sozialen Arbeit dar.

Kompetent handeln bedeutet also, die rechtlichen und administrativen Rahmenbedingungen für das eigene Handlungsfeld zu kennen, die Bedeutung bzw. den „Sinn" dieser Rahmenbedingungen zu verstehen und diesen Rahmen in einer für die Fallbearbeitung produktiven Weise interpretieren und nutzen zu können und dabei den Organisationsrahmen und die Organisationsumwelt zu beachten (→ Wissensbaustein „Strukturbezogene Veränderungstheorien"). Bezieht man rechtlich und administrativ kompetentes Handeln auf das in diesem Band vorgestellte Modell von Handlungskompetenz, so wird hier insbesondere der Schnittpunkt zwischen Systemkompetenz und Analyse- und Planungskompetenz relevant. Hinsichtlich der bereichsbezogenen Kompetenzmuster geht es hier insbesondere um die Interpretation und Handhabung eines Falles im Kontext vorgegebener Systemstrukturen (hier insbesondere der durch Recht und Verwaltung definierten und für die jeweilige Einrichtung als Rahmen vorgegebenen Systembestandteile). In prozessbezogener Sicht ist Planungs- und Analysekompetenz besonders gefragt: die Fähigkeit, die Gegebenheiten eines Falles vor dem Hintergrund rechtlicher und administrativer Kategorien zu interpretieren und in dieser Interpretation Handlungsperspektiven zu begründen und in die entsprechenden administrativen Abläufe (Beantragung, Legitimation, Zwischenbewertungen etc.) eingliedern zu können.

Literaturempfehlungen

als Einführung in die Sinnstrukturen administrativer Abläufe: Bieker, R. (2006): Kommunale Sozialverwaltung. München/Wien
Bossong, H. (2009): Sozialverwaltung. Ein Grundkurs für soziale Berufe. 2. Aufl. Weinheim/München

als Einführung in den institutionellen Kontext und zur institutionellen Verortung eines Handlungsfeldes: Merchel, J. (2008): Trägerstrukturen in der Sozialen Arbeit. 2. Aufl. Weinheim/München
Nikles, B. W. (2008): Institutionen und Organisationen der Sozialen Arbeit. Eine Einführung. München/Basel

als Einführung in die unterschiedlichen, für Soziale Arbeit relevanten Rechtsbereiche: Trenczek, Th., Tammen, B., Behlert, W. (2008): Grundzüge des Rechts. Studienbuch für soziale Berufe. München/Basel

zur Eingebundenheit fachlicher Vorgehensweisen in rechtliche, administrative und organisationsbezogene Bedingungen am Beispiel des Schutzes bei Kindeswohlgefährdung: ISS (Institut für Sozialarbeit und Sozialpädagogik e. V.) (Hrsg.) (2008): Vernachlässigte Kinder besser schützen. Sozialpädagogisches Handeln bei Kindeswohlgefährdung. München/Basel

6.3 Fallverlaufsanalyse

6.3.1 Phasen- und bereichsübergreifende Kompetenzen

Längere Interventionsprozesse weisen bei Humandienstleistungen eine innere Logik auf, die aus der Zusammenarbeit von Personen resultiert: Man begegnet sich zunächst als Fremde, baut eine Arbeitsbeziehung auf, die Fachkraft sucht nach Bündnispartnern und baut ein Aktionssystem auf (vgl. Kasten „Aktionssystem" in Kap. 3.5). Man unterstützt sich bei der Erreichung vereinbarter Ziele, trennt sich dann wieder und muss diese Trennung vorbereiten. Dementsprechend lässt sich die Zusammenarbeit im Fallverlauf in drei Phasen gliedern:

(1) In der *Anfangs- und Aufbauphase*, nachdem die Entscheidung gefallen ist, dass man Herrn Mersing aufnehmen wird, lernen sich die Beteiligten wechselseitig kennen. Herr Mersing fasst allmählich Vertrauen und ein erstes Arbeitsbündnis mit Frau Fischer entsteht. Er kann erste Fortschritte machen, noch unter den leichteren Bedingungen der Eingewöhnungszeit, die etwa ein Vierteljahr dauert. In dieser Zeit wird von der Fachkraft zugleich ein externes Kooperationsnetzwerk mit einer niedergelassenen Nervenärztin und dem gesetzlichen Betreuer von Herr Mersing aufgebaut.

(2) In der mittleren Phase, der *Umsetzungs- und Arbeitsphase* wird Herr Mersing dann stärker gefordert. Er soll selbstständiger werden, bestimmte Aufgaben übernehmen, um dem Ziel einer selbstständigen Lebensführung näher zu kommen. Zugleich muss er sich nun mit der Gruppe auf seinem Stockwerk auseinandersetzen. Nachdem vom Team eine gewisse Stagnation beobachtet wurde, erkundet die Fachkraft in einer zweiten vertiefenden Arbeitsphase nochmals gezielt Herrn Mersings berufliche Motivation und seine Entwicklungspotenziale. Sie erweitert ihr Aktionssystem durch den Sozialarbeiter der Tagesstätte und versucht erneut die Eltern zu beteiligen.

(3) In der *Ablösungs- und Auswertungsphase* wird der Umzug von Herrn Mersing in ein anderes Heim vorbereitet und das vor der Auflösung stehende Aktionssystem wird damit durch erste Elemente eines neuen Aktionssystems ersetzt. In jeder dieser Phasen sind alle bereichs- und prozessbezogenen Handlungskompetenzen gefragt. Zugleich sind bestimmte Schwerpunktsetzungen erkennbar, die im Folgenden ausführlicher einzeln dargestellt werden. Hier soll vorab ihr Zusammenspiel skizziert werden.

Fallkompetenz setzt neben dem Wissen über die Fallgeschichte, die biografischen Etappen und institutionellen Erfahrungen ein annäherungsweises Verstehen der Person voraus, so wie diese sich selbst versteht, jenseits der Akten und anderer fremder Zuschreibungen. Dieses Fallverstehen wiederum setzt Verständigung voraus, und damit Interaktionskompetenz. Frau Fischer beobachtet, fragt, probiert aus, wie Herr Mersing reagiert, und bietet ihm ihre Vermutungen über seine Wünsche, Gedanken und Gefühle an, wenn sie den Eindruck hatte, dass er sie selbst nicht äußern kann. Sie arbeitet mit ihm lerntheoretisch fundiert, in kleinen Schritten, baut seine Fähigkeiten über Anlernsituationen aus und würdigt seine Bemühungen und Erfolge, z. B. bezogen auf seine zunehmende Selbstständigkeit beim Einkauf und bei der Wahrnehmung von Arztterminen.

Frau Fischer arbeitet *mit* Herrn Mersing (direkte Klientenarbeit) und sie arbeitet zugleich an den Voraussetzungen und Rahmenbedingungen seiner Lebensführung, also *für* Herrn Mersing. Sie wird für ihn bei anderen Diensten und Einrichtungen aktiv und sorgt dafür, dass die notwendige Unterstützung durch andere Organisationen wie verabredet erfolgt (indirekte Klientenarbeit). Dies setzt *Systemkompetenz* voraus, sowohl systembezogene Planungskompetenz wie auch Interaktionskompetenz. Frau Fischer muss z. B. wissen, was die Aufgaben eines gesetzlichen Betreuers sind, welche Leistungen sie rechtlich gesehen von ihm erwarten kann und welche nicht (→ Wissensbaustein „Rechtlich und administrativ kompetent handeln"). Sie muss aber auch wissen, wie er als Person angesprochen werden will, wie er seine Rolle sieht und wodurch sie ihn für ihr Aktionssystem gewinnen kann. Im Umgang mit anderen Professionen, z. B. mit Medizinern oder Rechtsanwälten, muss Frau Fischer deren Fachsprache, deren Denkmuster und Erwartungen so weit kennen, dass sie mit ihnen kooperieren kann. Sie kann z. B. von der Ärztin nicht den Langmut erwarten, mit dem sie selbst darauf reagiert, wenn Herr Mersing bei ihr einen Termin nicht einhält und zum verabredeten Gespräch einfach nicht erscheint. Sie setzt daher eine Betreuungsassistentin ein, die ihn zur Ärztin begleitet. Dieser Betreuungsbedarf ist offenkundig gegeben, aber andererseits der Einsatz der teureren pädagogischen Fachkräfte für solche Begleitdienste nicht gerechtfertigt.

Zur analyse- und planungsbezogenen *Fallkompetenz* von Frau Fischer gehört auch die Einschätzung der Bereitschaft von Herrn Mersing, den Weg zur Ärztin mit der ihm nicht so vertrauten Betreuungsassistentin zurückzulegen. Vielleicht ist (zunächst) eine Abweichung von der Regel nötig, dass solche Begleitdienste die BetreuungsassistentInnen übernehmen. Ihre Systemkompetenz und Selbstkompetenz musste Frau Fischer nutzen, um Herrn Mersings Aufenthaltsverlängerung durchzusetzen. *Systemkompetenz* war notwendig, um die teure Lösung gegenüber der Leitung mit Argumenten zu vertreten, die der Logik der Institution entsprechen (weitere Unterstützung bei uns nur bei zu erwartenden weiteren Fortschritten). *Selbstkompetenz* benötigte sie, um die Fragen und Zweifel der KollegInnen nicht als Angriff auf die eigene Urteilskompetenz zu erleben. Zur Selbstkompetenz gehört auch die selbstkritische Überprüfung der eigenen Fähigkeiten. So hat Frau Fischer Fortbildungen zu psychischen Erkrankungen besucht. Diese Fachkenntnisse erleichterten ihr auch die Kooperation mit der niedergelassenen Ärztin und stärkten so ihre *Systemkompetenz*. In dieser Weise ergänzen sich also alle drei bereichsbezogenen Kompetenzen im Interventionsprozess. Zur didaktischen Vereinfachung werden sie im Folgenden separat erläutert.

6.3.2 Fallkompetenz

Die Fallkompetenz bei der Förderung von Herrn Mersing weist im Laufe der Fallbegleitung unterschiedliche prozessbezogene Schwerpunkte auf. In der Anfangsphase war die *Planungs- und Analysekompetenz* zentral, einschließlich der dazu gehörenden *Teilkompetenzen* (Beobachtungskompetenz, Recherchekompetenz, Erklärungs- und Prognosekompetenz). So war zu klären, welche Ressourcen Herr Mersing besitzt, welche nicht, welche Wünsche und auch Befürchtungen er formulieren kann und wie man ihn am besten fördert. Dies erforderte als fallbezogene Teilkompetenz auch diagnostische Kompetenzen, um mit der Hilfeplanung beginnen zu können. Dabei konnte und sollte die erste Einschätzung der Potenziale von Herrn Mersing nur zu vorläufigen Hypothesen führen. „Verstehen" setzt „Verständigung" voraus und ein Vertrauen, das sich erst allmählich entwickelt und über neue Informationen zu einem sich vertiefenden diagnostischen Fallverstehen führt. Die erste Einschätzung musste dementsprechend mehrfach revidiert werden: So erwies sich nach der Eingewöhnungsphase, dass Frau Fischer etwas zu ressourcenorientiert geplant hatte und Herr Mersing mit mehr Schwierigkeiten zu kämpfen hatte als prognostiziert (→ Wissensbaustein „Ressourcenorientierung", Bd. 4, Schwabe). Es war lange her, dass man ihm Aufgaben zur selbstständigen Erledigung übertragen hatte – und er war noch nie ein begeisterter Koch gewesen! Eine zweite grundlegende Fortschreibung der Einschätzung der Entwicklungspotenziale von Herrn Mersing erfolgte nach einer Phase der Stagnation, die das Team zu kritischen Nachfragen veranlasst hatte. Auf der Basis ihrer detaillierten Aufzeichnungen konnte Frau Fischer die Hypothese formulieren, dass Herr Mersing noch zu fördern sei. Eine dritte Einschätzung seiner Potenziale ergab sich dann zu Beginn der Ablösungsphase. Es war nun offensichtlich, dass Herr Mersing weiterhin Unterstützung benötigen würde und dass eine berufliche Rehabilitation bestenfalls im Rahmen besonderer Beschäftigungsangebote möglich sein würde. Dieses fortwährende Überprüfen und Korrigieren beruht auf Beobachtungen, Gesprächen, gemeinsamen Alltagserfahrungen und auf dem Ausprobieren neuer Formen der Tagesgestaltung. Diese Verschränkung von Intervention und Diagnostik ist charakteristisch für das Fallverstehen in der Sozialen Arbeit (→ Wissensbaustein „Diagnostisches Fallverstehen").

Eine Teilkompetenz der *analyse- und planungsbezogenen Fallkompetenz* ist die Fähigkeit, die notwendigen Informationen zu beschaffen und auszuwerten. So kontaktierte Frau Fischer nach dem Gespräch mit Herrn Mersing nochmals die Krankenhaussozialarbeiterin, die aus der Psychiatrischen Klinik heraus Herrn Mersing in diese Einrichtung zu vermitteln versucht hat, und rekonstruiert zusammen mit der niedergelassenen Ärztin seine bisherige Behandlungsgeschichte. Zusammen mit den Erzählungen von Herrn Mersing entstand daraus ein multiperspektivisches Bild seines bisherigen Lebens, insbesondere seiner Erfahrung mit Institutionen.

Neben einer guten Kenntnis des Hilfesystems war in der ersten Arbeitsphase die *fallbezogene Interaktionskompetenz* zentral, um herauszufinden, was Herr Mersing will, was er sich zutraut, wie er die Dinge angeht. Dafür waren bestimmte Arrangements von Situationen nötig, die Herrn Mersing und Frau Fischer neue Erfahrungen und Einsichten ermöglichten. Akten und ärztliche Gutachten waren nur einige der vielen Quellen für Frau Fischers Urteilsbildung. So berücksichtigte sie zwar die psychiatrische Diagnose „Drogeninduzierte Psychose", gelangte aber zu einer anders ausgerichteten Einschätzung. Für sie war Herr Mersing vor allem ein Fall von *Hospitalismus*, also von Anpassung an das Leben in einer „Anstalt". Anstalten stellen tendenziell immer „totale Institutionen" dar, die die Lebenswelt der KlientInnen ersetzen, indem sie ihnen Wohnraum zur Verfügung stellen und sie versorgen. Zugleich reglementieren sie das Verhalten ihrer „Insassen", sodass diese schließlich verlernen, selbstständig zu handeln und Verantwortung für ihr Leben zu übernehmen (Goffmann 1999). Mit dem Erklärungsansatz „Hospitalismus" hat Frau Fischer aus einer sozialpsychologischen und soziologischen Perspektive die medizinische Sichtweise ergänzt.

In der Anfangsphase dient die interaktionsbezogene Fallkompetenz vor allem dem Aufbau einer vertrauensvollen Beziehung als Grundlage für das Arbeitsbündnis von Fachkraft und Klient (→ Wissensbausteine „Motivation I" und „Beziehungsgestaltung"). Als Person mit langjähriger Psychiatrieerfahrung weiß Herr Mersing, wie man das Herz von SozialarbeiterInnen erreicht – und hofft auf eine Beziehung, in der er bald wieder seine Ruhe hat. Frau Fischer durchkreuzt seiner Erwartungen, indem sie ihn nicht nur entlastet und unterstützt, sondern auch fordert und „nervt". Dies geschieht auf der Grundlage gemeinsamer Zielsetzungen, im Rahmen einer sowohl *aufgabenbezogenen* (und damit zielbezogenen und strategischen) als auch *personenbezogenen* Arbeitsbeziehung. In einer bloß aufgabenbezogenen Beziehung wäre Herr Mersing nur Objekt von Veränderungsbemühungen der Fachkraft, kein gleichwertiges Subjekt, das trotz aller Machtunterschiede und anderer Einschränkungen – in der Begegnung von Person zu Person in seiner Individualität geachtet und geschätzt wird – auch wenn er nicht „motiviert" oder „kooperativ" erscheint (Heiner 2010, Teil C, Kap. 2.4 und → Wissensbaustein „Verständigungsorientiertes und strategisches Handeln", Bd. 3, Stimmer/ Weinhardt).

Da Interaktionskompetenzen erheblich mit den konkreten Bedingungen variieren, werden sie ausführlicher in den folgenden Situationsanalysen erläutert. Hier sollen nur einige ausgewählte situationsübergreifende Aspekte dargestellt werden, die die *Haltung* betreffen, mit der die Fachkraft in einer bestimmten Situation mit der Klientin interagiert. Die *Haltung* von Frau Fischer entspricht den grundlegenden drei Prinzipien, den sogenannten „Basisvariablen" der Beratungsbeziehung, die Carl Rogers formuliert hat: *Akzeptanz, Empathie, Authentizität* (→ Wissensbaustein „Beziehungsgestaltung"). Authentisch reagiert Frau Fischer z. B., indem sie Herrn Mersing zeigt, dass sie selbst auch etwas genervt ist, wenn sie ihn jeden Morgen belästigen muss, damit er aus dem Bett kommt (vgl. Situation A, Kap. 6.4). Sie tut dies ohne Vorwurf, geleitet von Einfühlung und Wissen über psychische Erkrankungen und einem durch Beobachtung geschärften Verständnis für Herrn Mersings geringe Belastbarkeit. Authentizität ist nicht mit bedingungsloser Offenheit zu verwechseln. Ruth Cohn hat daher für eine „selektive Authentizität" plädiert, die auf die Belastbarkeit der KlientInnen Rücksicht nimmt (Literatur zu Carl Rogers und Ruth Cohn, vgl. Kriz 2007, Teil III).

Zu den *Arbeitsprinzipien* der Sozialen Arbeit gehört auch ein ganzheitliches und kontextbezogenes Vorgehen, das als systemisch und sozialökologisch bezeichnet wird. Die Stockwerkgruppe ist als soziales System insbesondere in der Arbeits- und Vertiefungsphase ein wichtiger Bezugsrahmen der Fallarbeit. Frau Fischer versuchte z. B. herauszufinden, wer aus der Gruppe für Herrn Mersing ein Vorbild sein könnte oder eine Stütze beim Erwerb sozialer Kompetenzen. Es ist ihr auch ein Anliegen, die Familie von Herrn Mersing mit einzubeziehen.

In der Ablösungsphase ist eine *evaluativ-reflexive Fallkompetenz* erforderlich, um die Fähigkeiten und Entwicklungspotenziale von Herrn Mersing richtig einzuschätzen und ihn an die richtige Einrichtung weiterzuvermitteln. Ebenso gefragt ist ihre *Interaktions- und Kommunikationskompetenz*, um Herrn Mersing die Notwendigkeit eines Umzugs zu verdeutlichen, ohne ihm den Eindruck zu vermitteln, dass sie ihn vor allem fristgerecht loswerden möchte. Veränderungsprozesse wie der geplante Umzug lösen selbst bei ersehnter Selbstständigkeit Ängste und Unsicherheiten aus. Die Trennung von der Vertrauensperson verlangt daher schon vorbereitend Trauerarbeit. Nicht selten treten in solchen Situationen bereits überwundene Probleme wieder auf. Der Klient produziert unbewusst alte Verhaltensmuster, um zu zeigen, dass er noch nicht reif ist für eine Beendigung der Hilfe. Frau Fischer beurteilt den Zusammenbruch von Herrn Mersing, der erstmalig seit seinem Einzug einen Aufenthalt in der Psychiatrie notwendig machte, in Kenntnis solcher Prozesse. Dass Herr Mersing möglichst bald aus der Klinik wieder ins Heim zurückkehren wollte, war ein gutes Zeichen für seine zunehmende Fähigkeit, sich Schwierigkeiten zu stellen, anstatt sich in die Krankheit und die Obhut der Klinik zu flüchten. So traut sie ihm weiterhin zu, in einer weniger betreuungsintensiven Einrichtung leben zu können und plant weitere Schritte der Verselbstständigung. Partizipation und Nutzerorientierung sind dabei Arbeitsprinzipien, die sie mit der nötigen Wirkungsorientierung ausbalancieren muss (vgl. Arbeitsprinzipien Kap. 3.4). So nimmt sie sich viel Zeit, seine wechselnden (und teilweise anspruchsvollen) Zukunftsvorstellungen mit ihm gemeinsam auf ihre Realisierbarkeit hin zu prüfen, sucht im ganzen Bundesgebiet nach einer Einrichtung für ihn, beharrt aber zugleich hinreichend konfrontativ darauf, dass eine Ablösung ansteht, dass er die Suche ernst nehmen muss und dass er nicht auf irgendeinen rettenden Engel warten kann. Aufgrund des gewachsenen Vertrauensverhältnisses, ihres bisherigen Engagements im Sinne seiner Zielvorstellungen und durch die konzentrierte Aktion mit der Ärztin und dem gesetzlichen Betreuer gelingt es ihr mit einer wohldosiert zugleich empathischen und konfrontativen Gesprächsführung schließlich, Herrn Mersing dazu zu bewegen, sich dieser neuen Anforderung zu stellen. Ihm wird klar, dass dies seine letzte Chance ist, ein Leben in eigener Regie anzustreben. Und so entscheidet er sich am Ende für eine betreute Wohnform, in der er die gerade erlernten Kompetenzen festigen, vielleicht weiterentwickeln kann – obwohl die Einrichtung nicht ganz seinen Wünschen entspricht.

6.3.3 Systemkompetenz

Systemkompetenz erfordert die Fähigkeiten zur Analyse von Kooperationsstrukturen und –prozessen. Es gilt herauszufinden, wer zusammenarbeiten muss, warum die Zusammenarbeit nicht (immer) funktioniert, für welche Probleme der KlientInnen keine angemessenen Hilfen angeboten wurden bzw. werden und wie die Funktionsfähigkeit des Hilfesystems (einschließlich der eigenen Einrichtung) verbessert werden kann (→ Wissensbaustein „Strukturbezogene Veränderungstheorien"). Frau Fischer hat die bisherigen Kooperationslücken im Gesundheitssystem vor allem durch die Zusammenarbeit mit der sehr engagierten niedergelassenen Ärztin schließen können. Zugleich hat sie den rechtlichen Betreuer in ihr Aktionssystem eingebunden.

Neben dieser fallbezogenen ist die fallübergreifende Dimension der Systemkompetenz wichtig: die Fähigkeit zum Umgang mit Facharbeitskreisen und kommunalpolitischen Gremien und den Medien, um die Leistungen der eigenen Organisation, aber auch die Lücken des Hilfesystems deutlich zu machen. Frau Fischer hat ihre Schwierigkeiten, für einen Klienten wie Herrn Mersing eine angemessene Nachsorgeeinrichtung zu finden, dokumentiert und über ihren Vorgesetzten an den Facharbeitskreis Psychiatrie weitergeleitet. Im Jahresbericht ihrer Institution hat sie den Fall M. und ihre Erfahrung beim Aufbau des regionalen Kooperationsnetzwerkes mit der niedergelassenen Ärztin, dem gesetzlichen Betreuer, der Tagesklinik und dem Sozialpsychiatrischen Dienst geschildert. So wurde deutlich, wie aufwändig solche Hilfen sind und welches Fachwissen, welchen Kooperationsaufwand und welche Professionalität sie erfordern. Eine optimale Betreuung nach dem Stand der Fachdiskussion, der gesetzlich möglichen Leistungen und den Vorgaben der regionalen Versorgungsvereinbarungen stellte der Aufenthalt von Herrn Mersing in diesem Heim für Wohnungslose nicht dar. Eine psychiatrische Facheinrichtung hätte ihn noch gezielter fördern können und ihm vielleicht auch den Umzug und den Betreuerwechsel nach 18 Monaten ersparen können (→ Wissensbaustein „Sozialplanung", Bd. 5, Merchel) (Alternative Förderungsmöglichkeiten verdeutlicht das Fallbeispiel in Kap. 7).

Mit dem „nassen Haus" und der Bereitschaft des Trägers, der Leitung und des Teams, auch medikamentös zu versorgende Psychisch Kranke aufzunehmen, hat dieses Heim eine Lücke im Hilfesystem geschlossen. Auch deswegen wurde vom Kostenträger ein besonderer Personalschlüssel bewilligt. Zugleich hat sich die Einrichtung mit dieser Konzeption selbst unter Druck gesetzt zu beweisen, dass unter solchen Bedingungen Entwicklungen möglich sind, die andere Einrichtungen nicht erreichen. Der tendenziellen Bevorzugung der fähigeren, erfolgversprechenderen oder „pflegeleichteren", an die Anforderungen der Institution besser angepasster KlientInnen – in vielen Fällen eine arbeitserleichternde Strategie von Institutionen – entsprach die Verlängerung des Aufenthalts von Herr Mersing nicht. Er bekam eine Chance, die er ohne diese Einrichtung in dieser Großstadt nicht gehabt hätte. Die Selektivität des Hilfesystems wurde in diesem Fall zugunsten einer individuellen, nutzerorientierten Förderung korrigiert.

Neben der konzeptionellen Orientierung und der finanziellen Ausstattung trägt die interne Arbeitsorganisation der eigenen Einrichtung entscheidend dazu bei, dass die vorhandenen Kompetenzen der Fachkräfte auch zum Tragen kommen können (vgl. dazu auch Bd. 5 „Leiten in Einrichtungen der Sozialen Arbeit" dieser Reihe). In diesem Heim erlaubt z. B. das Prinzip der doppelten Zuständigkeit von zwei ausgebildeten Fachkräften für einen Klienten einen sehr dichten Informationsaustausch. Frau Fischer hat ihre systembezogene Planungs- und Analysekompetenz zur Erarbeitung dieser und anderer Elemente der Konzeption und der Arbeitsorganisation genutzt und ihre Ideen in Teamsitzungen eingebracht. Teilweise ist sie dabei allerdings an der Arbeitsbelastung und am Beharrungsvermögen von KollegInnen und an der ihrer Meinung nach übervorsichtigen Skepsis der Leitung gescheitert. KlientInnen, die sie gerne betreut hätte, wurden nicht aufgenommen, andere von der Leitung wegen Regelübertretungen so streng sanktioniert, dass schließlich eine Kündigung vom Team als unvermeidbare Konsequenz akzeptiert werden musste. Das Bemühen von Frau Fischer, im Team durchzusetzen, dass die Supervision auch für Fallbesprechungen genutzt wird, scheiterte. Damit wären genau diese Konflikte thematisiert worden – und die meisten KollegInnen scheuten diese Auseinandersetzung mit der Leitung (→ Wissensbausteine „Supervision" und „Strukturbezogene Veränderungstheorien").

6.3.4 Selbstkompetenz

Die *Selbstkompetenz* einer Fachkraft der Sozialen Arbeit beruht auf einer reflexiven, selbstkritischen Grundhaltung, verbunden mit der Fähigkeit zur kontinuierlichen Wahrnehmung und Analyse der eigenen Gefühlsreaktionen, Denk- und Verhaltensmuster (Introspektionskompetenz). Dieser bewusste Umgang mit der eigenen Person ist die Voraussetzung für die Korrektur einseitiger Wahrnehmungen und blinder Flecken und ermöglicht die Vermeidung von destruktiven Routinen. Selbstkompetenz verlangt auch die Bereitschaft, sich beraten zu lassen, ohne jedoch schwierige Entscheidungen auf die lange Bank zu schieben und durch Zaudern und Zögern dafür zu sorgen, dass schließlich andere entscheiden. So hat Frau Fischer sich nicht durch die Skepsis der Leitung irritieren lassen, hat durch extensive Recherchen und Beratungen mit KollegInnen und KooperationspartnerInnen möglichst unterschiedliche Perspektiven eingefangen und verglichen, so ihre eigene Einschätzung überprüft und innerhalb von einer Woche ausreichend Informationen zusammengetragen, um eine (positive) Entscheidung über die Aufnahme von Herrn Mersing zu ermöglichen. Sie hat sich zugleich auf ein für sie selbst neues Terrain gewagt, dabei ihre Unsicherheiten und fachlichen Lücken nicht überspielt, sondern über Fortbildungen ihre Qualifikation erweitert. Als das Team am Ende der ersten Arbeitsphase den Verbleib von Herrn Mersing in Frage stellt, interpretiert Frau Fischer dieses Nachfragen nicht als Kritik an ihrer fachlichen Urteilsfähigkeit sondern als eine prinzipiell berechtigte Bitte um Begründungen, der sie dann mit Informationen und Argumenten beggnete. Einen Satz wie: „Kannst Du uns mal einen Zwischenbericht über Herrn Mersing in der nächsten Sitzung geben? Er ist ja jetzt schon fast ein Jahr bei uns und ich finde, es stellt sich die Frage, ob es so weitergehen soll", hat sie mit dem „richtigen Ohr" aufgenommen (vgl. Kasten: „Vier Seiten einer Nachricht"). Mit dem „Appellohr" zuhörend, hätte sie die Nachricht als

Aufforderung interpretieren können, das Team nicht zu übergehen, es besser zu informieren. Mit dem „Beziehungsohr" hätte sie die Aussage als Hinweis auf eine gestörte Vertrauensbeziehung und mangelndes fachliches Zutrauen interpretieren können. Sie nimmt die Nachricht mit dem „Sachohr" auf und erkennt darin ein berechtigtes Informationsinteresse des Teams und der Leitung. Schließlich muss das Heim nachweisen, dass noch eine Entwicklung denkbar ist, die den Aufenthalt von Herrn Mersing in dieser Einrichtung rechtfertigt.

Vier Seiten einer Nachricht

Zwischenmenschliche Kommunikation setzt einen Sender voraus, der etwas mitteilt, und einen Empfänger, der diese Nachricht empfängt und entschlüsselt. Der Austausch kann über sprachliche (verbale Kommunikation) oder nichtsprachliche Zeichen erfolgen, z. B. durch Blicke, Gesten, Körperhaltung und durch Distanzierung im Raum (nonverbale Kommunikation). Lautstärke, Sprachgeschwindigkeit, Stimmführung etc. tragen zusätzlich zur Mitteilung bei. Jede Nachricht enthält synchron vier Botschaften: (1) einen *Sachinhalt*, (2) eine *Selbstoffenbarung* (Selbstdarstellung und Selbstenthüllung), (3) eine *Beziehungsaussage* (Rollen- und Beziehungsdefinition) und (4) einen *Appell* (Schulz v. Thun 1992a, 25ff). Menschen hören vorrangig auf einem bestimmten Ohr: Sie reagieren vor allem auf Sachinformationen oder hören auf dem Beziehungs- oder Selbstoffenbarungsohr und reagieren kaum auf die Sachaussage. Wenn der Mann im Auto zu seiner Frau, die am Steuer sitzt, sagt: „Du, ich glaube, da müssen wir jetzt rechts weg!", so wird sie sich durch die Aussage vielleicht von ihm in die Rolle der unfähigen Autofahrerin gedrängt fühlen (Antwort: „Wer fährt, du oder ich?"). Fährt sie ihn zu einem Bewerbungsgespräch und bemerkt seine Nervosität, so hört sie die Aussage vielleicht mit dem Selbstoffenbarungsohr statt mit dem Beziehungsohr („Du hast Angst, zu spät zu kommen"). Nachrichten werden je nach Grundgestimmtheit, Erfahrungshintergrund und situativem Kontext unterschiedlich entschlüsselt. KlientInnen reagieren auch auf der Grundlage ihrer Erfahrungen mit „Helfern". Sie haben z. B. gelernt, sich als „hilflos" zu präsentieren, sich zu entlasten und den Fachkräften ein Gefühl selbstloser Überlegenheit zu vermitteln (zu den Tücken des helfenden und des selbstlosen Stils der Kommunikation vgl. Schulz v. Thun 1992b, 76ff, → Wissensbaustein „Kommunikation und Interaktion", Bd. 4, Schwabe).

Als Frau Fischer in einer der Teamsitzungen einen Kollegen mit seinen Redebeiträgen als merkwürdig insistierend erlebt, sucht sie sich (nach erfolgloser Introspektion und Selbstanalyse) eine externe Supervision, um ihre Irritationen zu bearbeiten. Sie entdeckt daraufhin Verhaltensmuster bei sich, die zur Reaktion des Kollegen beigetragen haben könnten, veränderte ihr Verhalten und bemerkte eine Entspannung in ihrer Beziehung zu diesem Kollegen.

Selbstkritische Reflexivität als Teil der Selbstkompetenz ist ohne zuverlässige Dokumentation, die nachträglichen Verzerrungen der Erinnerung vorbeugt, nicht denkbar. Frau Fischer hat z. B. den Verlauf und das Ergebnis von Gesprächen mit Herrn Mersing immer sofort kurz notiert. In der Anfangsphase ging es ihr vor allem darum, Vereinbarungen festzuhalten, aber auch die Wirkung seiner Person auf sie selbst, Störendes und Liebenswertes. In der Arbeits- und Vertiefungsphase hat sie vor allem geglückte und gescheiterte Lernprozesse des Klienten sowie ihre mehr oder weniger hilfreiche Unterstützungsangebote und deren Wirkung dokumentiert. In der Ablösungsphase dokumentierte sie die Absprachen und Vereinbarungen mit der neuen Einrichtung. Diese erhielt auch (wie Herr Mersing) eine Kopie ihres Abschlußberichts über den Aufenthalt von Herr Mersing im Heim.

Selbstkompetenz erfordert auch eine Analyse und Reflexion der spontanen, scheinbar selbstverständlichen Parteinahme für KlientInnen gegen ihre wenig verständnisvolle und unterstützende Umwelt. Herr Mersing hatte ihr anschaulich vermittelt, wie sehr er sich immer als das ungewünschte Familienmitglied erlebt hatte, als derjenige, der nur stört, für den man kein Verständnis hat, der ins Internat und schließlich in die Psychiatrie abgeschoben wurde, und mit dem die Eltern auch heute nichts zu tun haben wollen. Sie finden ihn mit Geld ab, wollen ihn aber nicht mehr zur Haustür reinlassen. Er fühlte sich von seiner Familie regelrecht verstoßen. Vor allem dass seine Mutter seine Nähe nicht sucht, kränkte ihn. Frau Fischer war spontan entsetzt, Herr Mersing tat ihr leid. Wie konnte sich eine Mutter so von ihrem Kind abwenden? Auf Herrn Mersings Wunsch beschränkte sie ihre Kontakte mit den Eltern auf ein Minimum. Die Eltern ihrerseits waren auch nicht an einer Kooperation interessiert. Aber sie erfüllten Herrn Mersing jeden Wunsch, wenn es um die Anschaffung von Musikgeräten oder um eine Aufstockung seines Taschengeldes ging. Mit ihrer finanziellen Großzügigkeit erschwerten sie die Bemühung des Wohnheims, Herrn Mersings Konsum von Alkohol und Drogen zu reduzieren. Im Heim zahlte man Herrn Mersing das Taschengeld nur wöchentlich aus, da er es sonst sofort für Suchtmittel ausgab. Herr Mersing bat dann einfach seine Eltern um Geld. Diese verhielten sich auch nach einem längeren Gespräch, in dem die MitarbeiterInnen sie gebeten hatten, ihrem Sohn nur kleine Summen Bargeld zu geben, wie vorher. Frau Fischer war wütend und fühlte sich ausmanövriert, hilflos. Wie konnte man sich auf so verantwortungslose Weise eine Pseudobeziehung zu seinem Sohn erkaufen und sein Gewissen ruhigstellen, obwohl man sonst nichts für ihn tat? Sie solidarisierte sich in dieser Phase eindeutig mit Herrn Mersing. Durch die Reflexion im Team und in der Supervision wurde ihr allmählich deutlich, was sie aufgrund ihrer systemtheoretischen Kenntnisse eigentlich schon hätte wissen können: dass sie ein Teil des Systems dieser Familie geworden war. Es war Herr Mersing gelungen, sie und seine anderen Bündnispartner gegen den Rest der Familie einzunehmen. Die Eltern ihrerseits sahen diese Reaktionen der Helfer als eine Bestätigung dafür, dass niemand sie versteht, ihnen nur immer die Schuld für die Krankheit des Sohnes gegeben wird, eine Kooperation von daher auch gar nicht lohnt. Um solche Mechanismen nicht mehr zu reproduzieren oder sogar zu verstärken, musste Frau Fischer sich erst eine eigene allparteiliche Position erarbeiten, um auch die Eltern besser einbeziehen zu können (vgl. zur Allparteilichkeit Ritscher 2002, Kap. 6.2.3).

Zur Unterstützung der sensiblen und genauen Wahrnehmung der eigenen Reaktionsmuster in solchen und ähnlichen Konstellationen sind Methoden der Imagination und Fantasiearbeit geeignet (gedankliche Rollenspiele, Fantasiereisen, Collagen, Zeichnungen und situative Szenarios etc.). Frau Fischer könnte z. B. versuchen, in die Rolle der Mutter zu schlüpfen und sich ganz konkret vorzustellen, wie sie in bestimmten Situationen reagieren, was sie dabei denken und fühlen würde. Welche Bilder und Gefühle tauchen auf? In der Supervision könnten solche Szenarios mit den Projektionen eigener Erfahrungen, Wünsche und Ängste genauer analysiert, alternative Verläufe imaginiert werden. Frau Fischer hat wichtige Situationen möglichst anschaulich in einem privaten Arbeitstagebuch festgehalten und sie dabei nochmals durchlebt. So können Gefühle, Gedanken, Entscheidungen wieder hergeholt, innere Bilder (vgl. Hüther 2005) hinterfragt und anders verarbeitet werden.

Die Entwicklung und Pflege von Selbstkompetenz setzt neben einer entsprechenden Organisationskultur (→ Wissensbaustein „Organisationskultur", Bd. 5, Merchel) auch Zeit für Fortbildungen, Gespräche, Reflexionen und Dokumentationen voraus. In Verhandlungen mit dem Kostenträger darauf hin zu wirken, dass entsprechende Gelder bewilligt werden, ist Aufgabe der Leitungskräfte (vgl. Bd. 5, Merchel).

Übungsaufgaben

1. Welche Arbeitsprinzipien (vgl. Kap. 3.4) neben den genannten sind in diesem Fall noch realisiert worden?
2. Lesen Sie bei Schulz v. Thun (1992b) das Kapitel zum helfenden und selbstlosen Stil. Wie hätte sich Frau Fischer oder Frau Malzer (vgl. Fallvignette Fatima) verhalten, wenn sie in diesem Stil reagiert hätten? Was hätte das bei Herrn Mersing oder Fatima auslösen können?
3. Protokollieren Sie eine Woche lang Aussagen von Freunden (möglichst situationsnah!), von denen Sie besonders berührt wurden, ohne sich sofort Rechenschaft darüber ablegen zu können, was in Ihnen vorging. Wählen Sie eine Aussage aus. Welche Botschaften waren in der Nachricht enthalten? Mit welchem „Ohr" haben Sie reagiert? Was genau haben Sie gesagt? Was hätten Sie auch sagen können? Mit welcher Aussage glauben Sie, hätte Ihr Gegenüber dann reagiert?

Wissensbaustein: Diagnostisches Fallverstehen

Diagnostizieren bedeutet dem griechischen Wortsinn nach (griech. diagnosis) erkennen, unterscheiden und damit auch (partiell) verstehen. Diagnostik zielt darauf ab, durch systematische Informationsverarbeitung Entscheidungen begründet zu fällen und Handlungen vorzubereiten. Der Begriff der Diagnose hat in der Sozialen Arbeit eine lange Tradition, die auf Mary Richmond (1917) und Alice Salomon (1926) zurückgeht. Zugleich aber ist seine Verwendung umstritten, weil eine naturwissenschaftlich-medizinische und damit zugleich eine defizitorientierte und expertokratische Ausrichtung der Analyse befürchtet wird. In den letzten zehn Jahren hat sich die Fachdiskussion vor allem auf zwei Ansätze konzentriert, die oft als einander ausschließende Optionen angesehen werden: den *rekonstruktiven* und den *klassifikatorischen Ansatz*. Während die VertreterInnen des rekonstruktiven Ansatzes für eine flexible, wenig vorstrukturierte, situations- und interaktionsabhängige Informationssammlung im Dialog mit den KlientInnen plädieren, betonen die Vertreter des klassifikatorischen Ansatzes die Notwendigkeit zuverlässiger Informationsverarbeitung mittels standardisierter Erhebungs- und Auswertungsinstrumente. Angesichts einer Reihe schwerer Misshandlungen und Vernachlässigungen von Kleinkindern haben sich die Erwartungen an Diagnostik insbesondere in der Jugendhilfe in den letzten Jahren stark verändert. Die Grenzen von Aushandlung, Verständigung und hoffendem Abwarten wurden ebenso deutlich wie der Bedarf an zuverlässigen Informationen und Indikatoren, um Risiken einschätzen zu können – trotz verbleibender Unwägbarkeiten.

Diagnosen können sich auf Zustände (Statusdiagnostik) oder Entwicklungen (Prozessdiagnostik) und dabei auf Einzelpersonen, Gruppen, Organisationen oder territoriale Gemeinwesen beziehen. Dabei umfasst der diagnostische Prozess zwei Elemente: die Informationssammlung und die Informationsauswertung. Beide müssen begründet, nachvollziehbar und nachprüfbar sein, auf der Basis des vorhandenen wissenschaftlichen Wissens erfolgen und beim Einsatz von Methoden der empirischen Sozialforschung den Standards wissenschaftlicher (qualitativer oder/und quantitativer) Forschung entsprechen. Von anderen Formen wissenschaftlicher Informationsverarbeitung und Analyse unterscheiden sich Diagnosen durch ihre Zielsetzung: Sie werden zur Begründung, Ausrichtung und Steuerung von Interventionsprozessen erstellt. Neben der gegenstandsbezogenen Richtigkeit des Vorgehens (Validität) und der

Zuverlässigkeit der Messungen (Reliabilität) stellt daher auch die Praktikabilität diagnostischer Verfahren ein Beurteilungskriterium dar.

Rekonstruktive und klassifikatorische Ansätze

Die Vertreter des rekonstruktiven Ansatzes gehen von drei zentralen, handlungs- und professionstheoretischen Argumenten aus: (1) von der Komplexität der Aufgabenstellung der Sozialen Arbeit, (2) der strukturellen Ungewissheit und Unsicherheit beruflichen Handelns und (3) von der Notwendigkeit von Dialog und Aushandlung. Dem umfassenden Auftrag des Berufes, Lebensbedingungen und Lebensweisen der Klientel gleichermaßen zu berücksichtigen und positiv zu beeinflussen, entspricht die Notwendigkeit, das diagnostische Fallverstehen auf die gesamte Lebenssituation der KlientInnen zu beziehen. Entsprechend ist der Gegenstand in der Diagnostik in seiner Komplexität kaum noch steigerbar (Merchel 2005, 1; Pantuček 2009, 72). Außerdem ist die Soziale Arbeit auf die Kooperationsbereitschaft der KlientInnen angewiesen. Entsprechend sind ihre Ziele und Deutungen in die diagnostische Hypothesenbildung mit einzubeziehen. Dies erhöht nochmals die Komplexität der zu verstehenden Zusammenhänge und verlangt einfühlsame, wertschätzende und geduldige Erkundungen ihrer Erfahrungen, Wertvorstellungen, Wünsche und Ängste, um allmählich ihre subjektive Welt zu „rekonstruieren". Bei Dissens über die anzustrebenden Interventionsziele sind aufwändige Aushandlungsprozesse notwendig, um die Motivation der KlientInnen nicht zu untergraben.

Die Vertreter einer standardisierten klassifikatorischen Diagnostik stellen diese handlungstheoretischen Argumente, die für die rekonstruktive Argumentation zentral sind, nicht in Frage. Für sie sind jedoch erkenntnistheoretische Überlegungen und die Sicherung einer zuverlässigen Informationsbasis entscheidend. Angesichts der Begrenztheit des menschlichen Vermögens, Informationen zu verarbeiten, ist eine Reduktion sozialer Komplexität bei jeder Urteilsbildung unvermeidbar. Bei der Nutzung von Klassifizierungen geschieht dies systematisch und nachprüfbar. Menschen können überhaupt nicht wahrnehmen, denken und sich über ihre Wahrnehmungen austauschen, ohne zu klassifizieren. Klassifikationen sind Zusammenstellungen von Wahrnehmungen und Deutungen nach typischen Merkmalskombinationen (z. B. „hilfsbereit" oder „aggressiv"). Die Klassifizierung eines Phänomens als „nicht eindeutig zuzuordnen" ist ebenso möglich und kann zu einer neuen

Typenbildung führen. Erfolgt die Klassifizierung nicht bewusst, sondern intuitiv, so ist zu befürchten, dass sich die in der sozialpsychologischen Forschung nachgewiesenen Tendenzen zu selektiver Wahrnehmung und einseitiger Urteilsbildung (nach Vorkenntnissen, Interessen etc.) durchsetzen.

Klassifizierung bedeutet nicht automatisch Gleichmacherei durch die Subsumtion des Einzelfalles unter die Kategorien einer Klassifikation. Jeder „Fall" (z. B. eine Person) ist einerseits einzigartig und unvergleichlich. Zugleich aber hat diese Person aufgrund bestimmter biologischer Determinanten und ihrer Sozialisation in einer bestimmten Gesellschaft und Kultur viel mit anderen Fällen gemeinsam.

Diagnosen erfüllen unterschiedliche Funktionen in unterschiedlichen Interventionskontexten für unterschiedliche DiagnostikerInnen (z. B. VertreterInnen des Kostenträgers oder Fachkräfte, die mit den KlientInnen arbeiten), die wiederum mit den Phasen des diagnostischen Prozesses (Risikoabschätzung, Orientierungsphase, Zuweisungsentscheidung, Gestaltung der Kooperation, Evaluation der Intervention) variieren. Es wird künftig darauf ankommen, die jeweiligen Anforderungen an eine sozialpädagogische Diagnostik genauer zu definieren, um passende Verfahren als Bausteine einer diagnostischen Gesamtstrategie zu entwickeln. Noch fehlt in der Sozialen Arbeit der Konsens über die Notwendigkeit und den Zuschnitt einer Basisdiagnostik, die auf wenigen Seiten eine zusammenfassende Einschätzung aller Lebensbereiche erlaubt (vergleichbar dem PIE von Karls/Wandrei 1994 oder dem PREDI von Küfner et al. 2006). Dies würde quer zu allen Tätigkeitsfeldern der Sozialen Arbeit eine Verständigung über die Lage der KlientInnen erlauben und die Koordination möglicher Interventionen zwischen den Beteiligten erleichtern. Vertiefungen durch präzisere, mehr oder minder standardisierte Verfahren (z. B. zur Suchtabhängigkeit oder zur Erziehungskompetenz) könnten diese Basisdiagnostik ergänzen (Heiner in Vorb.).

Literaturempfehlungen

zur Einführung: Heiner, M. (in Vorb.): Diagnostik in der Sozialen Arbeit. In: Otto, H.-U., Thiersch, H. (Hrsg.): Handbuch Sozialarbeit/Sozialpädagogik. 4. Aufl. München/Basel

Küfner, H., Coenen, M., Indlekofer, W. (2006): PREDI. Psychosoziale ressourcenorientierte Diagnostik. Ein problem- und lösungsorientierter Ansatz. Version 3.0. Lengerich zur Vertiefung: Karls, J. M., Wandrei, K. E. (Hrsg.) (1994): Person-in-Environment System. Washington

Merchel, J. (2005): „Diagnostik" als Grundlage für eine fachlich begründete Hilfeplanung: Inhaltliche Anforderungen und angemessene Semantik. In: VfK (Hrsg.): Diagnostik in der Kinder- und Jugendhilfe. Berlin, 13–29

Pantuček, P. (Hrsg.) (2009): Soziale Diagnostik. Verfahren für die Praxis Sozialer Arbeit. 2. verbess. Aufl. Wien/Köln/Weimar

6.4 Situation A: Herr Mersing steht nicht auf, Frau Fischer kommt in sein Zimmer und nervt

Herr Mersing ist vor zwei Wochen eingezogen. Als er ankam, hingen seine Augenlider aufgrund der hoch dosierten Medikation „auf Halbmast". Er verkroch sich in seinem Zimmer, ließ die Jalousien runter, legte sich ins Bett, Bettdecke über den Kopf. Gespräche mit ihm waren da nicht angesagt. Aber Frau Fischer versuchte, ihn zu bewegen, wenigstens abends zum Essen aus seinem Zimmer zu kommen. Er brauchte sich zunächst um nichts zu kümmern: nicht einkaufen, nicht kochen, nicht spülen. Nachdem er sich etwas in der Gruppe akklimatisiert hatte, erinnerte ihn Frau Fischer eines Nachmittags daran, dass er im Aufnahmegespräch und auch danach geäußert hatte, er wolle selbstständiger werden, dass er gerne in der Lage wäre, sich selbst zu versorgen. Und den Tag wollte er nicht immer nur vertrödeln, also eine gewisse Tagesstruktur entwickeln. Frau Fischer verwies auf die entsprechenden wenigen Regeln des Heimes, die sie damals auch besprochen hatten. „Tagesstruktur entwickeln" wurde in diesem Heim nicht so verstanden, dass alle Bewohner spätestens um acht Uhr aufstehen, das Zimmer aufräumen und um neun Uhr in der Stockwerksküche beim Frühstück sitzen müssen. Den halben (oder ganzen!) Tag im Bett zu liegen verstärkt allerdings die krankheitsbedingte Antriebslosigkeit. Frau Fischer vereinbarte daher mit Herrn Mersing, dass sie in seinem Auftrag von nun an jeden Morgen dafür sorgen werde, dass er in die Gänge kommt. Von da an wurde über viele Monate, anfangs fast jeden Morgen mit leichten Variationen die gleiche Inszenierung geboten: Herr Mersing steht morgens nicht auf, Frau Fischer kommt in sein Zimmer und nervt.

Nachdem sie angeklopft hat, betritt Frau Fischer das Zimmer. Sie sagt – nicht zu laut – „Guten Morgen" – und wartet auf eine Reaktion.

Wird sich Herr Mersing zu ihr umdrehen oder sich abwenden, zur Wand hin? Sagt er nichts oder „motzt" er sie an: „Lassen Sie mich in Ruhe! Null Bock heute!". Frau Fischer muss in dieser Situation schnell entscheiden, ob sie nun die Jalousien hochziehen, ihm die Uhrzeit mitteilen und ihn daran erinnern will, dass es Zeit sei, aufzustehen, und dann im Zimmer stehen bleiben will – oder ob sie es heute zunächst mit diesem Morgengruß bewenden lässt und wieder geht. Soll sie ihm ankündigen, dass sie in zehn Minuten wieder kommen wird, oder lieber nicht? Ein schneller Rundumblick im Zimmer liefert ihr Hinweise auf die Befindlichkeit von Herrn Mersing und hilft ihr zu verstehen, was mit ihm heute los sein könnte. Nach mehreren Weckversuchen in den letzten Wochen weiß sie, dass Herr Mersing durchaus nicht immer gleich reagiert. Ist das Zimmer ein Chaos? Wirkt die Unordnung eher deprimierend, weil Herr Mersing selbst seine „Schätze" nicht mehr ordentlich versorgt hat? Oder war am Abend vorher „Party" mit anderen Bewohnern angesagt, wie die unterschiedlichen Sorten zahlreicher leerer Flaschen belegen? Wirkt Herr Mersing willenlos und schlapp und braucht jemanden, der schiebt, treibt und piekst? Oder wirkt er genervt und aggressiv, wie er sich im Bett aufrichtet und sich ihre penetrante Einmischung in sein Leben verbietet?

Diesmal formuliert Herr Mersing eine wunderschöne Begründung dafür, im Bett bleiben zu müssen. Es gehe ihm so schlecht! Er zählt mehrere Symptome seiner Krankheit auf, die eindeutig dagegen sprechen aufzustehen, und endet: „Sie können sich ja gar nicht vorstellen, wie es sich anfühlt, wenn man so krank ist wie ich, Frau Fischer, und so gar nichts dagegen machen kann!" Frau Fischer muss schmunzeln: „Sie haben es schon besonders schwer im Leben! Vor allem mit einer wie mir, oder? Hätten Sie das nur gewusst, als Sie sich entschlossen haben, hier einzuziehen! Nun haben Sie den Schlamassel!" Frau Fischer zieht zur Unterstreichung ihrer Aussage die Vorhänge zurück und verlässt das Zimmer mit der Ankündigung, in etwa zehn Minuten erneut zu stören. Nach einigen solchen morgendlichen Weckversuchen war Herr Mersing deutlich genervt – aber auch beeindruckt von der Hartnäckigkeit von Frau Fischer. Nach einer Woche begrüßte er sie beim morgendlichen Wecken mit der Anrede: „Sie schon wieder! Sie sind mein lebender Albtraum". Dies wurde zu einer beliebten Grußformel, die je nach Intonation und Lautstärke Abwehr, Wut, Anerkennung oder Erschöpfung signalisieren konnte. Frau Fischer betrat nun auch schon mal ihrerseits das Zimmer von Herrn Mersing mit dem Satz: „Guten Morgen, hier ist wieder Ihr lebender Albtraum".

6.4.1 Analyse- und Planungskompetenz

In der Anfangsphase geht es darum, überhaupt einmal herausfinden, was Herr Mersing will und kann, was ihm leicht oder schwer fällt, was man ihm zumuten kann und wo er sich Unterstützung wünscht. Herr Mersing selbst muss herausfinden, was ihm bekommt. Indem er sich auf Neues einlässt, erfährt er, was er sich selbst zutrauen kann, was ihm Spaß macht, was er noch ausprobieren möchte. Die Fähigkeit der Informationsbeschaffung und der diagnostischen Einschätzung denkbarer Entwicklungen von Herrn Mersing ist schon im Kapitel 6.3.2 bei der Analyse des gesamten Fallverlaufs beschrieben worden. Hier geht es nun um detaillierte Situationsanalysen, um das Verstehen einzelner Handlungssequenzen.

Situationsanalysen und Situationsplanungen können sich beziehen auf (1) den Ort bzw. Raum, (2) den Zeitpunkt und die Zeitdauer der Interaktion, (3) die anwesenden Personen und (4) die stattfindenden Aktivitäten. So ist es deutlich etwas anderes, ob Frau Fischer Herrn Mersing weckt, wenn er abends im Fernsehraum eingeschlafen ist, oder ob das Wecken in seinem Zimmer stattfindet, sie also in seine Privatsphäre eindringt. Und das Wecken würde anders ablaufen, wenn sich z. B. herausstellen würde, dass er nicht alleine im Zimmer ist, weil ein Bewohner bei ihm übernachtet hat oder weil einer der Besucher seiner nächtlichen „Party" auf dem Fußboden eingeschlafen ist. Die Bandbreite der Reaktionsmöglichkeit hinsichtlich Zeitpunkt, Zeitdauer und Aktivitäten ist beim Wecken begrenzt. Man wird Herrn Mersing nicht wie Kinder mit einer Tasse heißer Schokolade locken oder mit dem Zipfel eines kalten Waschlappens kitzeln. Aber man kann auch einen Fenstervorhang oder eine Zimmertür auf sehr unterschiedliche Weise öffnen oder schließen, sich im Zimmer demonstrativ auf einem Stuhl neben dem Bett niederlassen oder bei der Tür stehen bleiben. Man kann einmal oder dreimal wecken und beim dritten Auftritt mit einem Kollegen erscheinen usw. usw.

Eine genaue Beobachtung der Reaktionen von Herrn Mersing und seiner Körperhaltung, wenn er sich im Bett aufrichtet, ist für die Entscheidung von Frau Fischer, so oder anders vorzugehen, wichtig. Wenn Frau Fischer das Zimmer betritt, kann sie die Erinnerungen an frühere Beobachtungen abrufen, um die Lage einzuschätzen. Das Ausmaß der Unordnung, der auf dem Boden liegenden Kleidungsstücke, Zeitschriften, Disketten und Essensreste ist ein Indikator für die innere Desorganisation einer Person, der mit der Kontrolle über sich selbst auch die Kontrolle über die Umwelt entgleitet. Deutet

Herrn Mersings Reaktion auf krankheitsbedingte Erschöpfung? Oder auf kraftvolle Abwehr? Zeigt Herrn Mersings Verkriechen unter der Decke eine Abwendung von der Außenwelt an, die er als überfordernd, bedrohlich oder wenig verlocken, sogar abstoßend erlebt? Oder ist es eine Form, sich gegen das Eindringen der Fachkraft in seine Privatsphäre zu wehren? Die systematische Reflexion und Evaluation früherer Versuche hat ihr zahlreiche Interpretationshinweise geliefert (vgl. Kap. 6.4.4). Viele Verhaltensmuster lassen sich dennoch nicht eindeutig interpretieren und auch durch Nachfragen nicht klären. Aber die Kenntnis der Person und ihrer Handlungsmuster sowie ein behutsames, beobachtendes Experimentieren mit verschiedenen Reaktionsweisen auf der Basis des Grundwissens über diese Krankheit erlauben eine immer feinere Abstimmung der Interaktionsprozesse auf der Basis einer gewachsenen Arbeitsbeziehung zwischen Frau Fischer und Herrn Mersing. Hier ergänzen sich Analyse- und Interaktionskompetenz. Nach einiger Zeit merkt Frau Fischer sogar, dass sich Herr Mersing freut, wenn sie ihn durchschaut hat, nicht auf seine Tricksereien hereingefallen ist und nicht nachgegeben hat. Dann sagt er verschmitzt: „Man kann's ja mal probieren, hätte ja fast funktioniert ..."

Übungsaufgaben

1. Welchen Auftrag hat sich Frau Fischer von Herrn Mersing geben lassen? Welchen theoretischen Erkenntnissen über motivationale Prozesse (→ Wissensbaustein „Motivation II") entspricht insofern ihr Vorgehen?
2. Entwerfen Sie ein Szenario der morgendlichen Wecksituation, in der Frau Fischer Ihrer Meinung nach unangemessen reagiert. Begründen Sie Ihre Einschätzung, indem Sie die vermutete Wirkung auf Herrn Mersing erläutern. Von welcher falschen Annahme könnte Frau Fischer ausgegangen sein?

6.4.2 Interaktions- und Kommunikationskompetenz

Wenn Frau Fischer das Zimmer mit dem Satz betritt: „Hier kommt Ihr wandelnder Albtraum" oder sich als „Nervensäge" bezeichnet, so signalisiert sie damit zunächst Herrn Mersing, dass sie weiß, dass diese Situation für ihn unangenehm ist. Trotzdem besteht sie darauf, so zu handeln und definiert damit ihre Rolle und ihre Erwartungen an die Beziehung: Sie hat von Berufs wegen das Recht und die Pflicht, ihn zu nerven. Und sie haben eine Vereinbarung! Ihr Verhalten könnte ein Ausdruck von Lust an der Machtausübung oder sogar Sadismus sein. Eine solche Interpretation dieses Satzes ist nicht auszuschließen – wenn noch keine stabile und gute Beziehung besteht. Indem Frau Fischer die in der Formulierung von Herrn Mersing enthaltene latente Aggressivität aufgreift, diese Bezeichnung toleriert, entschärft sie seinen Angriff zugleich. Die Sprachfigur der Selbstcharakterisierung als „unangenehme Person" verweist auch auf ihre emotionalen Kosten, ohne einen Schuldgefühl auslösenden Vorwurf. Indem Herr Mersing sein Erleben in eine sprachliche Übertreibung kleidet („Albtraum"), vermittelt er ihr zugleich, dass er nicht so darunter leidet, dass ihm der Humor vergangen wäre. Und sie reagiert spiegelbildlich, indem sie seine Formulierung mit Humor und Selbstironie aufgreift. Humor ist eine Form der emotionalen Distanzierung, die allen Beteiligten neue Spielräume eröffnet. In diesem Fall bleibt durch die Übertreibung offen, wie der Gegenstand denn „richtig" zu beschreiben wäre. Seine angemessene Kennzeichnung steht noch aus, sie kann erfragt und verhandelt werden. Mit der Übertreibung kommt etwas Leichtes, Spielerisches in eine schwierige Situation, ohne dass die wechselseitigen Belastungen geleugnet werden. Die fallbezogene *Kommunikationskompetenz* von Frau Fischer wird sich in dieser Situation u. a. darin erweisen, dass sie erkennt, welche Botschaft Herr Mersing aus diesem und ihren folgenden Sätzen herausliest (vgl. Kasten „Vier Seiten einer Nachricht" in Kap. 6.3.4).

Fachkräfte können zur Bewusstwerdung und Einsichtsförderung von Klienten beitragen, indem sie auf Blockaden und Widersprüche im Denken, Fühlen und Handeln aufmerksam machen. Menschen sind ihre eigenen Wünsche nicht immer klar und bewusst. Oft spricht ebensoviel gegen eine erwünschte Veränderung wie für sie. KlientInnen können bestimmte Ängste und Ambivalenzen nicht einmal wahrnehmen, geschweige denn formulieren, um sich damit auseinanderzusetzen. Die fehlende Eindeutigkeit schlägt sich in Lücken oder Einseitigkeiten der Argumentation nieder, oder in der Verwendung bestimmter sprachlicher Wendungen („man" statt „ich", vage Absichten und Zeitangaben etc.). Durch eine motivierende Gesprächsführung (→ Wissensbausteine „Motivierende Gesprächsführung", Bd. 3, Stimmer/Weinhardt und „Kommunikation und Interaktion", Bd. 4, Schwabe) sollen KlientInnen ermutigt werden, ihre Ambivalenzen zu erkennen, sich zu entscheiden und die Verantwortung für ihr Denken, Fühlen oder Tun zu übernehmen. Im Kasten „Motivierende Gesprächsführung" finden sich einige Beispiele zu den Fragetechniken dieses Gesprächsführungskonzepts, das eine Fortentwicklung des Modells von Rogers und für die Zielkonkretisierung in der volitionalen Phase nach der Intentionsbildung darstellt (vgl. Kasten „Zielformulierungen" in Kap. 6.2).

Motivierende Gesprächsführung

Im Rahmen der Motivierenden Gesprächsführung versucht die Fachkraft durch Fragen gedankliche Anregungen zu vermitteln, die KlientInnen helfen können, sich die Zukunft möglichst konkret vorzustellen und dabei tatsächliche oder vermeintliche (z. B. befürchtete) Konsequenzen einer Entscheidung zu durchdenken (Evokation von Zukunftsbildern). Hier einige Varianten:

- Stellen Sie sich vor, Sie verändern nichts! Wie wird Ihr Leben dann in einem Monat (usw.) aussehen?
- Wenn alles so bleiben würde, wie es ist. Was wäre daran schlimm oder schwierig? Was wäre angenehm und vorteilhaft?
- Stellen Sie sich vor, Sie würden doch etwas verändern! Wo sehen Sie sich dann in der Zukunft? (je nach Thema: in einem Monat, in einem Jahr, in drei Jahren etc.)
- Und wenn Sie etwas verändern würden, wie würde Ihre Umgebung darauf reagieren? Wer würde die Veränderung begrüßen, wer nicht? Wer würde Sie wie unterstützen, wer nicht?

Methoden und Verfahren der Gesprächsführung werden im Band „Fokussierte Beratung" ausführlicher dargestellt. Sie sind überwiegend auch in eher beiläufigen Gesprächen im Alltag nutzbar, wenn die Fachkraft in der Lage ist, solche und ähnliche Grundmuster fall- und situationsspezifisch zu variieren und für eine ungestörte Situation zu sorgen (vgl. Miller/Rollnick 2009).

Übungsaufgaben

1. Wie könnte Herr Mersing die Aussage von Frau Fischer „Hier kommt Ihr wandelnder Albtraum" aufnehmen, je nachdem, auf welchem „Ohr" er die Nachricht aufnimmt? (vgl. Kasten: „Vier Seiten einer Nachricht" in Kap. 6.3.4)

2. Formulieren Sie bezogen auf die Schilderung der Wecksituation von Herrn Mersing eine verbale Intervention von Frau Fischer, die den „Tricksereien" von Herrn Mersing humorvoll Rechnung trägt, aber zugleich seine Eigenverantwortung betont. Sie können dafür die leeren Zeilen der rechten Spalte ergänzen oder/ und selbst eine mögliche Aussage von Herrn Mersing und eine dazu passende Reaktion von Frau Fischer formulieren:

Herr Mersing:	Frau Fischer:
– Verbal: Dieses Wetter deprimiert mich (seufzt).	–
– Nonverbal: böser Blick; gerunzelte Stirn (nachdem Frau Fischer den Vorhang aufgemacht hat)	–

Erläutern Sie, auf welchem „Ohr" Sie dabei als Frau Fischer jeweils die Nachricht von Herrn Mersing empfangen haben.

3. Interventionen der Fachkraft zur Klärung eines Zwiespalts können mehr oder weniger konfrontativ formuliert werden. Beispiel: „Sie wollen es also dem Zufall überlassen, wie Ihr Leben weitergeht!" Suchen Sie nach einer weniger konfrontativen Formulierung unter Beibehaltung des Wortes „Zufall" oder „zufällig".

4. Rollenspiel/Szenische Simulation: Eine Fachkraft trifft einen Jugendlichen aus ihrer betreuten Wohngemeinschaft beim Reparieren seines Motorrads und versucht, einen zukunftsevozierenden, motivierenden Dialog mit ihm zu führen. Sie weiß, dass er diese Woche schon wieder die Schule geschwänzt hat. Transkribieren Sie eine gelungene und eine misslungene Gesprächssequenz vom Tonträger und kommentieren Sie diese.

6.4.3 Reflexions- und Evaluationskompetenz

Frau Fischer möchte Herrn Mersing in seinem Wunsch unterstützen, ein selbstständigeres Leben zu führen. Was genau das heißen kann, müssen sie erst noch zusammen herausfinden. Paradoxerweise muss Frau Fischer, um dieses Ziel zu erreichen, für Herrn Mersings Selbstbestimmung durch Fremdbestimmung einschränken. Sie hat allerdings die grundlegende Zustimmung von ihm erhalten, dass sie ihn „nerven" darf, damit er das Ziel erreicht. Damit wird aus einer Paradoxie, also einem unvereinbaren Gegensatz zwischen Selbstbestimmung und Fremdbestimmung, ein zu bewältigender, allerdings spannungsreicher Gegensatz. Dabei muss die Fachkraft immer wieder eine angemessene Position zwischen den Polen der Verantwortungsübernahme und Verantwortungsrückgabe, zwischen Fördern und Fordern, zwischen Entlasten und Belasten, zwischen Hilfe und Selbsthilfe finden, um Herrn Mersings Autonomie zu fördern (vgl. Heiner 2010, Teil C, Kap. 2.1, 2.2). Solche Gegensätze situativ und individuumsbezogen auszubalancieren, bleibt eine schwierige Gratwanderung. Frau Fischer hat diese fachliche Anforderung nicht auf die einfachste, scheinbar naheliegende Weise gelöst: Regeln aufstellen, Regeleinhaltung kontrollieren und bei Regelabweichung in Aussicht gestellte negative Sanktionen (von Fernsehverbot bis Taschengeldkürzung) durchsetzen. Ein solcher Konditionierungsversuch ohne Berücksichtigung der Deutungs- und Verhaltensmuster von Herrn Mersing dürfte kaum Wirkung zeigen – bestenfalls zu einer vorübergehenden äußerlichen Anpassung führen (→ Wissensbaustein „Personenbezogene Veränderungstheorien"). Wenn Frau Fischer Herrn Mersing die Übernahme von Eigenverantwortung ermöglichen möchte, muss sie bereit sein, auch Verweigerungen zu akzeptieren. Und Herr Mersing weiß, dass er sich nur begrenzt hängen lassen kann, irgendwann wird Frau Fischer wieder mehr insistieren. Er kann sich aber aussuchen, ob er sich lieber von ihr, von außen antreiben lassen will oder eigene Wege suchen will. Die Beziehung zwischen Frau Fischer und Herrn Mersing ist in dieser Situation eine asymmetrische, die durch ein deutliches Machtgefälle gekennzeichnet ist. Wann welches Machtgefälle angemessen ist und wie es durch eine gleichberechtigtere, symmetrischere Beziehung in anderen Lebensbereichen ausbalanciert werden kann, ist ein zentrales Thema von Reflexions- und Supervisionsprozessen.

Frau Fischer muss in der Lage sein, sich selbst zu beobachten, ihre Gefühle und Körperreaktionen wahrzunehmen und diese als Informationen zu nutzen. Steigt Wut in ihr hoch, wenn Herr Mersing sie nicht beachtet, sich einfach im Bett wegdreht? Wird sie ungeduldig, hätte sie sofort Lust, lauter zu werden? Merkt sie, dass sie Mitleid mit dem seufzenden Häufchen Elend im Bett hat? In solchen Situationen ist neben der Fähigkeit der Selbstbeobachtung eine spezielle Reflexionskompetenz gefragt: die Introspektionsfähigkeit als Fähigkeit, eigene gedankliche und emotionale Vorgänge sofort zu bemerken und nicht zu vergessen, um sie später noch einmal zu interpretieren. Wahrnehmungen und Beobachtungen unterliegen typischen Verzerrungstendenzen, zumal wenn die Fachkraft zugleich sich selbst und den Klienten beobachten muss, um ihre Motive (warum reagiere ich mal nachsichtiger, mal fordernder?) und die Wirkung ihrer Handlungen zu erfassen. Aus Mitgefühl und auch aus Erschöpfung und Zeitmangel würde Frau Fischer manchmal gerne nachgeben und Herrn Mersing sich selbst überlassen. Sie hat aber inzwischen herausgefunden, dass er zu Erklärungen seiner körperlichen oder seelischen Befindlichkeit nicht in der Lage ist, wenn es ihm wirklich schlecht geht. Sein kleiner Vortrag über seine Krankheit stellt im Gegensatz zu knappen Unmutsäußerungen einen tatkräftigen Versuch dar, sich die Anforderungen der Umwelt vom Leibe zu halten. An einem solchen Tag sind noch brachliegende Kräfte vorhanden, denen sie vielleicht andere Bahnen eröffnen kann! Ihre blitzschnelle situative Evaluation ist damit abgeschlossen. Sie gibt nicht auf, insistiert zunächst und schiebt dann noch einen vermittelnden Satz nach, wie: „Wenn Sie es bis heute Mittag um 12 Uhr schaffen, uns ein Essen zu zaubern, organisiere ich den Nachtisch!"

Frau Fischer weiß durch Selbstbeobachtung und Rückmeldungen von KollegInnen, dass sie eher zu forsch auftritt und es KlientInnen damit schwer macht, sich ihrer eigenen Bedürfnisse bewusst zu werden und ihre Interessen anzumelden. Es ist auch ein Ausdruck ihrer reflektierten Selbsteinschätzung, wenn sie sich bremst, nicht gleich die Jalousien hochzieht, wartet, wie Herr Mersing reagiert und mit der Zeiteinteilung der Phasen der Weckzeremonie experimentiert („Komme in zehn Minuten wieder."). So hat Herr Mersing trotz ihrer Einflussnahme punktuell auch immer wieder die Gelegenheit, für sich selbst herauszufinden, was er will und kann.

Dennoch bleibt es für Frau Fischer nervig zu nerven. Ihr Erleben der Situation hängt entscheidend davon ab, wie sie diese interpretiert, ihre eigene Rolle versteht und welche inneren Bilder sie dazu aufgebaut hat, die nun situativ aktiviert werden. In der Situation selbst, in der meist ein rasches und spontanes Handeln gefragt ist, können diese Interpretationsfolien nur begrenzt bewusst und reflektiert werden. In der kollegialen Beratung und der Supervision (→ Wissensbaustein „Supervision") ist dies dann nachträglich besser möglich.

Frau Fischer, das können wir aus der gesamten Fallschilderung schließen, interpretiert das morgendliche Verhalten von Herrn Mersing nicht als Verweigerung, Trotz oder Aufsässigkeit, und vor allem nicht als eine Haltung, die gegen sie persönlich gerichtet ist. Sie attribuiert also das Verhalten nicht auf die Person von Herrn Mersing und schreibt ihm mangelnde Anstrengung zu. Sie geht davon aus, dass seine Antriebsschwäche Ausdruck seiner Krankheit ist und zugleich Ausdruck gelernter Verhaltensmuster und vielleicht auch einer falschen Herangehensweise ihrerseits (vgl. zu Attributionsmustern Forgas 1999). Unterbliebene Sozialisationsprozesse und Lernprozesse nachzuholen braucht viel Zeit, Zeit, eine Arbeitsbasis zu finden und um gemeinsam zu experimentieren. An manchen Tagen, wenn sie selbst nicht so gut drauf ist, fällt es Frau Fischer schwerer, schon wieder verständnisvoll zu sein. Dann ist es hilfreich, bei der Bilanzierung des Geleisteten nicht nur auf aktuelle Entwicklungen zu fokussieren, um die eigene Wirkung zu beurteilen (→ Wissensbaustein „Selbst- und Fremdevaluation"). Frau Fischer hat Herrn Mersings Entwicklungsfortschritte in mehreren Bereichen (Einkaufen, Kochen, zur Ärztin gehen, soziale Kontakte zu anderen Bewohnern aufnehmen) über längere Zeit sehr genau beobachtet und dokumentiert. So ist ihr z. B. bezogen auf den selbstständigen Arztbesuch aufgefallen, dass Herr Mersing, nachdem er nicht mehr begleitet wurde, noch einmal einen Entwicklungssprung vollzog. Zunächst musste man ihn richtig losschicken, damit er pünktlich ankam: „Sie haben doch einen Termin, da müssen Sie aber jetzt losgehen!" Später musste man ihn nur noch morgens erinnern: „Denken Sie daran, Sie haben heute einen Termin bei der Ärztin!" Ein Riesenfortschritt! Durch Längsschnittdokumentationen dieser Art vermeidet Frau Fischer eine generalisierende Abwertung ihrer Arbeit, die bei einer Fokussierung auf die morgendliche Antriebsschwäche von Herrn Mersing nur allzu nahe liegt. Die morgendlichen Auftritte nerven beide – aber ansonsten hat sich viel getan!

Übungsaufgabe

Wenn Sie nach Fernzielen und Nahzielen unterscheiden, inwiefern war Herr Mersing (vgl. Kap. 6) bezogen auf Probleme bei der Tagesstrukturierung zugleich unfreiwilliger Adressat und freiwilliger Klient? (vgl. auch Kasten: „Aktionssystem" in Kap. 3.5)

Wissensbaustein: Beziehungen und Beziehungsgestaltung

Die gute Beziehung zwischen Fachkraft und KlientIn gilt in allen sozialen und therapeutischen Berufen als unersetzliche Voraussetzung dafür, dass Menschen neue Anregungen aufnehmen und sich positiv entwickeln können. Als „zentraler Wirkfaktor" wurde sie auch von der Therapieforschung nachgewiesen. Beziehungen sind das Ergebnis wechselseitiger Einflüsse von Personen, die autonom entscheiden und eigensinnig handeln. Sie lassen sich insofern nicht steuern, aber positiv beeinflussen und gestalten.

Definition und Merkmale von Beziehungen

Menschen, die einander wiederholt begegnen, bilden bestimmte Interaktionsmuster heraus, die sie in weiteren Begegnungen wiederholen oder variieren können. Wenn sie sich die Muster vergegenwärtigen, entwickeln sie ein Bild der Beziehung („Ein wirklich hilfsbereiter Nachbar!"). Beziehungen sind also das Ergebnis von sozialen Austauschprozessen, die auf mindestens einem stabilen Interaktionsmuster beruhen, das den Beteiligten dann mehr oder minder genau kognitiv präsent ist. Die kognitive Repräsentation der Beziehung umfasst (1) ein Bild der Beziehung, (2) der eigenen Person und Rolle in dieser Beziehung, (3) der Rolle der anderen Person(en) und (4) ein Interaktionsskript, d. h. Vorstellungen vom Ablauf der Interaktion in bestimmten Situationen (Asendorpf/Bause 2003, 3ff). Die Handlungskompetenz der Fachkräfte Sozialer Arbeit zeigt sich dementsprechend in der Reflexion und Gestaltung all dieser Elemente einer Beziehung. Eine Fachkraft kann sich z. B. fragen, inwiefern ihr Bild von der überforderten Klientin und von sich selbst als unermüdlichem Schutzengel dazu beiträgt, dass die Klientin sich als hilflos präsentiert. Möglicherweise reagiert die Klientin auch deswegen manchmal unerwartet aggressiv, denn Hilfe kann neben Dankbarkeit und Erleichterung auch Gefühle der Abhängigkeit, des Trotzes und der Wut auslösen (vgl. zum helfenden Stil auch Kasten „Vier Seiten einer Nachricht" in Kap. 6.3.4).

Beziehungen weisen definitionsgemäß zwei Eigenschaften auf: eine gewisse Mindestdauer und Mindestintensität. Beziehungen sind dauerhafter und intensiver als Begegnungen und Kontakte und weniger dauerhaft und intensiv als Bindungen. Fachkräfte der Sozialen Arbeit vergleichen ihre Beziehungen zu KlientInnen allerdings oft mit Bindungen, relativieren aber dann den Vergleich: „Da war ich dann schon so in einer Mutterrolle, ein bisschen Mutterersatz." Oder: „Also sie wollte schon so etwas wie eine Freundin in mir sehen – und in gewisser Hinsicht war ich das auch. Aber zugleich musste ich klare Grenzen ziehen und habe ihr gesagt: Du, nach Feierabend möchte ich von Dir nicht angerufen werden, es sei denn, Du steckst in der ganz großen Krise!". Die Schwierigkeiten der Grenzziehung zu privaten Beziehungen werden hier deutlich.

Stabile Interaktionsmuster setzen eine personelle Mindestkontinuität voraus, während Organisationen auch dann fortbestehen, wenn Mitglieder ausscheiden. Persönliche Beziehungen lassen einen Personalwechsel nicht zu; sie sind durch das Merkmal der personellen Unersetzbarkeit gekennzeichnet (Lenz/Nestmann 2009). Persönliches Vertrautsein und emotionale Bindung in einem auf (relative) Dauer gestellten Miteinander erleichtern den Austausch und vermitteln Sicherheit. Verfügt man über ein wechselseitiges persönliches Wissen, so können viele Vorleistungen wegfallen, die in Interaktionen mit Fremden zu erbringen wären.

Private Beziehungen sind im Unterschied zu beruflichen Beziehungen durch ihre stärkere Ausrichtung auf Ziele und Aufgaben gekennzeichnet. Sie existieren nicht nur um ihrer selbst willen. Zugleich ist ihnen eine größere Selektivität und Spezifität eigen. Private Beziehungen sind diffuser, nicht von vorneherein auf bestimmte Aufgabenbereiche begrenzt und auf entsprechende Formen des Umgangs festgelegt. Man kann mit Ehepartnern oder Freunden prinzipiell über alles reden, was einen bewegt und alle denkbaren Aktivitäten an allen möglichen Orten vorschlagen, die den Beteiligten geeignet scheinen. In der Sozialen Arbeit ist diese prinzipielle Unterscheidung zwischen privaten und beruflichen Beziehungen angesichts ihrer Alltagsnähe häufig nicht so klar. Damit ist die Chance einer starken, wechselseitigen Beeinflussung mit hohem Entwicklungspotenzial verbunden, aber auch die Gefahr einer Entgrenzung, die zu Enttäuschungen führen kann. Wenn die Fachkraft, die sich „wie eine Mutter" um das Kind oder den Jugendlichen gekümmert hat oder schon so etwas wie eine „Freundin" für die psychisch kranke Frau geworden ist, oder bei einem älteren, entmündigten Herrn teilweise die Tochterrolle übernommen hatte, diese Rollen aber dann eben doch nicht entsprechend ausfüllen kann und will – dann wird die tatsächliche Begrenztheit der Beziehung schmerzlich deutlich. Andererseits ist jede gelungene Beziehung durch nicht zielbezogene und nicht aufgabenbezogene Aspekte gekennzeichnet. Jenseits von Arbeitsplatzbeschreibungen und Hilfeplanvereinbarungen steht immer die Frage im Raum: „Was bedeute ich Dir?" „Bin ich Dir als Individuum wichtig oder nur als ‚Adressat', ‚Klient' oder ‚Nutzer' einer Dienstleistung?"

Neben der Aufgabenorientierung ist ein zweites grundlegendes

Merkmal von Beziehungen zu KlientInnen in der Sozialen Arbeit ihre prinzipielle Asymmetrie. Private Beziehungen können auch asymmetrisch sein, aber sie lassen sich verändern (z. B. zwischen Kindern und Eltern) oder sie sind nur in Teilbereichen asymmetrisch. Die Beziehung Fachkraft – Klient ist und bleibt prinzipiell asymmetrisch – es sei denn sie wandelt sich zur privaten Freundschaft. Als asymmetrische Beziehung ist sie durch unterschiedliche Rechte und Pflichten gekennzeichnet, die von der Fachkraft bestimmt werden – wenngleich auf der Basis dialogischer Aushandlungsprozesse. Ein punktueller Abbau dieser Asymmetrie ist z. B. durch einen Hinweis auf ähnliche Erfahrungen möglich („Das kenne ich auch ..."), durch den Bezug auf ähnliche Interessen („Sie mögen also auch ...") oder durch gemeinsame Alltagsaktivitäten, in denen die Fachkraft keine besondere Position beansprucht.

Gestaltung von Beziehungen

Die Gestaltung von Beziehungen umfasst drei Bereiche (1) den äußeren Rahmen der Interaktion, (2) die eigene Haltung, (3) die Verfahren des Austauschs. Die äußere Situation kann durch die Wahl von Orten, Räumen, Zeiten und die Einladung bestimmter Personen verändert werden. Die Fachkräfte der Soziale Arbeit haben besonders viele Möglichkeiten, die äußere Situation zu variieren. Der zeitliche Rhythmus der Interaktion ist sehr variabel. Sie können sich in vielen Tätigkeitsfeldern auch außerhalb eines Büros mit KlientInnen treffen und ein spezielles Setting schaffen, indem sie z. B. mit den KlientInnen spazieren gehen, ein Thema beim Abspülen anschneiden oder sich in einem Boxraum treffen, in dem der Jugendliche nebenher seine Wut am Sandsack ausagieren kann.

Die Gestaltung von Beziehung durch äußerliche Faktoren wird weniger bewirken, wenn sie nicht zugleich von einer bestimmten Haltung getragen wird. Carl Rogers (1902 – 1987), ein Vertreter der Humanistischen Psychologie, hat für Beratung und Therapie drei sogenannte Basisvariablen definiert, die der Beziehungsgestaltung förderlich sind: (1) Akzeptanz, (2) Authentizität und (3) Empathie. *Akzeptanz* (verbunden mit menschlicher Zuwendung und Wärme) meint die bedingungslose Wertschätzung des Klienten als Person – unabhängig davon, wie er sich verhält. Die Akzeptanz der Person schließt eine Kritik des Verhaltens und eine darauf bezogene Konfrontation nicht aus. Die *Authentizität* oder Echtheit der Fachkräfte zeigt sich in einer offenen, ehrlichen und ungekünstelten Umgangsweise. Dabei drückt die Fachkraft auch ihre Gefühle (Enttäuschung, Wut, Hoffnung etc.) aus, aber ohne ihr Innerstes nach außen zu kehren. Diese reflektierte und selektive Offenheit erleichtert es den KlientInnen ihrerseits Ängste, Schwächen und andere negative Gefühle wahrzunehmen und mitzuteilen. *Empathie* bezeichnet die Fähigkeit, sich in andere Personen einzufühlen, ihr Denken, Handeln und Erleben nachzuvollziehen, emotional mitzuschwingen und dies auch mitteilen zu können. Dies geschieht z. B. durch das Aufgreifen bestimmter, angedeuteter Gefühlsregungen, durch ein verstärkendes Paraphrasieren emotionaler Aussagen. Der Hinweis auf Inkongruenzen zwischen verbalen und nonverbalen Reaktionen stellt eine weitere Methode der klärenden Gesprächsführung dar („Sie sagen, dass Sie sich darauf freuen – und rutschen dabei gleichzeitig ganz nervös auf der vorderen Stuhlkante herum."). Diese und andere Verfahren und Techniken der Gesprächsführung von Rogers sind auch in der Sozialen Arbeit rezipiert und für die Beziehungsgestaltung in alltagsnahen Settings ergänzt und weiterentwickelt worden (Perlmann 1979; Belardi 1999). Diese drei Basisvariablen von Rogers sind vielfach variiert und ergänzt worden, z. B. von Carkhuff, um die Variablen „Konkretheit", „Gegenwartsbezug" und „Konfrontation". *Konkretheit* und *Gegenwartsbezug* sollen ein Ausweichen in Erinnerungen oder eine vage und ferne Zukunft vermeiden. Um eine Konzentration auf das „Hier und Jetzt" zu erreichen wird die Fachkraft im Gespräch durch Nachfragen u. a. versuchen, Schwarz-Weiß-Aussagen aufzulockern und zu Konkretisierungen von Hoffnungen und Ängsten anzuregen (Belardi 1999, 48, 34ff).

Die KlientInnen der Sozialen Arbeit haben zumeist Gewalt, Vernachlässigung und Missachtung erfahren. Sie sind entsprechend vorsichtig und skeptisch bis misstrauisch und übertragen ihre negativen Erfahrungen auch auf Menschen, die ihnen mit besten Absichten entgegenkommen. Eine akzeptierende und wertschätzende Haltung kann ihnen als ein raffiniertes Täuschungsmanöver erscheinen und das Paraphrasieren emotionaler Anklänge in ihren Aussagen als aufdringlich. Oder sie befürchten ein baldiges Umschlagen der neuartigen, positiven Erfahrungen und greifen dieser Entwicklung vor, indem sie lieber selbst für einen Bruch sorgen als diesen zu erdulden. Entsprechend schwierig ist es für sie, überhaupt neue, positive Beziehungserfahrungen zu machen. Ihre emotionalen Bedürfnisse können sich hinter abweisenden, entwertenden und aggressiven Reaktionen verbergen (→ Wissensbaustein „Aggression und Aggressivität", Bd. 4, Schwabe). Manchmal erfüllen auch Idealisierungen eine solche Abwehrfunktion. Werden z. B. die Sehnsüchte nach einer intensiven und exklusiven Beziehung zur Fachkraft nicht erfüllt, dann erscheint den KlientInnen eine Abkehr vom gemeinsamen Weg gerechtfertigt. Mit geduldiger Klarheit, erheblichem Zeitaufwand und einer offenen Suchhaltung kann es gelingen, dass die KlientInnen Vertrauen gewinnen und (vielleicht zum ersten Mal in ihrem Leben!) zu einem Menschen eine intensive Beziehung eingehen, die dann durch private Beziehungen abgelöst werden kann (Kron-Klees 2008, 198ff) (→ Wissensbaustein „Bindungsmuster und Beziehung", Bd. 4, Schwabe).

Literaturempfehlungen

zur Einführung: Belardi, N. (1999): Beratung. Eine sozialpädagogische Einführung. Weinheim/Basel
Kron-Klees, F. (2008): Familien wach begleiten. Von der Probleminszenierung zur Lösungsfindung. 3. überarb. und erw. Aufl. Freiburg i. Brsg.

zur Vertiefung: Asendorpf, J., Banse, R. (2003): Psychologie der Beziehung. Bern
Lenz, K., Nestmann, F. (2009): Persönliche Beziehungen – eine Einleitung. In: Lenz, Nestmann (Hrsg.): Handbuch Persönliche Beziehungen. Weinheim/München, 9–25
Perlmann, H. H. (1979): Relationship. The Heart of Helping People. Chicago/London

6.5 Situation B: Herr Mersing muss sich vor der Wohngruppe verantworten, Frau Fischer verteidigt ihn – begrenzt

Das wöchentliche einstündige Gruppengespräch der Bewohner auf der Etage von Herrn Mersing steht an. Man trifft sich in der Etagenküche, um die Aufgabenverteilung der nächsten Wochen und den Speiseplan für das gemeinsame Abendessen festzulegen. Herr Mersing ist etwas nervös, denn Frau Fischer hat ihn schon vorgewarnt. „Herr Dietrich hat sich bei mir beschwert, weil der Müll noch rum stand. Und Herr Bodmann auch, weil Sie am Donnerstag das Geschirr nicht gespült haben. Es gab morgens keinen sauberen Teller und kein Besteck mehr im Schrank. Und er fand, es sah sehr unappetitlich in der Küche aus. Vielleicht können Sie ja vor dem Gruppengespräch mal mit den beiden reden. Ich habe den Eindruck, die sind stinksauer". Herr Mersing, so erfährt Frau Fischer von ihm zu Beginn der Sitzung, hat nicht mit Herrn Bodmann und Herrn Dietrich geredet. Herr Bodmann und Herr Dietrich sitzen nebeneinander und sehen angriffslustig aus. Herr Mersing wird noch nervöser. Frau Fischer eröffnet die Sitzung mit dem Satz „Na, fangen wir mal am besten damit an, wer sich über wen geärgert hat. Dann haben wir es hinter uns." Herr Bodmann und dann Herr Dietrich legen gleich los und werden auch diesmal gegenüber Herrn Mersing deutlich: „Wir haben keine Lust, plötzlich festzustellen, dass kein Kaffee mehr da ist, weil Sie nicht darauf achten", sagt Herr Bodmann voller Ärger. Herr Dietrich wird moralisch und grundsätzlich. Es fallen Sätze wie: „Sie glauben wohl, Sie haben es nicht nötig." Frau Fischer ist zwar ganz froh, dass sie nicht immer in der Rolle der Mahnerin auftreten muss und Mitbewohner Herrn Mersing klar machen, was er zu tun hat. Aber bei diesen Redebeiträgen unterbricht sie Herrn Dietrich und erinnert an die vereinbarten Kommunikationsregeln: „Herr Dietrich, bitte keine Verallgemeinerungen. Sagen Sie Herrn Mersing ganz konkret bezogen auf bestimmte Ereignisse der letzten Wochen, was Sie stört. Und was genau soll Herr Mersing anders machen, was wünschen Sie sich? Herr Dietrich beruhigt sich wieder und wird konkret. Bei den ersten Gruppengesprächen reagiert Herr Mersing bei solchen Vorwürfen noch mit Aussagen wie: „Kann man doch mal vergessen", oder: „Na so wichtig ist das doch auch nicht." Inzwischen weiß er, dass solche Aussagen bei den meisten anderen Bewohnern nicht gut ankommen und er dann den Rest der Woche auf dem Gang schief angesehen wird. Er sagt Herrn Bodmann zu, in den nächsten Tagen die liegengebliebenen Arbeiten zu erledigen. Frau Fischer kann sich wieder entspannt zurücklehnen. Den Rest der Sitzung plant die Gruppe zügig die Aufgaben der nächsten Woche durch. Als Herr Bodmann Herrn Mersing („zur Strafe") etwas zuviel an besonders unangenehmen Aufgaben zuschieben will, sagt Frau Fischer: „Herr Mersing ist noch nicht so'n alter Hase wie Sie. Das ist alles neu für ihn: Einkaufen, Kochen, Spülen, Putzen. Der hat noch keine Routine." Herr Bodmann: „Dann soll er die Betreuungsassistentin bitten, ihm zu helfen." Frau Fischer (noch bevor Herr Mersing wieder sagen kann: „Geht schon, passt schon, krieg' ich schon hin."): „Ich denke, die Gruppe sollte Herrn Mersing noch ein bisschen schonen." Herr Rist, der ausgleichende „Friedensmacher" der Gruppe, haut in dieselbe Kerbe und die Arbeit wird anders aufgeteilt.

6.5.1 Analyse- und Planungskompetenz

Frau Fischer war klar, dass für Herrn Mersing die Auseinandersetzung mit einer Wohngruppe, also außerhalb des engeren Settings von Therapiegruppen, eine völlig neue Anforderung darstellte. Seine Gruppenfähigkeit war schwer einzuschätzen. Würde er sich überhaupt auf eine solche Gruppe einstellen können? Im Unterschied zu den PatientInnen einer psychiatrischen Station, auf der er immer nur einige Wochen oder bestenfalls ein Vierteljahr verbracht hatte, handelte es sich hier um eine Lebensgemeinschaft – wenn auch eine zeitlich befristete – und damit um eine ganz andere alltägliche Herausforderung. Würde er eine Position in dieser Gruppe finden, die ihm neue, positive Erfahrungen vermitteln würde, z. B. die Erfahrung der Anerkennung, wenn er etwas für die Gemeinschaft tut? Und auch die Erfahrung, trotz seiner Ecken und Kanten mit seinen liebenswerten Eigenschaften gesehen und geschätzt zu werden? Was schon im Aufnahmegespräch deutlich geworden war und für Herrn Mersings Einzug in eine solche Einrichtung gesprochen hatte, das war seine überdurchschnittliche soziale Kompetenz – in Einzelgesprächen. Er konnte ausgesprochen charmant und witzig sein und wenn er gut drauf war, sehr treffende Kommentare zu Alltagsdingen abgeben (vom Wetter bis zum Fußball) und sich dabei auch selbst auf den Arm nehmen. Aber wie würde er auf die Gruppe reagieren?

Zur fallbezogenen Analyse- und Planungskompetenz von Frau Fischer in der Anfangsphase trug ihr Wissen über Gruppendynamik und die Rolle der Leitung in der Gruppe bei (Stahl 2007). Aus der Gruppenforschung ist bekannt, dass Gruppen die Tendenz haben, Konformität über Individualität oder Kreativität zu stellen, nichtanpassungsbereite Mitglieder anzugreifen, zu isolieren und unter erheblichen Druck zu setzen. Hier liegt es in der Verantwortung der Gruppenleitung, Ausgrenzungs- und Bestrafungsprozesse zu verhindern, die der Verletzlichkeit einzelner Gruppenmitglieder nicht genügend Rechnung tragen. Als Gruppenleiterin kann Frau Fischer mit mehreren sozialen Systemen arbeiten und entsprechend die Richtung ihrer Interventionen planen. Sie muss für sich klären: Möchte ich während dieses Gruppentreffens vor allem auf eine oder mehrere Einzelpersonen Einfluss nehmen, oder will ich versuchen, die Gruppe insgesamt so zu beeinflussen, dass sie sich als Kollektiv erlebt, gemeinsame Ziele und Verhaltensmuster entwickelt und damit die Gruppe als Ganzes gestärkt wird? Will ich den Einzelnen in seinem Verhältnis zur Gruppe unterstützen und dabei seine Rolle als Gruppenmitglied klären oder festigen? Oder will ich, dass die Ziele, Normen und Regeln der Gruppe, das Gruppenklima und der Gruppenzusammenhalt, thematisiert bzw. durch den Vorschlag bestimmter Aktivitäten gefördert werden? Als Herr Mersing neu in die Gruppe kam und noch keine Pflichten hatte, konnte sich Frau Fischer darauf konzentrieren, Aktivitäten vorzuschlagen oder zu unterstützen, die gemeinsamen Zielen der Gruppe dienten. Damit konnte Herrn Mersing erleben, von welchen Normen die Gruppe ausgeht, wie sie Konflikte regelt und dass Frau Fischer dabei moderierend agiert. Als Herr Mersing dann bestimmte Arbeiten auf dem Stockwerk übernahm, begann sie mehr darauf zu achten, dass er nicht überfordert wird und dass er versteht, was die Gruppe von ihm erwartet, warum einzelne Gruppenmitglieder auf eine bestimmte Art und Weise auf ihn reagieren. Sie hat versucht ihm zu erklären, was davon Ausdruck einer Gruppenübereinkunft ist und nicht nur ein individueller Angriff oder eine „Marotte" (wie Herr Mersing meinte) einer einzelnen Person. Dies geschah nicht nur in Einzelgesprächen, sondern auch in der Gruppensitzung, und bestätigte damit zugleich bestimmte Gruppennormen.

Für Frau Fischer stellt die Gruppe zeitweise ein Zielsystem im Rahmen ihres Aktionssystems dar (vgl. Kasten Kap. 3.5), das sie beeinflussen möchte, sich anders zu verhalten. So konnten die heimerprobten Bewohner dieses Stockwerks zunächst überhaupt nicht verstehen, dass Herr Mersing erst einmal begreifen muss, was von ihm erwartet wird und dass die Gruppe Erwartungen an ihn stellen darf. Dann wieder war die Stockwerkgruppe für sie ein Bündnispartner, eine Unterstützung, um die sozialen Kompetenzen von Herrn Mersing und zugleich seine Selbstständigkeit in der Bewältigung des Alltags zu fördern. Die Stockwerkgruppe entsprach zur Zeit der geschilderten Vorgänge eher dem Typ „Haufen", also einem lockeren, emotional distanzierten Zusammenschluss, mit einer Beimischung von Typ „Truppe", bei der jeder die notwendigen Aufgaben erledigt, ohne sich darüber hinaus viel mit den anderen zu beschäftigen. Frau Fischer versuchte die sehr zaghaften Ansätze der Herausbildung einer solidarischen Gemeinschaft durch Stützung der verständnisvolleren Gruppenmitglieder und durch die Planung alternativer Aktivitäten zu fördern. Neben den eher nervigen Stockwerksbesprechungen entwickelte sich beim Bowling oder beim Fahrradausflug zumindest punktuell eine Gruppe vom Typ „Gemeinschaft" oder „Team", die dem Einzelnen Unterstützung bzw. Anregungen in einer herzlichen und fröhlichen Atmosphäre vermittelte. Abbildung 3 verdeutlicht die Positionierung einiger Gruppenmitglieder im Gruppenfeld: Nr. 1

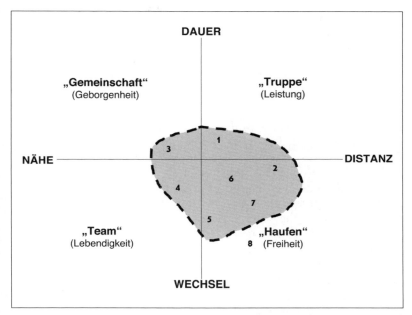

Abb. 3: Typen von Gruppen und Positionen einzelner Mitglieder

steht für Herrn Bodmann, Nr. 2 für Herrn Dietrich, Nr. 3 für Herrn Rist und die restlichen Zahlen für Mitbewohner, die nicht vorgestellt werden. Deutlich wird, wie gering in dieser Gruppe die Gemeinsamkeiten sind. Bei einer freiwilligen Gruppe mit längerfristigen Zielen wäre das mit der gestrichelten Fläche angedeutete „seelische Heimatgebiet" der Gruppe an anderer Stelle zu finden (vgl. Stahl 2007, 251ff).

Eine Möglichkeit, Gruppenverhalten ohne ständige direkte Einflussnahme zu verändern, kann die gezielte Zuweisung von bestimmten Rollen und Aufgaben sein, die die Position eines Mitglieds in der Gruppe stärken. Wenn z. B. in einer Jugendgruppe ein sprachlich nicht sehr flüssig Deutsch sprechender Jugendlicher von der Fachkraft die Rolle des Organisators übertragen bekommt und sich darin bewährt, so steigt sein Ansehen in der Gruppe. Veränderungen im Gruppengefüge resultieren auch aus Aktivitäten, die das Rollenrepertoire der Gesamtgruppe vergrößern und so einzelnen Personen erlauben, neue Positionen einzunehmen. Damit wird zugleich das Machtgefüge verändert. Bei größeren Gruppen ist die Planung bestimmter, geziet zusammengesetzter Subgruppen ein Weg, um Gruppenstrukturen zu verändern und Einzelpersonen durch die kleinere Gruppe gegenüber der Großgruppe zu stärken. Frau Fischer hatte gehofft, dass Herr Mersing sich der „Fahrradgruppe", bestehend aus zwei Bewohnern des Stockwerks und anderen aus dem Haus, anschließen würde. Zwar bastelt er gerne im Keller an den Rädern, blieb aber dabei doch lieber allein. In der Stockwerkgruppe von Herrn Mersing hat Herr Dietrich (Nr. 2) die Rolle des informellen Gruppenleiters. Was er sagt, wird von den anderen übernommen. Aber er hört auf Frau Fischer und lässt sich von ihr bewegen, als „alter Hase" den „Neuen" auch mal beim Kochen zu unterstützen.

Die Rolle einer Leitungsposition in Gruppen umfasst auch die Funktion der Herbeiführung von Gruppenentscheidungen. Hier hielt sich Frau Fischer bewusst zurück. Sie moderierte bestenfalls und praktizierte fast einen Laissez-Faire-Leitungsstil. Bezogen auf die aufgabenbezogene und beziehungsbezogene Dimension der Leitungsrolle konnte sich Frau Fischer in der Arbeit mit der Stockwerksgruppe weitgehend auf die beziehungsbezogen Dimensionen konzentrieren, denn auf die Erledigung der Aufgaben achteten die Gruppenmitglieder aus Eigeninteresse selbst. Zum Schutze schwächerer Gruppenmitglieder agierte sie manchmal auch autoritativ. Für die nächste Gruppensitzung nahm Frau Fischer sich vor, Herrn Dietrich, der schnell vorwurfsvoll reagiert und dazu neigt, die Gruppennormen und –regeln im Sinne seines pedantischen Ordnungs- und Sauberkeitsbedürfnisses auszulegen, etwas zu bremsen. Und sie hoffte, dass sich der Friedensstifter Herr Rist – sollten die Gefühle in der Gruppe hochkochen und Vorwürfe lautstark vorgetragen werden – wiederum mäßigend einschalten würde – und nahm sich vor, ihn vorab im Zweiergespräch in seiner Rolle zu stärken. In einem alltagsnahen Setting, in dem man sich öfters begegnet, lässt sich die Gruppenarbeit ohne Terminplanung durch flankierende, eher beiläufige Einzelgespräche beeinflussen.

Übungsaufgaben

1. Nutzen Sie die Grafik zu den vier Typen von Gruppen, um Ihre Abiturklasse oder eine Neigungsgruppe von mindestens sieben Personen zu charakterisieren. Nach ungefährer Positionierung der Mitglieder zeichnen Sie das jeweilige „Heimatgebiet" der Gruppe als Fläche ein. Außenseiter können außerhalb dieser Fläche positioniert werden.

2. Lesen Sie bei Stahl (2007) die Ausführungen zur Rolle der Außenseiter (Kap. 13.4). Gab es in einer der Gruppen eine solche Außenseiterposition? Welche Funktion erfüllte der Außenseiter für die Gruppe?

6.5.2 Interaktions- und Kommunikationskompetenz

Frau Fischer weiß, dass Gruppenkonflikte darauf beruhen, dass in der Dreiecksbeziehung von Ich, Wir und Aufgabe immer mal eine Seite überhand nimmt: Ein einzelnes Gruppenmitglied rebelliert und stellt die Position des „Chefs" der Gruppe in Frage, mitsamt der von ihm vertretenen Gruppennorm(en). Oder das Thema dominiert, indem in der Stockwerksgruppe zwar die Aufgabenteilung der nächsten Woche geklärt wird, aber auf die Befindlichkeit einzelner Gruppenmitglieder, die ziemlich unzufrieden dasitzen, nicht geachtet wird. Frau Fischer muss sich überlegen, ob sie solche Schwerpunktsetzungen durch Themenwechsel beeinflussen will (Teilkompetenz: Strukturierungs- und Fokussierungskompetenz). Das Wissen um diese Dreiecksbeziehung und andere gruppendynamische Effekte ist eine wesentliche Grundlage der *Interaktions- und Kommunikationskompetenz* in der Gruppenarbeit von Frau Fischer. Sie versteht sich in den Stockwerksgesprächen eher als Moderatorin bei Gruppenkonflikten, also als neutrale Partei. Allerdings weisen Gruppen wie diese Stockwerksgruppe, die immer wieder neue Mitglieder aufnehmen muss, einen geringeren Zusammenhalt auf als z. B. eine langjährige Neigungsgruppe. Auseinandersetzungen um die Position des Einzelnen in der Gruppe treten häufiger auf und die Gruppe kommt weniger zur Ruhe. Von daher muss Frau Fischer immer wieder einmal aus der Rolle der Moderatorin heraustreten, als Gruppenleiterin agieren und an zentrale, vom Haus gesetzte und von ihr geteilte Normen erinnern. Solche kurzfristigen Rollenwechsel kommentiert sie, um dann die Entscheidungsbefugnis wieder an die Gruppe zu delegieren. Sie macht also ihren Rollenwechsel deutlich, zumindest bei wichtigen Weichenstellungen. Frau Fischer befindet sich in dieser Gruppe in einer dreifachen Rolle und präsentiert sich jeweils entsprechend anders: Sie ist Gruppenmitglied und muss sich insofern den Regeln und Umgangsformen der Gruppe anpassen. Sie ist phasenweise Gruppenleitung, die bestimmte Regeln vorgibt. Und sie ist Moderatorin, die als neutrale Dritte zwischen streitenden Parteien vermittelt. Zumeist überlässt sie die Verantwortung für das Gruppengeschehen den Gruppenmitgliedern. Für Herrn Mersing, das hat sie nach der ersten Gruppensitzung gemerkt, muss sie jedoch zunächst die Rolle der Beschützerin übernehmen. Er reagierte sehr sensibel auf Gruppendruck und beschwerte sich bei Frau Fischer, dass man hier ja „an den Pranger" gestellt werde. Frau Fischer achtete von da an besonders genau darauf, dass er auch Anerkennung erfährt. Sie verteidigt ihn vor allem gegenüber den älteren Bewohnern, die nicht recht nachvollziehen können, dass Herr Mersing sich teilweise wie ein Fünfzehnjähriger benimmt, der erst mal ausprobieren muss, was passiert, wenn er sich nicht an die Regeln hält, also alles zunächst mal ganz locker und „cool" nimmt.

Frau Fischer setzt bei ihren Versuchen, durch Moderation einen bestimmten Kommunikationsstil in der Gruppe zu sichern, der nicht kränkend, herabwürdigend oder verletzend wirkt, auch sehr stark auf die Methode des Modelllernens. Wenn ein Konflikt thematisiert wird, in den sie auch verwickelt ist, oder wenn sie ähnliche Auseinandersetzungen mit einem Gruppenmitglied hatte wie ein Mitbewohner, dann berichtet sie der Gruppe, wie sie den Konflikt gelöst hat. Oder sie äußert zum gleichen Problem, zu dem sich gerade ein Bewohner über einen anderen Bewohner beschwert hat: „Das hat mich gestern auch geärgert, Herr Mertens! Sie haben mich einfach stehen gelassen. Sie haben sich auf dem Absatz umgedreht und weg waren Sie, während ich noch mitten im Satz war. Da muss Ihnen irgendeine Laus über die Leber gelaufen sein. Oder was war da los?" Die Botschaft dieser Intervention an die zuhörende Gruppe lautet: „Erst nachfragen und versuchen zu verstehen, dann urteilen und reagieren."

Hat ein Klient Mühe, auf eine solche Frage zu antworten, weil ihm seine Gedanken und Gefühle kaum bewusst sind, dann können ihm Vermutungen angeboten werden, was in ihm vorging – als Hypothesen: „Waren Sie wütend auf mich? Wollten Sie deswegen nichts als weg?" Oder: „Finden Sie, ich verlange zu viel von Ihnen? Und stelle ich mir das zu leicht vor?" Solche Deutungsangebote kann der Klient bestätigen, zurückweisen oder modifizieren. Sie enthalten eine Doppelhypothese, eine Hypothese bezogen auf die Gedanken und Gefühle des Bewohners und eine Hypothese zu denkbaren Beziehungsproblemen zwischen Fachkraft und Klient.

Die beziehungsbezogene Dimension der Hypothese erleichtert es, in die Metakommunikation einzusteigen, d. h. die Kommunikation über die erlebte Kommunikation zu beginnen, z. B. so: „Ja schon, Sie geben ja keine Ruhe, dauernd wollen Sie was von mir. Sie fragen mich nicht, ob ich eine Verschnaufpause brauche." Die Gruppe, die zuhört, kann auf diese Weise metakommunikative Prozesse beispielhaft erleben.

Die Interaktions- und Kommunikationskompetenz umfasst als Teilkompetenz auch die Organisationskompetenz, die z. B. bei der Situationsgestaltung bedeutsam wird. Zur Situationsgestaltung gehören alle Entscheidungen über die äußeren Bedingungen der Interaktion (Ort, Zeit, Ausstattung des Ortes, eingeladene Personen etc.) und alle Vorgaben zum Modus der Interaktion (Gespräch, Spaziergang, Spiel etc.). Über die Wahl eines Settings und die Gestaltung der Situation kann auch der Kommunikationsstil beeinflusst werden, z. B. durch die Sitzordnung am Tisch. Frau Fischer würde z. B. nie zu einer Stockwerkssitzung in ihrem Büro oder im Sitzungszimmer der MitarbeiterInnen einladen. In der Stockwerkssitzung sollen die Bewohner ihre Angelegenheiten weitgehendst selbst regeln. Dies geschieht daher auf ihrem gemeinsamen Territorium, in der Stockwerksküche. Dazu passt eine Sitzordnung, bei der Frau Fischer eher am Rande des Tisches sitzt. Ein kurzes Ergebnisprotokoll über die Sitzung in Form eines Wochenplans wird von dem Bewohner erstellt, der auch die Sitzung eröffnet und schließt. Diese Verfahrensweise signalisiert bereits, dass die Regelung des gemeinsamen Stockwerkalltags Aufgabe der Gruppe ist. Natürlich würde Frau Fischer sich auch nie an die Stirnseite des langen Esstischs setzen. Da sitzt zumeist Herr Dietrich.

Übungsaufgabe

Ergänzen Sie folgende Aussagen, indem Sie neben dem sach- und klientenbezogenen Aspekt einen denkbaren Beziehungsaspekt (zwischen Fachkraft und Klient) in das Gespräch einbringen. Ergänzen Sie dabei folgende Aussagen durch beziehungsbezogene Ich-Aussagen (Finden Sie, ich ...):

- An manchen Tagen haben Sie wahrscheinlich einfach keine Kraft, um einzukaufen und zu kochen, oder?
- Ihnen sind andere Dinge viel wichtiger als ein warmes Abendessen zu kochen und auch noch frisch zuzubereiten! Wozu gibt es schließlich Fertiggerichte und Tiefkühlkost? Oder?

6.5.3 Reflexions- und Evaluationskompetenz

Frau Fischer weiß inzwischen, welche Konflikte nicht in der Gruppe, sondern besser vorab in Einzelgesprächen verhandelt werden sollten. Nachdem sie z. B. beobachtet hatte, wie angefasst Herr Mersing vor allem auf Kritik von Herrn Dietrich und Herrn Bodmann reagierte, arrangierte sie manchmal vorab Klärungsgespräche, um einen sogenannten „heißen" Konflikt gar nicht erst entstehen zu lassen. Wissen über unterschiedliche Konfliktarten und Konfliktverläufe ist dabei hilfreich, um Konfliktstadien zu erkennen, richtig einzuschätzen und zu wissen, ob sie nun doch stärker als Mediatorin oder Leiterin gefragt ist (→ Wissensbaustein „Soziale Konflikte und Konfliktbearbeitung"). Herr Mersing hatte seine Verantwortung für die Versorgung der Mitbewohner zunächst nicht recht ernst genommen und musste lernen, dass es in der Etagenbesprechung wirklich richtig unangenehm wird, wenn er versucht, sich zu drücken. Nach einem Vierteljahr war er ein weitgehend akzeptiertes Gruppenmitglied. Er hatte seinen Platz in der Gruppe gefunden und genoss es, wenn man seine Fähigkeiten erwähnte. Frau Fischer, die immer mal wieder ein Soziogramm der Beziehungen innerhalb der Gruppe zeichnete, konnte diese Entwicklung gut verfolgen.

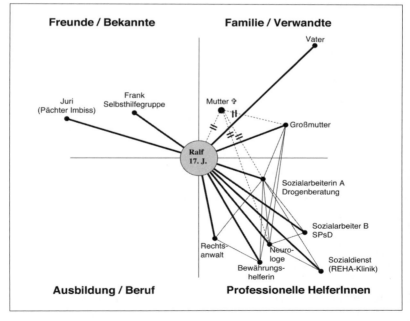

Abb. 4: Visualisierung sozialer Beziehungen

Die in Abbildung 4 dargestellte Visualisierung sozialer Beziehungen ist eine wenig aufwändige, oftmals auch für die KlientInnen sehr erhellende Form der Dokumentation, hier mit vier vorgegebenen Beziehungsfeldern am Beispiel von Ralf.

Ralf ist ein 17-jähriger psychisch Kranker, auf Bewährung verurteilter Drogenabhängiger, der nach dem Tod seiner Mutter nur noch wenige verwandtschaftliche Kontakte besitzt. Er fühlt sich der Großmutter deutlich näher als dem Vater. Über Freunde und Bekannte verfügt er kaum, die Ausbildung hat er abgebrochen. Die meisten sozialen Kontakte erfolgen über das Hilfesystem. Dabei steht ihm die Sozialarbeiterin aus der Drogenberatung besonders nahe. Nach dem Tod der Mutter (unterbrochene Beziehungslinie) hat diese Sozialarbeiterin auch die Großmutter in das Hilfesystem eingebunden, konnte allerdings nur einen lockeren Kontakt herstellen (dünne Linie).

Bei einer alleinerziehenden Mutter oder bei einer älteren gehbehinderten Frau könnte ein ausschließlich familienbezogenes Netz die Überlastung einzelner Bezugspersonen durch ihre multiplexe Netzwerkfunktion und die Notwendigkeit der Öffnung für außerfamiliäre und professionelle Kontakte verdeutlichen (zur Netzwerkanalyse vgl. Pantuček 2009, Kap. 7.3). Symbole für Beziehungsqualitäten oder Rollen ermöglichen zusätzliche Aussagen (Stimmer/Rethfeld 2004) (→ Wissensbaustein „Visualisierende Situationsanalysen", Bd. 3, Stimmer/Weinhardt).

Bei der abschließenden Evaluation der Entwicklung von Herrn Mersing war auch seine Fähigkeit, sich in der Gruppe so zur Sache zu äußern, dass er angehört wurde, und nicht mehr gekränkt zu verstummen, wenn andere Meinungen formuliert wurden, ein Indikator für seine zunehmende soziale Kompetenz. Auswertungsraster wie das Folgende können der Erfassung eines solchen Kompetenzzuwachses einzelner Gruppenmitglieder oder auch der gesamten Gruppe dienen. Sie können auch für die Analyse und Planung von Gruppensitzungen wichtige Informationen liefern. In bestimmten Gruppenkonstellationen ist es allerdings kontraindiziert, einen solchen Bogen in der Gruppe einzusetzen, da er verdeckte Konflikte offen legt, die z. B. in einer spannungsreichen Zwangsgruppe mit relativ hoher Mitgliederfluktuation nicht bearbeitet werden könnten.

Evaluation des Gruppenerlebens

Wie es mir in der Gruppe geht

Datum: Name:	stimmt genau					stimmt überhaupt nicht	
1. Ich fühle mich auf diesem Stockwerk wohl und möchte nicht auf ein anderes Stockwerk ziehen.	1	2	3	4	5	6	7
2. Die Gruppensitzungen sind anstrengend.	1	2	3	4	5	6	7
3. Ich kann in den Gruppensitzungen offen meine Meinung sagen.	1	2	3	4	5	6	7
4. Die Mitbewohner hören mir zu.	1	2	3	4	5	6	7
5. Die Mitbewohner haben Verständnis für mich.	1	2	3	4	5	6	7
6. Die Sozialarbeiterin unterstützt mich dabei, meine Meinung zu sagen.	1	2	3	4	5	6	7
7. Die Sozialarbeiterin beeinflusste den Verlauf der Gruppensitzung heute positiv.	1	2	3	4	5	6	7

Für die nächste Gruppensitzung

- wünsche ich mir:
- habe ich mir vorgenommen:

Dieser Bogen kann vom Klienten alleine oder im Gespräch mit der Fachkraft ausgefüllt werden. Ein so ausführlicher Bogen und seine schriftliche Durcharbeitung können in einem sehr alltagsnahen Setting künstlich wirken. Diese Künstlichkeit lässt sich bewusst zur reflexiven Distanzierung nutzen. Scheint der Einsatz eines schriftlichen Verfahrens zunächst eher störend, so können einzelne besonders wichtige Fragen auch mündlich gestellt werden, sofort nach der Sitzung und bezogen auf diese. Die Fragen Nr. 2–5 könnten dann so formuliert werden: „Na, wie fanden Sie die Sitzung eben?" (Antwort) Und hatten Sie den Eindruck, die meisten Mitbewohner haben Ihnen zugehört?" Bei zentralen Fragen (z. B. Frage 1) ist eine numerische Skalierung des Erlebens wichtig, um Fehleinschätzungen des Erlebens des Klienten zu vermeiden. Die Aussage eines Klienten: „Es geht schon besser jetzt mit der Gruppe", kann einen Fortschritt von einem oder drei oder fünf Punkten markieren. Der wiederholte Bezug auf die subjektiven Ausgangswerte wirkt hier klärend. Nicht umsonst lässt man z. B. in der systemischen Beratung KlientInnen Aussagen zu zentralen Befindlichkeiten auf einer Zehnerskala einstufen (Kim Berg 2006). Das Erfassen von Punkten reicht allerdings nicht aus. Erst wenn ein Klient im Gespräch schildert, wann und warum er sich nicht verstanden gefühlt hat, kann die Fachkraft nachvollziehen, warum er diese Punkte vergeben hat. Bei sehr zurückhaltenden KlientInnen, die sich sprachlich nur schwer artikulieren können, ist die Angabe von Punkten zu einfachen Fragen oft ein erster Gesprächseinstieg.

Denkbar ist auch die Entwicklung eines ähnlichen Bogens, der als Beobachtungshilfe nur für die Fachkraft dient. Damit würden allerdings die KlientInnen nicht zur Selbstbeobachtung angeregt. Wenn die Einschätzung der KlientIn und der Fachkraft divergieren, kann der Bogen auch der Klärung der Grundlagen ihrer unterschiedlichen Einschätzungen dienen. Auf der Basis solcher Informationen lassen sich dann Zwischen- oder Schlussberichte mit entsprechend informativen Dokumentationen verbinden.

Übungsaufgaben

1. Visualisieren Sie Ihre eigenen sozialen Beziehungen und die einer Person, die Sie gut kennen und die ihrerseits bereit ist, das Gleiche zu tun. Tauschen Sie dann Ihre Aufzeichnungen aus und versuchen Sie, bei einer gravierenden Diskrepanz die Ursachen für diese unterschiedlichen Einschätzungen im Gespräch herauszufinden.
2. In der Literatur zur Diagnostik (→ Wissensbaustein „Diagnostisches Fallverstehen") und zur Gruppenarbeit (vgl. Schwäbisch/Siems 1989) finden Sie zahlreiche Feedbackbögen und Sitzungsbeurteilungsbögen. Stellen Sie drei möglichst unterschiedliche Verfahren in einem Referat vor.

Wissensbaustein: Supervision
von Angelika Iser

Definition, Entwicklung und Ansätze der Supervision

Supervision ist ein regelgeleiteter Beratungsprozess, in dem es um die systematische Reflexion beruflichen Handelns geht (Gaertner 1996, 600). Entstanden ist Supervision am Ende des 19. Jahrhunderts in den USA, um ehrenamtliche HelferInnen im Kontext von Casework (Einzelfallhilfe) fachlich anzuleiten, zu koordinieren und zu kontrollieren. Als Supervision, inzwischen psychoanalytisch geprägt, nach dem zweiten Weltkrieg nach Deutschland kam, entwickelte sie sich zu einer psychotherapeutisch orientierten externen Beratung konzentriert auf die Person der Fachkraft, wobei die Arbeit am System aus dem Blick geriet. Seit Mitte der 1980er Jahre kommen neuere Konzepte der ursprünglichen Funktion eines umfassenden Qualifikationsverfahrens mit Bezug zur Organisation wieder näher. Statt nur die Selbst- und Fallkompetenz der Fachkraft in den Blick zu nehmen, werden gleichzeitig die institutionellen Rahmenbedingungen im Team sowie darüber hinaus z. B. das Verhältnis zu Vorgesetzten oder zu Kooperationspartnern zumindest reflektiert und damit die Systemkompetenz der SupervisandIn erweitert. Heute gibt es eine Vielfalt unterschiedlicher Formen und Konzepte von Supervision. Neben die Einzelsupervision sind Formen der Gruppen-, Team- und Organisationssupervision getreten. Eine *Gruppensupervision* findet mit Personen aus verschiedenen Institutionen statt. Bei der *Teamsupervision* nehmen Personen teil, die in einem gemeinsamen institutionellen Rahmen tätig sind. Eine *Organisationssupervision* zeichnet sich dadurch aus, dass ein Dreieckskontrakt vereinbart wird, d. h. dass die SupervisorIn sowohl mit den SupervisandInnen als auch (zumindest in groben Linien) mit der Organisationsleitung Ziele der Supervision aushandelt. Supervision kann als *interne* oder als *externe* Supervision gestaltet werden. Eine interne Supervision wird durch spezialisierte SupervisorInnen der Organisation oder durch Vorgesetzte durchgeführt. In Deutschland findet Supervision meist durch externe BeraterInnen statt.

Nach dem vorwiegenden Gegenstand der Reflexion lässt sich z. B. zwischen Fallsupervision, Rollen- und Leitungssupervision (Klärung der Berufsrolle und -aufgabe) und der Teamsupervision (Konfliktklärung und Kooperationsentwicklung) unterscheiden. Die methodischen Ansätze von Supervision sind i. d. R. durch psychotherapeutische Verfahren geprägt. So gibt es z. B. systemische, (gruppen-)analytische, psychodramatische und integrierte Supervisionskonzepte (zur Einführung vgl. Themenheft der DGSv 2006). An dieser Stelle werden zwei Ansätze exemplarisch herausgegriffen. Das geschieht unter dem Vorbehalt, dass unter „systemischer" oder „gruppenanalytischer" Supervision nicht immer das Gleiche verstanden wird. In der *(gruppen-)analytischen Supervision* ist das diagnostische Vorgehen vom Konzept der Übertragung und Gegenübertragung bestimmt. D. h. die Supervisorin versucht möglichst feinfühlig wahrzunehmen, welche Gefühle und Erwartungen ihr z. B. aufgrund biografischer Prägungen entgegengetragen werden (Übertragung). Sie versucht zugleich wahrzunehmen, welche Gefühle diese Projektionen in ihr wecken (Gegenübertragung) und welche erwartbaren Gefühle fehlen und möglicherweise unterdrückt werden. Nachdem eine ProtagonistIn einen Fall geschildert hat, bildet die „freie Assoziation" durch alle Supervisionsmitglieder den methodischen Kern der Supervision. Ziel des Vorgehens ist es, ohne gedankliche Selbstzensur über spontane Einfälle möglichst viele Perspektiven zu generieren, Abstand vom Problem zu gewinnen und Handlungsalternativen zu entwickeln. Die Umsetzung von Gelerntem bleibt vollständig den SupervisandInnen überlassen. Bezogen auf das Kompetenztableau (Abb. 5) steht damit die Reflexion des subjektiven Erlebens von Arbeitssituationen und Fällen im Mittelpunkt. Durch die Klärung der Gedanken und Gefühle trägt die Supervision indirekt auch zu einer verbesserten Planung und Analyse der folgenden Handlungsschritte bei. Durch die Übung in feinfühligem Wahrnehmen und freiem Assoziieren werden v. a. die (Selbst-)Reflexion und die Fähigkeit, Unstimmigkeiten anzusprechen, trainiert. Ein Training interaktiver Kompetenzen findet nicht statt, eine Beratung zur Veränderung des Systems und seiner Strukturen wird nicht als Supervisionsaufgabe angesehen.

Eine *systemische Supervision* beginnt i. d. R. mit einer Kontraktbildung, also einem mündlichen oder schriftlichen Vertrag, indem konkrete, erreichbare Ziele für die Supervision vereinbart werden. Bereits hier wird das System (Supervisionssystem und Organisation) in seinen Interaktionen beobachtet, um zu verstehen, welche Funktion ein Problem für das System hat. Dabei ist das methodische Vorgehen breit gefächert und reicht von vielfältigen Fragetechniken über Figurenstellen und Malen bis hin zu Rollenspielen. Konkrete Lösungen für ein Problem werden gesucht und ihre Umsetzung in der folgenden Supervisionssitzung angesprochen. Bezogen auf das Kompetenztableau (Abb. 5) steht die Reflexion, aber auch das Einüben von Kommunikation im Mittelpunkt. Schwierige Situationen mit KlientInnen werden z. B. nachgespielt und reflektiert. Auf diese Weise wird auch zur Analyse- und Planungskompetenz beigetragen. Emotionale persönliche Verstrickungen werden nur indirekt thematisiert. Strukturelle, systembedingte Problemursachen und Zusammenhänge werden reflektiert und bewusst gemacht. Ob und wie weit ihre Veränderung als Aufgabe einer Supervision betrachtet wird, hängt vom Verständnis der SupervisorIn ab.

Kompetenzentwicklung durch Supervision

Um das Vorgehen in der Supervision plastischer zu machen, wird nachstehend aus der Rückerinnerung eines systemischen Supervisors der Fall einer Teamsupervision auf einer psychiatrischen Station mit zwölf Personen, Pflegekräften, ÄrztInnen und PsychologInnen dargestellt (ausführlicher in Iser 2008). Nach einer *Einstiegsrunde* bringt das Pflegeteam einen Konflikt zwischen dem Team und der Psychologin als Thema ein. In dem Fall geht es darum, wie man mit einem Patienten umgeht, der erregt einbrüllt, Dinge gegen die Wand wirft und so andere Patienten in Schrecken versetzt. Das Pflegeteam würde ihn am liebsten fixieren. Aber die Psychologin ist der Meinung, dass der Patient nur zu neuen Erfahrungen und Einsichten gelangen kann, wenn er seine Gefühle ausagieren und dabei verständnisvolle Reaktionen erleben kann. Und sie möchte dabei auch neue Informationen über seine Verhaltensmuster gewinnen.

Nach der ersten Schilderung lässt der Supervisor den Konflikt aus *mehreren Perspektiven beschreiben* und beobachtet dabei die Interaktionen im Team, um eine Hypothese über das Beziehungsspiel zu entwickeln und ein methodisches Vorgehen zu wählen. Dann entschließt er sich, in der *dritten Phase* mit dem Pflegeteam am Familienbrett mit Holzfiguren die Beziehungserfahrungen darzustellen. Damit führt er die therapeutische Perspektive der Psychologin ein. Aus der erarbeiteten Beziehungskonstellation heraus ist plötzlich verständlich, warum der Patient sich in dieser Situation auf der Station so verhalten hat. Es passt genau zu seinem familiären Muster, wie auch die Reaktion des Pflegeteams, das ihm den Wochenendurlaub gestrichen hat. Den Pflegekräften wird deutlich, dass er so in der Therapie nichts Neues erleben kann. Im nächsten Schritt gibt der Supervisor im Gespräch und in einem Rollenspiel dann ebenso der Perspektive des Pflegeteams Raum. Die wechselseitige Perspektivenübernahme zwischen den Berufs- und Funktionsgruppen gelingt und jeder hat das Gefühl, sein Anliegen wird vom Anderen gesehen und man kann auf das, was der andere sagt, achtsamer hören.

Für den Abschluss einer Sitzung strebt der Supervisor *eine Lö-*

sung an. Im geschilderten Fall macht die Psychologin den Vorschlag, mit dem Patienten darüber zu reden, was sich eigentlich im Augenblick verändern lässt, damit sein Verhalten die PflegerInnen nicht zu sehr belastet. Die Umsetzung wird in der folgenden Sitzung wieder besprochen. Durch die beschriebene Supervision werden die folgenden Kompetenzen vermutlich gefördert:

a) Kompetenzen der Analyse, Reflexion und Evaluation: Auf der *Ebene der Person* wird das Wissen der Fachkräfte um die eigenen blinden Flecke wie auch Bedürfnisse gefördert. Sie *üben* Formen der Selbstdistanzierung und der Selbstevaluation ein. Sie *erleben*, dass sich die eigene Wahrnehmung durch andere Perspektiven relativiert. Bezogen auf den *Fall lernen* die SupervisandInnen die therapeutische Diagnose kennen. Sie reflektieren, welche ihrer Schritte welche Folgen beim Patienten hervorrufen. Sie *üben*, ihr fachliches Vorgehen zu schildern, zu begründen und zu bewerten. Sie *erleben*, dass sich scheinbar eingefahrene Situationsabläufe verändern lassen. In Bezug auf das *System* ermöglicht die Supervision ein *Wissen* um typische strukturelle, konfliktauslösende Elemente. *Geübt* wird eine reflektierte Rückmeldung. Neue Kooperationsformen zwischen den Berufsgruppen werden erprobt.
b) Kompetenzen der Interaktion: Auf der *Ebene der Person* wird ein *Wissen* um die je eigenen typischen Verhaltensmuster gefördert. Die *Fähigkeit* wird geübt, kritische Punkte anzusprechen, und die *Erfahrung* wird ermöglicht, von anderen in der eigenen Aufgabe als kompetent und wichtig wahrgenommen zu werden. Auf der *Ebene des Falls* wird das *Wissen* darum erhöht, welche Bedeutung die eigene Verhaltensvariante für andere haben kann. Alternative Verhaltensweisen werden *eingeübt*, z. B. Formen der gewaltfreien Kommunikation. Ermöglicht wird, zu *erleben*, wie sich die eigene Haltung zum Patienten ändert. Auf der *Ebene des Systems* wird das *Wissen* vermittelt, dass die Interaktion mit anderen Berufsgruppen eine besondere Klärung der Interessen und Sichtweisen erforderlich macht. Andere Formen der interdisziplinären Zusammenarbeit werden *ausprobiert* und *erlebt*, was es bewirkt, wenn man sich in die andere Perspektive einfühlen kann.

Die unterschiedlichen Formen von Supervision können verschiedenen Ebenen der Kompetenzentwicklung zugeordnet werden und führen zu tendenziell unterscheidbaren Schwerpunkten der Kompetenzentwicklung (Abb. 5).

KOMPETENZTABLEAU

Performanzbezogene Aufgliederung / Gegenstandsbezogene Aufgliederung	Planungs- und Analysekompetenz	Interaktions- und Kommunikationskompetenz	Reflexions- und Evaluationskompetenz
Person / Fachkraft befähigen	Tendenz von Einzelsupervision		
Fall / Verhalten der Klient/innen beeinflussen	Priorität bei Fallsupervision		
System / Rahmenbedingungen optimieren	Team- und Organisationssupervision		

Abb. 5: Schwerpunkte der Kompetenzentwicklung verschiedener Supervisionsformen

Durch spezifische Formen sowie durch persönliche Stärken und Vorlieben einer Supervisor/in werden bestimmte Kompetenzfelder im Vordergrund stehen. Nicht zuletzt aus diesem Grund ist es ratsam, von Zeit zu Zeit die SupervisorIn und dabei vielleicht auch einmal das Supervisionskonzept zu wechseln.

Literaturempfehlungen

zur Einführung: Gaertner, A. (1996): Supervision. In: Kreft, D., Mielenz, I.: Wörterbuch soziale Arbeit. 4. Aufl. Weinheim/Basel, 600– 602

DGSv (Deutsche Gesellschaft für Supervision) (2006): Konzepte für Supervision. Neun theoretische und methodische Ansätze. Köln (www.dgsv.de, 09.2006)

zur Vertiefung: Gotthardt-Lorenz, A. (1994): „Organisationssupervision": Rollen und Interventionsfelder. In: Harald Pühl (Hrsg.): Handbuch der Supervision II. Berlin, 365– 379

Iser, A. (2008): Supervision und Mediation in der Sozialen Arbeit. Eine Studie zur Klärung von Mitarbeiterkonflikten. Tübingen

6.6 Situation C: Herr Mersing träumt von seiner beruflichen Zukunft und Frau Fischer mit ihm

Herr Mersing lebt nun schon fast ein Jahr in der Einrichtung und ist in vieler Hinsicht selbstständiger geworden. Aber er tut sich trotz vieler Anregungen schwer, eine berufliche Perspektive zu entwickeln. Er kann keine Interessen formulieren, keine Tätigkeiten benennen, die ihm Spaß machen würden. Er hatte ja noch nie gearbeitet und auch keine Hobbies entwickelt. Gespräche über Berufsbilder und Ausbildungsgänge lässt er lustlos über sich ergehen und Hinweise, wie man eine Bewerbung verfasst, werden gelangweilt abgenickt. Aber er verspricht, bis zur nächsten Woche alle Unterlagen zusammenzustellen. Doch dann kommt immer wieder etwas dazwischen. Schließlich bat Frau Fischer Herrn Mersing, um 11 Uhr mit den Unterlagen bei ihr im Büro zu erscheinen, egal in welchem Zustand die Bewerbungsmappe ist.

Herr Mersing kommt pünktlich und nimmt betont cool und locker in ihrem Büro Platz und überrascht Frau Fischer mit dem Eröffnungssatz, dass sie die Bewerbungsunterlagen nicht mehr mit ihm durchzugehen bräuchte, er habe sie längst abgeschickt. Als er ihr überraschtes Gesicht sieht, setzt er noch eins drauf und erklärt, dass demnächst ein Bewerbungsgespräch anstünde. Frau Fischer verschlägt es kurz die Sprache, dann fragt sie nach dem Termin des Bewerbungsgesprächs. Das stünde noch nicht fest. Das ist dann doch ein Grund nachzuhaken! Sie möchte die Bewerbungsmappe sehen. Herr Mersing erklärt, dass er die irgendwo verkramt hätte, das wäre doch jetzt nicht mehr so wichtig. Frau Fischer bekommt das Gefühl, für dumm verkauft zu werden, insistiert und wird schließlich konfrontativ: „Dann suchen wir jetzt gemeinsam in Ihrem Zimmer nach der Bewerbungsmappe, bis wir sie finden." Sie kämmen gemeinsam die Schränke und Regale durch, bis Herr Mersing triumphierend einen Lebenslauf aus einem Stapel Papiere zieht. Es ist der Lebenslauf, den er gemeinsam mit Frau Fischer erarbeitet hat – und den er vor zehn Tagen abschreiben sollte. Damit ist klar, dass sich keine weiteren Unterlagen finden werden, eine Feststellung, der Herr Mersing auch nicht widerspricht. Frau Fischer schlägt vor, wieder ins Büro zu gehen. Auf dem Weg kommen sie an der Stockwerkküche vorbei, beide ziemlich geschafft. Sie beschließen, jetzt erst einmal einen Kaffee zu trinken. In ihrem emotionalen Erschöpfungszustand konnte Frau Fischer nur noch ihrer eigenen Ratlosigkeit Ausdruck geben: „Ich weiß nicht mehr, was ich machen soll! Was ist eigentlich los? Sie sind 25 Jahre alt, Sie müssen doch eine Vorstellung von Ihrem Leben haben! Irgendwas, was Sinn macht. Einfach nur so weitermachen, das kann's doch nicht gewesen sein!?! Was wollen Sie eigentlich, was wollen Sie?" In diesem Augenblick sagt Herr Mersing mit etwas belegter, tieferer Stimme, ohne Zögern: „Ich bin doch eigentlich Künstler! Ich möchte Grafik-Design machen." Und mit Nachdruck: „Dafür werde ich mich jetzt bewerben!" Frau Fischer versucht noch einen Einwand: „Dann müssen Sie aber jeden Tag in der Ausbildung antanzen. Und den Tag dann auch durchhalten, über Jahre. Das ist keine einfache Ausbildung. Und es ist eine anstrengende Tätigkeit, die Konzentration verlangt!" Für Herrn Mersing, der sich keine 30 Minuten am Stück konzentrieren kann, den ein Gang durch die Innenstadt schon nach kurzer Zeit anstrengt, ist dies alles kein Problem. Vor seinem inneren Auge erscheint die Zukunft ganz klar: Er wird zur Berufsschule gehen, technisches Zeichnen (oder Ähnliches) lernen, wird alles können, alles schaffen, wird Grafik-Designer werden. Er sieht sich am PC sitzen, zeichnen, Farben auswählen, tolle Layouts entwerfen. Es geht ihm leicht von der Hand, alles gelingt, man staunt über ihn. Frau Fischer holt zwischendurch einmal tief Luft und spinnt dann zusammen mit ihm weiter: wie er am PC sitzt und Grafiken entwirft, mit Schriften experimentiert und selbst erstaunt ist, wie leicht ihm alles von der Hand geht. Er erzählt, wie man sein Talent entdeckt und fördert, wie er einen Preis für junge Künstler erhält, wie seine Eltern ihm ein eigenes Atelier einrichten, wie er die ersten Aufträge bekommt usw.. Frau Fischer nickt nur noch. Schließlich führt sie Herrn Mersing noch einmal kurz zurück zur Ausbildung und verabredet sich mit ihm für Anfang der nächsten Woche, um zu klären, welche Ausbildungsmöglichkeiten es gibt. Herr Mersing will auch schon mal im Internet suchen und verlässt beschwingt, fast tänzelnd das Büro. Frau Fischer blickt ihm nach, freut sich und unterdrückt zugleich einen Seufzer.

6.6.1 Reflexions- und Evaluationskompetenz (1)

Gesprächsverlauf und Gesprächsergebnis haben in Frau Fischer ambivalente Gefühle geweckt. Einerseits freut sie sich über die fantasievolle Begeisterung von Herrn Mersing, andererseits weiß sie, dass die Flucht in unrealistische Zukunftsvisionen und der Hang zur Selbstüberschätzung Teil seines Krankheitsbildes sind. Rückschläge bei dem Versuch, diese Zukunftsvision umzusetzen, sind also vorprogrammiert. Hat sie leichtsinnigerweise seinem Ausweichen vor der Realität Vorschub geleistet? Sie kommt zu dem Ergebnis, dass es gut war, mit Herrn Mersing zu träumen. Das gemeinsame Eintauchen in seine Phantasiewelt hat nach dem Konflikt wieder eine Annäherung ermöglicht. Auch aus Träumen lassen sich Anregungen für die Entwicklung realistischer Ziele gewinnen. Frau Fischer weiß, welche Macht innere Bilder haben (Hüther 2005). Herr Mersing schöpft daraus auch Energie: Er wirkte schon im Gespräch plötzlich viel lebendiger. Wochen vorher hatte er nur noch abgeblockt. Ob seine Bereitschaft, im Internet zu recherchieren, und sein beschwingter Abgang wirklich Ausdruck einer nachhaltigeren Bereitschaft und Fähigkeit sind, das Thema Berufswahl anzugehen, wird sich zeigen. Ihre Reflexions- und Evaluationskompetenz ist daher später noch einmal gefragt (Kap. 6.6.4).

6.6.2 Interaktions- und Kommunikationskompetenz

Nach der sehr konfrontativen und kontrollierenden Auseinandersetzung über die angebliche Bewerbung von Herrn Mersing stellt das einfühlsame Aufgreifen seiner Wunschvorstellungen eine Art emotionaler Ausgleich dar (→ Wissensbausteine „Soziale Konflikte" und „Konfliktbearbeitung"). Es ist der Versuch, auf anderem als auf „vernünftigem" Weg zu einer gemeinsamen Perspektive zu gelangen. Indem Frau Fischer ihre Ratlosigkeit nach der Suchaktion zugab, aktivierte Herr Mersing neue Kräfte. Er begriff, dass er keine Zukunft hat, wenn selbst die engagierte Frau Fischer ihm nicht mehr weiterhelfen kann – es sei denn, er findet selbst einen Ausweg. Den sucht und findet er zunächst in diesem Traum, beschreibt aber damit eine für ihn denkbare Zukunft, von der er bis dahin nicht berichten konnte, an die er vielleicht selbst nicht recht glauben kann, die aber für ihn offenbar eine Motivationsquelle ist. In gewisser Hinsicht war Frau Fischer am Ende dieses Gesprächs alles andere als „authentisch": Sie hat ihre Zweifel an den Zukunftsvisionen von Herrn Mersing nur sehr begrenzt geäußert, nur am Anfang auf Schwierigkeiten hingewiesen. Authentisch war sie im mitschwingenden Imaginieren einer wünschenswerten Zukunft. Sie hat einen Traum mit ihm geteilt. Die Rückkehr zur Realität, die Verabredung zum nächsten Gespräch verlangte erhebliches Einfühlungsvermögen, um eine Brücke vom erträumten, mühelosen Gelingen zur anstrengenden Wirklichkeit und den notwendigen Vorleistungen zum fernen Ziel zu schlagen (→ Wissensbausteine „Bindungsmuster und Beziehung" sowie „Kommunikation und Interaktion", Bd. 4, Schwabe). Frau Fischer akzeptiert zunächst seine hohen Ansprüche an einen Beruf, die er damit formuliert.

„Nur" Technischer Zeichner würde er z. B. nie werden wollen. Sie muss nun sehen, wie sie diesen gemeinsamen neuen Anfang nutzen kann, ob Herr Mersing sich auf Konkretisierungen seiner Vision in kleinen Teilschritten und auf Umdeutungen einlassen kann (→ Wissensbaustein „Motivierende Gesprächsführung", Bd. 3, Stimmer/Weinhardt und Kasten im Kap. 6.4.2).

6.6.3 Analyse- und Planungskompetenz

Dieser Gesprächsverlauf war so nicht geplant gewesen! In der nächsten Etappe muss Frau Fischer nun beginnen, mit Herrn Mersing nach Möglichkeiten zu suchen, sich seinem Traumbild zu nähern. Ihre Systemkompetenz hilft ihr bei dieser Suche. So kennt sie einen Kollegen in der benachbarten Tagesstätte für psychisch Kranke, der auch PC-Kurse gibt. Er ist bereit, Herrn Mersing zu zeigen, wie man auf dem Computer Musikstücke komponiert, wie man Grafikprogramme nutzt und mit Photoshop arbeitet. Klar ist, dass Herr Mersing nur im Einzelunterricht gefördert werden kann. Er war auch sehr daran interessiert, dieses „Training" am PC als Vorbereitung für seine spätere Ausbildung zu absolvieren. Allerdings erwies er sich weiterhin nur als begrenzt belastbar. Seine Konzentrationsfähigkeit verbesserte sich trotz dieser motivierenden Beschäftigung kaum. Er spielte aber gerne mit dem PC, ließ sich überraschen – verlor allerdings zunehmend das Interesse am „Training"! Das „freie, künstlerische" Gestalten war ihm wichtiger. Nach einiger Zeit musste man ihn immer an den Termin erinnern und ihn teilweise richtiggehend losschicken. Er hatte sich das Ganze doch anders vorgestellt!

Frau Fischer plante und probierte daraufhin eine ganze Reihe anderer Wege aus, um seinen beruflichen Findungsprozess zu unterstützen. So setzt sie beim Hausmeister durch, dass Herr Mersing die Wände in seinem Zimmer in besonderen Farben bemalen durfte. Der Hausmeister fand sie allerdings selbst unter dem Etikett „künstlerisch" nicht gelungen! Als Innenausstatter, als Schaufensterdekorateur oder als „Lüftelmaler" konnte sich Herr Mersing auch nach dieser Aktion nicht vorstellen.

6.6.4 Reflexions- und Evaluationskompetenz (2)

Nach einigen ähnlichen Anläufen, in denen Frau Fischer Herrn Mersing mit mehreren Berufsfeldern vertraut machte (z. B. über Besichtigungen und einem Praktikum), war leider klar, dass an eine reguläre

Ausbildung und einen kreativen Beruf, wie Herr Mersing es sich wünschte, nicht zu denken war. Man würde an seinem neuen Wohnort nach einer stundenweisen Beschäftigung z. B. in einer Werkstatt für psychisch Kranke suchen müssen. Frau Fischer informierte seine künftigen Betreuer entsprechend über die bisherigen Versuche und beschrieb Herrn Mersings Wünsche, Fähigkeiten und Grenzen in ihrem Übergabebericht. In der Werkstatt am neuen Wohnort wurden allerdings keine Tätigkeiten angeboten, die Herrn Mersing interessierten. Diese systembezogene Lücke ließ nichts Gutes für die weitere Entwicklung von Herrn Mersing erwarten! Frau Fischer nahm sich vor, seine weitere Entwicklung zu verfolgen – auch um gegebenenfalls die Konsequenzen dieser Lücke im Hilfesystem verdeutlichen zu können.

Übungsaufgabe

Erläutern Sie jeweils anhand einer Aktivität von Frau Fischer im Umgang mit Herrn Mersing, inwiefern sie teilweise gemäß der advokatorischen Ethik, teilweise gemäß der Verantwortungsethik handelt (→ Wissensbaustein „Ethik und Moral").

Wissensbaustein: Ethik und Moral
von Franz Stimmer

Fachkräfte der Sozialen Arbeit sind nicht selten mit drängenden Fragen konfrontiert, ob ihr Handeln bezüglich ihrer KlientInnen, gegenüber ihrer Einrichtung und KollegInnen oder auch gegenüber Gesetzesvorschriften und bezogen auf ihren gesellschaftlichen Auftrag richtig ist. Dahinter stehen Fragen zu Gut und Böse, Richtig und Falsch. Was ist moralisch, was ist unmoralisch? Was ist die Richtschnur meines Handelns?

Begriffsklärung

Das alltägliche Leben läuft meist unhinterfragt im Rahmen kulturell geprägter Sitten, Gewohnheiten, Normen und Wertungen ab, die als allgemein verbindliche Inhalte das bilden, was als Moral bezeichnet wird. Vorschriften, Gebote und Verbote schützen die *Moral*, die soziales Zusammenleben ermöglicht und Sicherheit bietet, solange sich keine Widersprüche (Dilemmata) im Handeln auftun. Ein moralischer Mensch zeichnet sich durch die bloße Befolgung moralischer Regeln aus. Er handelt damit „richtig" und erwartet dies auch von anderen Menschen, seiner Gruppe und der Gesellschaft. Solange eine Beraterin die „Schweigepflicht" (§ 203 SGB; → Wissensbaustein „Beratung und Recht", Bd. 3, Stimmer/Weinhardt) erfüllt, handelt sie der Norm entsprechend, also moralisch. Was aber ist, wenn sie eine Güterabwägung vornehmen muss: Falls sie die Schweigepflicht einhält, gefährdet sie das Leben eines Kindes, falls sie die Schweigepflicht bricht (also unmoralisch handelt), schützt sie das Kind, begeht aber einen schweren Fehler, nämlich einen Vertrauensbruch gegenüber ihrem Klienten und handelt damit unmoralisch. Die üblichen Moralvorstellungen helfen bei solchen Dilemmata nicht weiter. Hier kommt die *Ethik* – im Sinne einer Theorie oder Reflexion der Moral – ins Spiel. Die *normative Ethik* entwickelt allgemeine, rational begründete und verbindliche – aber auch veränderbare, also historische – Grundsätze guten Handelns, die unterstützt von Handlungsprinzipien und Verhaltensregeln in praktisch gültiges (moralisches) Handeln umgesetzt werden sollen. Über die normative Ethik wird versucht, moralisches Handeln zu begründen, zu systematisieren und zu beurteilen, in welchem Umfang die ethischen Prinzipien im konkreten Handeln faktisch erfüllt werden. Dabei tun sich Probleme auf, die Anlass für eine (ethische) Reflexion bilden. Das, was als „moralisch" gilt, entsteht im Rahmen realer Machtverhältnisse. In Diktaturen gilt u. U. als „moralisch gut", was zutiefst inhuman ist. Zweitens kommt es zu einem Verzögerungseffekt dadurch, dass heute lebende Menschen im Sozialisationsprozess (auch in der Ausbildung) Normen verinnerlich haben, die aus der vorigen oder vorvorigen Generation stammen. In Zeiten des Wertepluralismus kann außerdem von Moral nur in der Mehrzahl (Moralen) gesprochen werden, um Werte und Normen unterschiedlicher Generationen, fremder Kulturen oder Subkulturen, die sich von den „herrschenden" Normen abgrenzen, zu würdigen. So, wie es aber in modernen Gesellschaften gleichzeitig nebeneinander unterschiedliche „Moralen" gibt, so existieren auch unterschiedene „Ethiken" in derselben Gesellschaft.

Ein weiterer Begriff in diesem Zusammenhang ist der des *Ethos*, worunter eine längerfristige, reflektiert und bewusst übernommene moralische Grundhaltung, die Gesinnung eines Menschen oder einer Gemeinschaft und auch einer Profession (Berufsethos) verstanden wird.

Berufskodex "Soziale Arbeit"

An die gesellschaftliche Position „Fachkraft der Sozialen Arbeit" sind diverse Erwartungen geknüpft, die die berufliche Rolle näher definieren. Dies können Kann-, Soll- oder Musserwartungen (Dahrendorf) sein, abgesichert über differenzierte Normierungen und Sanktionen, die zudem vielfach widersprüchlich sind. Arbeitgeber, also Einrichtungen und Träger von den Einrichtungen, KlientInnen und deren primäre Netzwerke, Vorgesetzte, KollegInnen u. v. m. signalisieren oft konträre Erwartungen, die über das „Doppelte Mandat" einerseits der Gesellschaft sowie andererseits der KlientInnen hinaus zu multiplen Mandaten führen. Ergänzt wird diese Vielfalt auch noch durch die eigenen Ansprüche der Fachkräfte an ihre Arbeit sowie ihre persönlichen Überzeugungen und Erfahrungen.

So taucht die Frage nach einer für den Berufsstand verbindlichen Regelung, nach der Moral des beruflichen Handelns auf. *Moral-Kodizes* oder Verhaltenskodizes versuchen dieses Handeln richtungsweisend zu ordnen und zu rechtfertigen. In ihnen werden Standards, Prinzipien und Verpflichtungen beruflichen Handelns formuliert. Berufskodizes sind wesentlicher Bestandteil des Professionalisierungsprozesses, sie legitimieren das professionelle Handeln der Fachkräfte. Der wohl älteste Berufskodex ist der *Eid des Hippokrates* für Ärzte. Seine fünf Prinzipien – nützen und schützen, nicht schaden, nichts ausplaudern, die anderen als Person achten und integer sein – sind in ihrer Allgemeinheit Grundlage für viele heute formulierte Moral-Kodizes (Kuhrau-Neumärker 2005), auch für die „Berufsethischen Prinzipien" des Deutschen Berufsverbands für Sozialarbeit, Sozialpädagogik und Heilpädagogik e. V. (DBSH). Aus allgemein-ethischen Überlegungen (Menschenrechte, Persönlichkeitsrechte, Würde der Person, Solidarität, soziale Gerechtigkeit, Parteilichkeit) werden allgemein-moralische Standards (Sollens-Vorschriften) abgeleitet und berufsspezifisch formuliert, ohne dass diese Normen differenziert begründet und reflektiert werden (Schneider 2006, 9f). Insofern handelt es sich dabei weniger um einen Ethik-Kodex als um einen Moral-Kodex. In der alltäglichen Praxis reichen diese Vorgaben meist aus. Was aber tun, wenn die Normen des Berufs-Kodex des DBSH bei einem moralischen Problem nicht weiterhelfen, wenn das routinierte Gleichgewicht verloren geht? In diesem Fall bietet sich eine Befragung ethischer Reflexionsmodelle an.

Ethik-Modelle

Weder eine Gesinnungsethik noch eine Anpassungsethik sind für die heutige Soziale Arbeit geeignet. Bei der *Gesinnungsethik* steht die moralische Angemessenheit über dem Erfolg einer Handlung. Die Angemessenheit gründet auf unveränderbaren und nicht zu hinterfragenden religiösen oder metaphysischen Prinzipien mit dem Anspruch auf unbedingte Befolgung. Die Durchsetzung dieser Vorstellungen steht im Vordergrund, die tatsächlichen Folgen einer Handlung sind dabei bedeutungslos für ihre Beurteilung. Bei der *Anpassungsethik* wird die moralische Angemessenheit dem Erfolg untergeordnet. Das Erreichen eines von der Fachkraft, der Einrichtung oder der Gesellschaft definierten Zieles mit allen Mitteln ist hier vorrangig.

Als Lösung bieten sich für die praktische Soziale Arbeit die Verantwortungsethik und die Advokatorische Ethik an. Die *Verantwortungsethik*, die Max Weber als Gegenentwurf zur Gesinnungsethik entwickelt hat, regt an, einen Ausgleich zu suchen zwischen moralischer Angemessenheit und Erfolg – mit Rücksicht auf die jeweils gegebene Situation. Das – vielleicht auch unvollkommene und zeitlich begrenzte – Erreichen eines im Dialog zwischen KlientInnen und Professionellen ausgehandelten (Teil-)Zieles ist hier maßgebend, auch unter Berücksichtigung und Offenlegung struktureller Machtverhältnisse (Hilfe und Kontrolle). Die Ergebnisse und Nebenfolgen einer Handlung sind zentral für ihre Beurteilung und müssen von der einzelnen Fachkraft verantwortet werden. Hier wird deutlich, dass Moral und Gesetze die persönliche und beständige Verantwortlichkeit nicht ersetzen können. Wenn Verantwortlichkeit dann noch differenziert wird u. a. in Verantwortung gegenüber KlientInnen, KollegInnen, Anstellungsträgern sowie gegenüber der Gesellschaft und nicht zuletzt gegenüber sich selbst (Martin 2001, 67), dann wird der Impetus der Verantwortungsethik spürbar. Die *Advokatorische Ethik* (Brumlik 2004) fordert ein vormundschaftliches Vertreten der Interessen von und des Einstehens für Menschen, die dies – wie häufig in der Sozialen Arbeit – zeitgebunden oder überhaupt nicht selbst vermögen. Neben der Vormundschaft ist in vielen Situationen eine Bemündigung, durch verständigungsorientierten Handelns (→ Wissensbaustein „Verständigungsorientiertes und strategisches Handeln", Bd. 3, Stimmer/Weinhardt) und unter Anerkennung der Ressourcen und Kompetenzen der KlientInnen möglich und unerlässlich. Meist ist dies auch eine notwendige Voraussetzung für die gewünschte Hilfe – immer unter strengster Beachtung der Integrität, der körperlichen und psychischen Unversehrtheit der KlientInnen. Damit verbietet sich ein Handeln gegen die Einsicht und den Willen des Klienten, außer – und hier entsteht u. U. ein moralischer Konflikt – bei existentiellen Bedrohungen (Selbst- und Fremdgefährdungen).

Für eine dynamische Gestaltung des Berufskodex der Sozialen Arbeit bietet die *Diskursethik* (Habermas 1999) einen angemessen Rahmen, um die Sollensforderungen (Moral) zu reflektieren, vernünftig-argumentativ zu kritisieren und zu verändern. Dies auch unter der Voraussetzung, die eigenen Überzeugungen weiterzuentwickeln. Dabei werden Konflikte – unter der Annahme der Gleichberechtigung – in Diskussionen zwischen GesprächsteilnehmerInnen gelöst, wobei die Ergebnisse und Nebenfolgen von allen zwanglos akzeptiert werden müssen. Nur jene Normen können Geltung beanspruchen, denen alle Betroffenen als TeilnehmerInnen eines praktischen Diskurses zustimmen. Für die weitere Gestaltung des Berufskodex der Sozialen Arbeit ist es unabdingbar, über die Normierungen des Berufskodex hinausgehend, im Sinne einer angewandten Ethik praxisbezogene Entscheidungsregeln zu entwerfen, die bei moralischen Konflikten Hilfestellung geben (Germain/ Gitterman 1999, 49f). Inwieweit die Diskursethik in der praktischen Sozialen Arbeit dann eine Rolle spielen kann – Voraussetzung ist ja ein herrschaftsfreier Diskurs – müsste in den Handlungsfeldern der Sozialen Arbeit breit erprobt werden.

Literaturempfehlungen

zur Einführung: Germain, C. B., Gitterman, A. (1999): Praktische Sozialarbeit. Das „Life Model" der sozialen Arbeit. Stuttgart
Martin, E. (2001): Sozialpädagogische Berufsethik. Weinheim/München

zur Vertiefung: Brumlik, M. (2004): Advokatorische Ethik. Zur Legitimation pädagogischer Eingriffe. Berlin
Kuhrau-Neumärker, D. (2005): „War das o.k.?" Moralische Konflikte im Alltag sozialer Arbeit. Einführung in die Berufsethik. Münster
Schneider, J. (2006): Gut und Böse – Falsch und Richtig. Zu Ethik und Moral der sozialen Berufe. Frankfurt/M.

7 Vergleichsbeispiel: Wenn Herr Mersing in einem anderen Hilfesystem gefördert worden wäre

Das professionelle Handeln einzelner Fachkräfte ist abhängig von den Rahmenbedingungen, unter denen sie tätig werden, ihren individuellen Arbeitsbedingungen und der Struktur des (über)regionalen Hilfesystems, in das ihre Einrichtungen eingebettet sind. So wird z. B. über Personalschlüssel und andere Vorgaben der maximale Zeitaufwand pro Fall, teilweise auch für einzelne Tätigkeiten und Aktivitäten festgelegt (z. B. die Dauer der Gespräche, die Zahl der Ausflüge). Da die Fachkräfte auf die Kooperation mit den anderen Institutionen angewiesen sind, deren Dienstleistungen ihr Klient benötigt, sind nur dann optimale Ergebnisse zu erreichen, wenn alle Elemente des Hilfesystems gut ausgestattet auf dem fachlich höchsten Niveau agieren und gut kooperieren (→ Wissensbausteine „Casemanagement", Bd. 2, Gromann und „Rechtlich und administrativ kompetent handeln"). Herrn Mersings berufliche Zukunftsvorstellungen waren unrealistisch. Zugleich aber waren die Bedingungen für seine Rehabilitation nicht optimal. Um solche Zusammenhänge zu verdeutlichen, wird im Folgenden die Entwicklung eines Klienten in einem anderen Bundesland dargestellt, der unter besseren Bedingungen gefördert werden konnte. Das stark gekürzte Fallbeispiel wurde von Frau Gromann auf der Basis eines Interviews verfasst.

7.1 Fallschilderung

Joachim Held ist 18 Jahre alt, als er das erste Mal an einer Psychose erkrankte. Er litt monatelang unter quälenden Angstträumen, konnte kaum noch schlafen, hatte schließlich auch tagsüber Ängste, ging nicht mehr aus der Wohnung und brach die Berufsfachschule ab. Die Sozialarbeiterin hatte eine medizinische Rehabilitation in einer ca. 80 km entfernten privaten Rehabilitationsklinik beantragt, diese war genehmigt und Joachim wartete ca. drei Wochen zu Hause auf den Beginn der Reha-Maßnahme. Erneut sehr isoliert lebend, kommen die Angstträume und Panikzustände trotz ambulanter ärztlicher Betreuung zurück. Der Psychiater hält Kontakt auch zum Vater und schlägt in Absprache mit Joachim und seinem Vater die Aufnahme in die Tagesklinik vor. Joachim hat aufgrund seiner Medikamente inzwischen sehr zugenommen. Es fällt ihm schwer, täglich aus der Wohnung zu kommen und den weiten Weg mit öffentlichen Verkehrsmitteln zur Tagesklinik zu bewältigen. Dennoch tun ihm die Gruppenangebote dort gut. In Gesprächen mit seinem Bezugstherapeuten wird deutlich, dass er sich am meisten wünscht, einen Beruf zu lernen und sich „nützlich" zu machen. Die zuständige Sozialarbeiterin der Tagesklinik begleitet ihn zur Berufsberatung der örtlichen Arbeitsagentur. Die Arbeitstherapie der Klinik vermittelt begleitete „Schnuppertage" in verschiedenen Arbeitsfeldern und beginnt gezielt, mit ihm an seinen starken Konzentrationsstörungen zu arbeiten. Nachdem es ihm besser geht, wird noch in der Begleitung durch den Ergotherapeuten der Tagesklinik ein erneuter Besuch der Abschlussklasse erprobt, um den schulischen Abschluss zu erreichen. Dies scheitert jedoch an den massiven Konzentrationsstörungen und großen Ängsten vor den Mitschülern.

Die berufliche Beratung schlägt eine Ausbildung in einem ca. 120 km entfernten Berufsbildungszentrum (BBZ) zum Reiseverkehrskaufmann vor. Joachim zieht in das begleitende Internat und verliebt sich gleich in der ersten Woche des Aufenthalts dort in eine gleichaltrige Rehabilitandin. Die Ausbildung läuft gut an, Joachim kommt ganz gut zurecht. Leider trennt sich nach drei Monaten seine Freundin von ihm. Diese Krisensituation für Joachim kann im Internat nicht aufgefangen werden, er isoliert sich zunehmend, trotz vielfacher Gespräche kommt es zu einem Suizidversuch. Er wird erneut in einer Klinik vor Ort behandelt und bricht die Ausbildung im BBZ ab. Auf Drängen des Vaters kommt er zurück in die Familienwohnung und wird erneut in der Tagesklinik aufgenommen. Hier setzt das Team – sein alter Bezugstherapeut hat leider die Arbeitsstelle gewechselt – erneut auf die Anbahnung beruflicher Interessen. Joachim lehnt das jetzt aber vehement ab, er will kein erneutes Scheitern erleben.

Der Vater wird dauerhaft ins Ausland versetzt – und Joachim bleibt mit 25 Jahren in der alten „Familienwohnung" allein. Gezielte Hilfen in der Ergotherapie unterstützen ihn, die häusliche Organisation allein in die Hand zu nehmen. Vermittelt durch eine ältere Nachbarin beginnt er außerdem, sich ein bisschen durch Einkaufshilfen und Behördengänge für Senioren in seiner Straße dazuzuverdienen. Nach der tagesklinischen Behandlung kann er jedoch von der Ambulanz der Klinik weiterbetreut werden. Dort arbeitet inzwischen – ein großes Glück – sein alter Bezugstherapeut. Nach einer längeren eher ruhigen Lebensphase kommt Joachim dennoch erneut in eine Krise. Er kehrt in die Tagesklinik zurück.

Dort lernt er Anja Solms, eine Mitarbeiterin des Integrationsdienstes kennen. Anja Solms ist Sozialpädagogin und als Fachkraft für berufliche Wiedereingliederung tätig. Sie wird vom Integrationsamt bezahlt und arbeitet bei einem Trägerverbund für Angebote im Bereich Tätigsein/Arbeit, der sowohl Tagesstätten, eine anerkannte Werkstatt für behinderte Menschen, einen Berufsbildungsbereich mit ambulanter Betreuung, einige ausgelagerte Arbeitsgruppen in Firmen und zwei Integrationsbetriebe umfasst. Frau Solms ist klar, dass Joachim Held zunächst schnell einen kontinuierlichen Anlaufpunkt außer Haus braucht. Sie vermittelt den Kontakt zu einer nahegelegenen Tagesstätte und trifft sich dort wöchentlich zweimal mit ihm. Mit der Kostenübernahme für ein Jahr, fünf Stunden wöchentlich, wird Frau Solms die offizielle trägerübergreifende, koordinierende Bezugsperson.

Herr Held glaubt, nur noch stundenweise etwas tun zu können. Allein die Treffen in der Tagesstätte zur Erarbeitung eines detaillierten Hilfeplanes und zur Auswertung seiner beruflichen und Rehabilitationserfahrungen strengen ihn sehr an. Eigentlich wäre nur eine Tätigkeit im Zuverdienstbereich der Tagesstätte möglich – selbst eine Halbtagsbeschäftigung in der Werkstatt für behinderte Menschen (WfbM) scheint überfordernd. Auch der Cafébetrieb in der Tagesstätte „liegt" Herrn Held nicht – es ist ihm zu laut, zu hektisch. Gegen ein Tätigwerden in der WfbM wehrt er sich. Warum soll er, der mühsam über die Nachbarschaftskontakte in seinem Wohnort Anschluss an eine Kirchengemeinde gefunden hat und sehr stolz darauf ist, dass es ihm gelingt, seine Wohnung allein „in Schuss" zu halten – sein Leben lang nur noch mit „Behinderten" arbeiten?

Frau Solms bleibt dran: Ihr wird klar, wie stärkend die Erfahrung des zeitweisen Begleitens von Senioren in der Wohnstraße für Herrn Held war. Ein neuer Hilfeplan wird gemeinsam entwickelt: Einstieg in eine sozialpflegerische Tätigkeit über Fortsetzung von jetzt etwas längeren Teilzeitpraktika in einem Seniorenzentrum und begleitende Teilzeitqualifizierung im Berufsbildungsbereich, begleitet von Frau Solms. Kurz vor Beginn der Tätigkeit im Seniorenzentrum gerät Herr Held erneut in eine Krise. Frau Solms schafft es durch das Arrangement einer zweiwöchigen tagesklinischen Behandlung und begleitende Gespräche, dass er doch noch verspätet in die spezifisch auf ihn zugeschnittene Maßnahme einsteigen kann. Herr Held beginnt und kommt schnell erneut in eine Überforderungssituation – trotz der vereinbarten Teilzeitregelungen. Insbesondere fällt ihm der „Überstieg" zwischen beiden Maßnahmen schwer – drei halbe Tage Mithilfe als Praktikant im Seniorenzentrum und zwei halbe Tage begleitende Qualifizierung. Mit intensiver Begleitung schafft es Herr Held, die vereinbarte erste Praktikumsphase von vier Wochen durchzuhalten, gibt jedoch die begleitende Qualifizierungsmaßnahme auf. Bei der gemeinsamen Auswertung wird schnell klar, dass dies aber wohl die falsche Entscheidung war: Gerade die Situation, in der Praxis im Seniorenzentrum mangels Kenntnissen eher „dumm dabeizustehen", hat Herrn Held stark verunsichert.

In den folgenden Wochen werden die gemeinsamen Treffen in der Tagesstätte wieder aufgenommen und ein neuer Plan gemeinsam erarbeitet: die Teilnahme an einem Berufsbildungsjahr. Diese Zeit ist begleitet von einer erneuten deutlichen Verschlechterung. Es gelingt jedoch durch die von Frau Solms vereinbarte Krisenintervention durch die vertraute Institutsambulanz und andere vertraute Kontakte das erste Mal eine konstruktive Krisenbewältigung zu Hause, ohne stationäre oder teilstationäre Behandlung. Trotz der meist jüngeren Teilnehmer stabilisiert sich Herr Held mit dem Eintritt in das Berufsbildungsjahr: Er lernt erneut eine Freundin kennen, er findet Anschluss. Die Begleitung durch Frau Solms kann reduziert werden. Die regelmäßigen Auswertungsgespräche der Erfahrungen im Berufsbildungsjahr mit ihr und dem Betreuer der Maßnahme machen deutlich: Eine sozialpflegerische Tätigkeit ist keine berufliche Perspektive für Herrn Held. Seine Stärken liegen in verwaltenden und organisierenden Tätigkeiten. Im Rahmen eines Praktikums zu Ende des Jahres arbeitet Herr Held in einem Integrationsbetrieb, einem Lebensmittelsupermarkt, und kann nach Ende des Jahres mit einer geförderten Teilzeitbeschäftigung „einsteigen". Frau Solms begleitet ihn weiterhin kontinuierlich mit einer geringen Stundenanzahl. Herrn Held gelingt es, mit betrieblicher Unterstützung und gestützt auf Frau Solms einen Spezialservice des Marktes aufzubauen: Er organisiert einen Lebensmittelbestell- und Lieferservice für Senioren aus der Nachbarschaft des Marktes. Er kann inzwischen besser mit seinen „schlechten Phasen" umgehen und hat relativ geringe Fehlzeiten – dank des bei Bedarf zur Verfügung stehenden Netzes von Frau Solms, dem Mitarbeiter der Ambulanz und seinen inzwischen stabilen freundschaftlichen Kontakte.

7.2 Vergleich der Fallentwicklungen und Interventionen

Wie Herr Mersing ist auch Herr Held zunächst nur in sehr geringem Umfang belastbar und weiß nicht genau, welche Arbeit, welche Tätigkeiten ihm liegen würden. Auch bei ihm kann keiner der beteiligten Fachleute genau vorhersagen, wie er sich entwickeln wird und welche Arbeit für ihn geeignet sein könnte. Aber Herr Held hat Glück. Das Netz der unterstützenden Institutionen ist eng, die Begleitung intensiv. Er erreicht einen Entwicklungsstand, der weit über das hinausgeht, was Herr Mersing nach anderthalb Jahren vermochte: Er lebt allein in einer Wohnung, hält diese selbst in Ordnung und versorgt sich auch selbst. Im Laufe der anschließenden beruflichen Rehabilitation werden ihm mannigfache Experimentierfelder eröffnet – immer mit intensiver Begleitung. Er hat außerdem ständig zwei kontinuierliche Bezugspersonen: Frau Solms und den Therapeuten aus der Tagesstätte, der in die Ambulanz der Klinik wechselte, ihn aber weiterbetreut. So werden seine Suchbewegungen, seine Rückfälle, seine Reaktionen auf diverse Arbeitssettings, die ihm nicht liegen oder/und ihn überfordern, kontinuierlich aufmerksam und unterstützend registriert. Zugleich werden die Aktivitäten aller beteiligten Organisationen in halbjährlichen Hilfeplangesprächen ständig neu aufeinander abgestimmt und die Anforderungen kontinuierlich seinen Bedürfnissen angepasst. Frau Solms kann damit in ganz anderer Weise als Frau Fischer ihre Systemkompetenz nutzen. Dass die Koordination der vielen Hilfen und der Kooperation mit den Fachkräften anderer Einrichtungen in einer Hand, in ihrer Hand liegt, trägt auch sehr zu ihrer Fallkompetenz bei. Und sie kann Herrn Held etwas bieten: Praktika, Trainings, speziell auf ihn zugeschnittene Arbeitsplätze und eine kontinuierlich intensive Begleitung. Mit diesem großen Betreuungsaufwand, den Ressourcen eines spezialisierten Berufsbildungszentrums mit mehreren angeschlossenen Integrationsbetrieben und mit der privaten Unterstützung durch seine Freunde gelingt Joachim Held schließlich die berufliche Reintegration.

In einigen Bundesländern sind 40% der KlientInnen in Einrichtungen der Wohnungslosenhilfe fehlplatziert, weil sie psychische Krankheiten und Behinderungen aufweisen, auf die dort nicht optimal eingegangen werden kann. Nicht nur hinsichtlich ihrer beruflichen Rehabilitation haben sie damit geringere Entwicklungschancen. Auf die besseren Rahmenbedingungen und entsprechend größeren Erfolge in anderen Bundesländern kann Frau Fischer ihre Heimleitung aufmerksam machen, wenn sie die entsprechende Fachdiskussion in Zeitschriften und auf Tagungen verfolgt und von daher vergleichen kann. Die Leitung kann sich politisch für eine Verbesserung in den Fachgremien einsetzen, in denen Frau Fischer nicht vertreten ist. Mit dieser Systemkompetenz kann sie zwar nicht direkt etwas für Herr Mersing bewirken, aber ihren Beitrag zur Verbesserung der Rahmenbedingungen für andere KlientInnen leisten – so gering die Aussichten auf rasche Änderungen auch sein mögen.

Wissensbaustein: Selbst- und Fremdevaluation

Evaluieren heißt „auswerten", „bewerten", „anhand eines expliziten Maßstabes beurteilen". Auf der Basis systematisch erhobener Daten sollen Evaluationsstudien Informationen liefern, die der zuverlässigen Erfassung, transparenten Beurteilung und Optimierung von sozialpolitischen Programmen, Projekten und Prozessen dienen. Auch die Schließung einer Einrichtung oder die Beendigung einer Maßnahme kann die Konsequenz sein, sodass Evaluationen nicht selten gefürchtet werden, vor allem wenn sie nicht partizipativ ausgerichtet sind oder (z. B. durch einseitige Fragestellungen) nur bestimmten Interessensgruppen dienen – damit würden allerdings die Standards der Deutschen Gesellschaft für Evaluation missachtet (www.degeval.de). Während Verfahren des Qualitätsmanagements auf Dauer installiert werden, dienen Evaluationen meist nur der kurz- und mittelfristigen allerdings umfassenderen Überprüfungen des Geleisteten. Eine Kombination beider Verfahren stellt die effektivste, allerdings auch kostenintensivste Form dar.

Evaluation ist sowohl ein Zweig der empirischen Sozialforschung als auch eine praxisbezogene Form der datenbasierten Reflexion fachlichen Handelns – mit entsprechend unterschiedlicher Relevanz der empirischen Forschungs(standards). Evaluationsansätze lassen sich danach unterscheiden, zu welchem Zweck (Evaluationsziel) was (Evaluationsgegenstand), von wem organisiert, finanziert und beeinflusst (Evaluationssteuerung), wie (Evaluationsmethoden) untersucht und nach welchen Maßstäben (Evaluationskriterien) beurteilt wird. Bezogen auf die *Zielsetzung* unterscheidet man klassischerweise zwischen summativer und formativer Evaluation. Die summative Evaluation dient der bilanzierenden Beurteilung von Programmen und Projekten, um über ihre Fortführung zu entscheiden. Bei der formativen Evaluation sollen die Projekte nicht nur untersucht, sondern zugleich optimiert werden. Die Datensammlung und -auswertung wird entsprechend mit Praxisberatungsprozessen verknüpft, die Forschungsergebnisse werden kontinuierlich zurückgekoppelt. Die *Evaluationsmethoden* der formativen Evaluation stammen bevorzugt aus dem Repertoire der Praxisberatung und der qualitativen Sozialforschung (z. B. Gruppendiskussionen, qualitative Interviews, offene teilnehmende Beobachtungen) (Patton 2002). Bei summativen Evaluationen werden in der Regel in stärkerem Umfang oder ausschließlich quantitative Erhebungsmethoden eingesetzt (z. B. Fragebögen mit geschlossenen Fragen zum Ankreuzen, standardisierte Beobachtungsbögen, statistische Erhebung aufgrund vorliegender Dokumente). Ziel- und gegenstandsbezogen begründete Kombinationen quantitativer und qualitativer Verfahren stellen die optimale Vorgehensweise dar. Summative Evaluationen können aufgrund der Standardisierung der Erhebung und Auswertung und des geringen Beratungsaufwands im Vergleich zu formativen Evaluationen bei gleicher finanzieller Ausstattung größere *Gegenstandsbereiche* evaluieren (Makroevaluationen). Formative Evaluationen wiederum können eher lokale oder einrichtungs- oder projektgebundene Spezifika im Detail erfassen.

Evaluationen lassen sich auch danach unterscheiden, ob man (nur) herausfinden will, was wie gut funktioniert, also bezogen auf bestimmte Aktivitäten *(Output)* den *Outcome* messen will. Damit bleiben die Gründe, warum etwas (nicht) optimal funktioniert, unbekannt. Es ist nicht klar, worauf genau bestimmte Wirkungen zurückzuführen sind. Ob ein „Outcome" also die (erwünschte) Veränderung (z. B. der KlientInnen) wirklich die „Wirkung" eines Programms oder eines einzelnen Angebotes darstellt, also auf das Angebot bestimmter Leistungen und die Durchführung bestimmter Aktivitäten zurückzuführen ist, kann angesichts der Vielzahl möglicher Einflussfaktoren durch eine Beschreibung der eingetretenen Veränderungen noch nicht als belegt gelten. Wirkungen lassen sich allerdings nur sehr aufwändig durch experimentelle Studien nachweisen und werden entsprechend selten in größerem Umfang durchgeführt (Otto 2007). Soll zudem festgestellt werden, warum welche der vielen Umsetzungsvarianten, die bei sozialpolitischen Programmen auch ungeplant und ungewollt auftreten, zu einem bestimmten Ergebnis geführt haben, so stellen qualitative Fallstudien eine methodische Alternative dar. Sie erlauben ein sehr genaues Nachzeichnen von Wirkmechanismen bezogen auf alle drei Qualitätsdimensionen (Konzeptqualität, Strukturqualität und Prozessqualität) – allerdings eher im Mikrobereich, über exemplarische Beispiele (Pawson 2006).

Evaluationsgegenstand kann alles sein, was für die Bewältigung der Aufgabe relevant ist: von kleinsten Sequenzen des Interventionsprozesses (Mikroevaluation) bis zu umfassenden sozialpolitischen Programmen von Bundesländern oder Nationalstaaten (Makroevaluation, z. B. die PISA-Studie mit Schulleistungsvergleichen). Untersucht werden können Organisationsstrukturen, Mitarbeiterverhalten, Entwicklungen von Problemlagen und Populationen, Aufwand und Kosten, sozialräumliche Effekte usw.

Evaluationskriterien können auf objektiven (d. h. unabhängig vom Beobachter gleich beschriebenen) Tatbeständen beruhen (z. B. Dauer von Beratungsgesprächen) und auf subjektiven Einschätzungen (z. B. Zufriedenheit der Beratenen und/oder der Berater). Neben zielbezogenen Kriterien (z. B. Reduzierung der Suchtabhängigkeit oder Erhöhung der Erziehungskompetenz) sind prozessbezogene Kriterien (z. B. zur Art der Leistungserbringung etwa zur Freundlichkeit der Mitarbeiter) für Humandienstleistungen entscheidend, da die Prozessqualität eine zentrale Voraussetzung der Wirkungsqualität ist. In diesem Bereich objektive Kriterien zu definieren, setzt aufwändige Operationalisierung von nicht direkt beobachtbaren Konstrukten voraus („Freundlichkeit"), die durch die Beschreibung beobachtbarer Tatbestände (Aufmerksamkeit, Zugewandtheit in Mimik, Tonfall etc.) definiert werden (v. Spiegel 2002).

Evaluationsansätze werden auch stark durch die *Evaluationssteuerung* geprägt, d. h. dadurch, wer sie in wessen Auftrag durchführt, wie nah die EvaluatorInnen denen stehen, deren Arbeitsprozesse und Arbeitsergebnisse sie beurteilen und wieviel Einfluss sie auf die Entscheidungen haben, die auf der Basis der Evaluationen getroffen werden. Externe Evaluationen gelten als unabhängiger, ihre Studien als objektiver als interne Evaluationen, bei denen Einrichtungen sich selbst bewerten. Aber auch externe Evaluationen können durch ihre Auftraggeber gedrängt werden, bestimmte Fragestellungen auszuklammern oder bestimmte Bewertungskriterien zu favorisieren.

Bei *Selbstevaluationen* untersuchen die Fachkräfte einzeln oder kollektiv ihre eigene Arbeit. Dieser Prozess kann eigenverantwortlich oder durch Vorgesetzte gesteuert sein und die Nutzung der Ergebnisse mehr oder weniger den Beforschten überlassen bleiben. *Interne Evaluationen* einer Organisation(seinheit) können als Selbst- oder Fremdevaluationen organisiert sein. Sie dienen primär der Reflexion des individuellen fachlichen Handelns; externe Evaluation der Überprüfung und Legitimation der Leistungen. Bei Mischformen profitiert die interne Evaluation vom fremden Blick Außenstehender, die externe Evaluation von den Detailkenntnissen und dem impliziten Wissen der Insider.

Literaturempfehlungen

zur Einführung: Merchel, J. (2010): Evaluation in der Sozialen Arbeit. München/Basel

Patton, M. Q. (2002): Utilization-Focused-Evaluation. The New Century Text. 3. Aufl. London

zur Vertiefung: Heiner, M. (2004): Qualitätsentwicklung durch externe und interne Evaluation. In: Peterander/Speck (Hrsg.): Qualitätsmanagement in sozialen Einrichtungen. München/Basel, 132–151

Pawson, R. (2006): Evidence-based Policy. A Realist Perspective. London

Spiegel, H. v. (2002): Leitfaden für Selbstevaluationsprojekte in 18 Arbeitsschritten. In: Heil, M., Heiner, M., Urban, P. (Hrsg.): Evaluation Sozialer Arbeit – eine Arbeitshilfe mit Beispielen. Frankfurt/M., 59–91

Literatur

Asendorpf, J., Banse, R. (2003): Psychologie der Beziehung. Bern
Belardi, N. (1999): Beratung. Eine sozialpädagogische Einführung. Weinheim/Basel
BMAS (Bundesministerium für Arbeit und Soziales) (2008): Lebenslagen in Deutschland. 1., 2. und 3. Armuts- und Reichtumsbericht der Bundesregierung. Berlin
BMJFFG (Bundesministerium für Jugend, Familie, Frauen und Gesundheit) (Hrsg.) (1990): Achter Jugendbericht. Bericht über Bestrebungen und Leistungen der Jugendhilfe. Bonn
Brumlik, M. (2004): Advokatorische Ethik. Zur Legitimation pädagogischer Eingriffe. Berlin
Cassée, K. (2007): Kompetenzorientierung. Eine Methodik für die Kinder- und Jugendhilfe. Bern
CCETSW (1995): DipSW: Rules and Requirements for the Diploma in Social Work (Paper 30). Überarb. Ausgabe. London
Deci, E. L., Ryan, R. M. (1993): Die Selbstbestimmungstheorie der Motivation und ihre Bedeutung für die Pädagogik. Zeitschrift für Pädagogik 39, 223–238
Dewe, B., Otto, H.-U. (2005): Profession. In: Otto, H.-U., Thiersch, H. (Hrsg.): Handbuch Sozialarbeit/Sozialpädagogik. 3. Aufl. München/Basel, 1399–1423
Erpenbeck, J., Heyse, V. (2007): Die Kompetenzbiographie. Wege der Kompetenzentwicklung. Münster
Forgas, J. P. (1999): Soziale Interaktion und Kommunikation. Eine Einführung in die Sozialpsychologie. Weinheim
Galuske, M. (2002): Flexible Sozialpädagogik. Elemente einer Theorie Sozialer Arbeit in der modernen Arbeitsgesellschaft. Weinheim/München
Gängler, H. (1995): Hilfe. In: Krüger, H.-H., Helsper, W. (Hrsg.): Einführung in Grundbegriffe und Grundfragen der Erziehungswissenschaft. München, 131–139
Gaertner, A. (1996): Supervision. In: Kreft, D., Mielenz, I. (Hrsg.): Wörterbuch soziale Arbeit. 4. Aufl. Weinheim/Basel, 600–602
Germain, C. B., Gitterman, A. (1999): Praktische Sozialarbeit. Das „Life Model" der sozialen Arbeit. Stuttgart
Glasl, F. (2002): Konfliktmanagement. 7. Aufl. Stuttgart/Bern

Goffmann, E. (1999): Asyle: Über die soziale Situation psychiatrischer Patienten und anderer Insassen. 12. Aufl. Frankfurt/M.
Gromann, P. (2010): Koordinierende Prozessbegleitung in der Sozialen Arbeit. München/Basel
Grunwald, K., Thiersch, H. (2008): Das Konzept lebensweltorientierte Soziale Arbeit – einleitende Bemerkungen. In: Grunwald, K., Thiersch, H. (Hrsg.): Praxis lebensweltorientierter Sozialer Arbeit. Handlungszugänge und Methoden in unterschiedlichen Arbeitsfeldern. Weinheim, 13–39
Gumpinger, M. (Hrsg.) (2001): Soziale Arbeit mit unfreiwilligen KlientInnen. Ein Handbuch für die Praxis. Linz
Habermas, J. (1999): Moralbewusstsein und kommunikatives Handeln. Frankfurt/M.
Hamburger, F. (2008): Einführung in die Sozialpädagogik. 2. überarb. Aufl. Stuttgart
– (1997): Sozialpädagogik. In: Bernhard, A., Rothermel, L. (Hrsg.): Handbuch kritische Pädagogik. Eine Einführung in die Erziehungs- und Bildungswissenschaft. Weinheim, 245–256
Heckhausen, H. (1989): Motivation und Handeln. 2. Aufl. Berlin
–, Heckhausen, H. (Hrsg.) (2006): Motivation und Handeln. 3. Aufl. Berlin
Heiner, M. (in Vorb.): Diagnostik in der Sozialen Arbeit. In: Otto, H.-U., Thiersch, H. (Hrsg.): Handbuch Sozialarbeit/Sozialpädagogik. 4. Aufl. München/Basel
– (2010): Soziale Arbeit als Beruf. Fälle – Felder – Fähigkeiten. 2. Aufl. München/Basel
– (2004): Fallverstehen, Typen der Falldarstellung und kasuistische Kompetenz. In: Hörster, R., Küster, Ü., Wolff, S. (Hrsg.): Orte der Verständigung. Freiburg i. Brsg., 91–108
Herrmann, F. (2006): Konfliktarbeit. Theorie und Methodik Sozialer Arbeit in Konflikten. Wiesbaden
Hillebrandt, F. (2005): Hilfe als Funktionssystem für Soziale Arbeit. In: Thole, W. (Hrsg.): Grundriss Soziale Arbeit. Ein einführendes Handbuch. 2. Aufl. Wiesbaden, 215–226
Hüther, G. (2005): Die Macht der inneren Bilder. Wie Visionen das Gehirn, den Menschen und die Welt verändern. Göttingen
Huster, E.-U., Boeckh, J., Mogge-Grotjahn, H. (Hrsg.) (2008): Handbuch Armut und Soziale Ausgrenzung. Wiesbaden
Imber-Black, E. (1992): Familien und größere Systeme. Im Gestrüpp der Institutionen. 2. korr. Aufl. Heidelberg
IFSW (International Federation of Social Work) (2006): „Ethische Grundlagen der Sozialen Arbeit – Prinzipien und Standards". In: www.dbsh.de/html/prinzipien.html, 06.03.2010

Iser, A. (2008): Supervision und Mediation in der Sozialen Arbeit. Eine Studie zur Klärung von Mitarbeiterkonflikten. Tübingen
Kähler, H. D. (2005): Soziale Arbeit in Zwangskontexten. Wie unerwünschte Hilfe erfolgreich sein kann. München/Basel
Karls, J. M., Wandrei, K. E. (Hrsg.) (1994): Person-in-Environment System. Washington
Kim Berg, I. (2006): Familien-Zusammenhalt(en): Ein kurz-therapeutisches und lösungsorientiertes Arbeitsbuch. Dortmund
Kriz, J. (2007): Grundkonzepte der Psychotherapie. 6. vollst. überarb. Aufl. Weinheim
Klieme, E., Hartig, J. (2007): Kompetenzkonzepte in den Sozialwissenschaften und im erziehungswissenschaftlichen Diskurs. Zeitschrift für Erziehungswissenschaft, Sonderheft 8, 11–29
Kron-Klees, F. (2008): Familien wach begleiten. Von der Probleminszenierung zur Lösungsfindung. 3. überarb./erw. Aufl. Freiburg i. Brsg.
Küfner, H., Coenen, M., Indlekofer, W. (2006): PREDI. Psychosoziale ressourcenorientierte Diagnostik. Ein problem- und lösungsorientierter Ansatz. Version 3.0. Lengerich
Kuhl, J. (2001): Motivation und Persönlichkeit. Interaktionen psychischer Systeme. Göttingen
Kuhrau-Neumärker, D. (2005): „War das o.k.?" Moralische Konflikte im Alltag sozialer Arbeit. Einführung in die Berufsethik. Münster
Lenz, K., Nestmann, F. (2009): Persönliche Beziehungen – eine Einleitung. In: Lenz, Nestmann (Hrsg.): Handbuch Persönliche Beziehungen. Weinheim/München, 9–25
Löwisch, D.-J. (2000): Kompetentes Handeln, Bausteine für eine lebensweltbezogene Bildung. Darmstadt
Martin, E. (2001): Sozialpädagogische Berufsethik. Weinheim/München
Maus, F., Nodes, W., Röh, D. (2008): Schlüsselkompetenzen der Sozialen Arbeit für die Tätigkeitsfelder Sozialarbeit und Sozialpädagogik. Schwalbach
Mecheril, P. (2004): Einführung in die Migrationspädagogik. Weinheim
Merchel, J. (2010): Leiten in Einrichtungen der Sozialen Arbeit. München/Basel
– (2005): „Diagnostik" als Grundlage für eine fachlich begründete Hilfeplanung: Inhaltliche Anforderungen und angemessene Semantik. In: VfK (Hrsg.): Diagnostik in der Kinder- und Jugendhilfe. Berlin, 13–29
Merten, R. (2004): Inklusion/Exklusion. Zum systematischen Stellenwert eines Duals innerhalb des Projektes „Systemtheorie Sozialer Arbeit". In: Merten, R., Scherr, A. (Hrsg.): Inklusion und Exklusion in der Sozialen Arbeit. Wiesbaden. 7–14
Miller, W. R., Rollnick, S. (2009): Motivierende Gesprächsführung. Ein

Konzept zur Beratung von Menschen mit Suchtproblemen. 2. überarb. Aufl. Freiburg i. Brsg.

Müller, B. (2008): Sozialpädagogisches Können. 5. überarb. Aufl. Freiburg i. Brsg.

Nieke, W. (2002): Kompetenz. In: Otto, H.-U., Rauschenbach, Th., Vogel, P. (Hrsg.): Erziehungswissenschaft: Professionalität und Kompetenz. Opladen, 13–27

Niemeyer, C. (2002): Hilfe. In: Lenzen, D. (Hrsg.): Erziehungswissenschaft. Ein Grundkurs. 5. Aufl. Reinbek, 159–184

Otto, H.-U. (2007): Zum aktuellen Diskurs um Ergebnisse und Wirkungen im Feld der Sozialpädagogik und Sozialarbeit – Literaturvergleich nationaler und internationaler Diskussion. Expertise im Auftrag der Arbeitsgemeinschaft für Kinder- und Jugendhilfe (AGJ). Berlin

Pantuček, P. (2009): Soziale Diagnostik. Verfahren für die Praxis Sozialer Arbeit. 2. verbess. Aufl. Wien/Köln/Weimar

Patton, M. Q. (2002): Utilization-Focused-Evaluation. The New Century Text. 3. aktual. Ausgabe. London

Pawson, R. (2006): Evidence-based Policy. A Realist Perspective. London

Perlmann, H. H. (1979): Relationship. The Heart of Helping People. Chicago/London

Pincus, A., Minahan, A. (1990): Social Work Practice: Model and Method. Itasca/Ill.

Possehl, K. (1993): Methoden der Sozialarbeit. Frankfurt/M.

Proksch, R. (1998): Mediation – Vermittlung in familiären Konflikten. Nürnberg

Rheinberg, F. (2008): Motivation. 7. aktual. Aufl. Stuttgart

Ritscher, W. (2002): Systemische Modelle für die Soziale Arbeit. Ein integratives Lehrbuch für Theorie und Praxis. Heidelberg

Roth, G. (2001): Fühlen, Denken, Handeln. Wie das Gehirn unser Verhalten steuert. Frankfurt/M.

Roth, H. (1971): Pädagogische Anthropologie, Bd. 2, Entwicklung und Erziehung. Grundlagen einer Entwicklungspädagogik. Hannover

Schneider, J. (2006): Gut und Böse – Falsch und Richtig. Zu Ethik und Moral der sozialen Berufe. Frankfurt/M.

Schön, D. A. (1987): Educating the Reflective Practitioner: Towards a New Design for Teaching and Learning in the Professions. San Francisco

Schöneberger, C., Stolz, P. (2003): Betreutes Leben in Familien – Psychiatrische Familienpflege. Handbuch zur Umsetzung. Bonn

Schröder, A., Merkle, A. (2007): Leitfaden Konfliktbewältigung und Gewaltprävention. Pädagogische Konzepte für Schule und Jugendhilfe. Schwalbach

Schulz v. Thun, F. (1992a): Miteinander reden, Bd. 1. Störungen und Klärungen. Reinbek

– (1992b): Miteinander reden, Bd. 2. Stile, Werte und Persönlichkeitsentwicklung. Reinbek
Schwäbisch, L., Siems, M. (1989): Anleitung zum Sozialen Lernen für Paare, Gruppen und Erzieher. Reinbek/Berlin
Schwabe, M. (2010): Begleitende Unterstützung und Erziehung in der Sozialen Arbeit. München/Basel
– (2005): Methoden der Hilfeplanung. Zielentwicklung, Moderation und Aushandlung. Frankfurt/M.
– (1996): Eskalation und De-Eskalation in Einrichtungen der Jugendhilfe. Frankfurt/M.
Spiegel, H. v. (2004): Methodisches Handeln in der Sozialen Arbeit: Grundlagen und Arbeitshilfen für die Praxis. 3. Aufl. 2008. München/Basel
– (2002): Leitfaden für Selbstevaluationsprojekte in 18 Arbeitsschritten. In: Heil, M., Heiner, M., Urban, P. (Hrsg.): Evaluation Sozialer Arbeit – eine Arbeitshilfe mit Beispielen. Frankfurt/M., 59–91
Stahl, E. (2007): Dynamik in Gruppen. 2. vollst. überarb. u. erw. Aufl. Weinheim
Staub-Bernasconi, S. (2005): Soziale Arbeit und Soziale Probleme. Eine disziplin- und professionsbezogene Bestimmung. In: Thole, W. (Hrsg.): Grundriss Soziale Arbeit. Ein einführendes Handbuch. 2. Aufl. Wiesbaden, 245–258
– (2000): Soziale Arbeit als Menschenrechtsprofession. In: Stimmer, F. (Hrsg.): Lexikon der Sozialpädagogik und der Sozialarbeit. 4. völlig überarb. u. erw. Aufl. München/Wien, 626–632
Stimmer, F. (2000): Grundlagen des methodischen Handelns in der Sozialen Arbeit. 2. überarb. erw. Aufl. Stuttgart
–, Rethfeld, S. (2004): Person-In-Environment. Diagnostik und visualisierende Verfahren. In: Heiner, M. (Hrsg.): Diagnostik und Diagnosen in der Sozialen Arbeit. Frankfurt/M., 190–202
–, Weinhardt, M. (2010): Fokussierte Beratung in der Sozialen Arbeit. München/Basel
Storch, M., Krause, F. (2007): Selbstmanagement – ressourcenorientiert. Grundlagen und Trainingsmaterial für die Arbeit mit dem Zürcher Ressourcen Modell. Bern
–, Riedener, A. (2006): Ich pack's. Selbstmanagement für Jugendliche. Ein Trainingsmanual für die Arbeit mit dem Zürcher Ressourcen Modell. 2. überarb. Aufl. Bern
Thiersch, H. (2002): Positionsbestimmungen in der Sozialen Arbeit. Gesellschaftspolitik, Theorie und Ausbildung. Weinheim/München
– (1993): Ganzheitlichkeit und Lebensweltbezug als Handlungsmaximen der Sozialen Arbeit. In: Greese, D., Güthoff, F., Kersten-Rettig, P., Noack, B. (Hrsg.): Allgemeiner Sozialer Dienst. Jenseits von Allmacht und Ohnmacht. Münster, 140–154

Thole, W., Cloos, P. (2005): Soziale Ungleichheit und das Projekt „Soziale Arbeit". In: Thole, W., Cloos, P., Ortmann, F., Strutwolf, V. (Hrsg.): Soziale Arbeit im öffentlichen Raum. Soziale Gerechtigkeit in der Gestaltung des Sozialen. Wiesbaden, 37–54

Treptow, R. (2009): Sozialpädagogisches Handeln. In: Mertens, G., Frost, U., Böhm, W., Ladenthin, V., König, L. (Hrsg.): Handbuch der Erziehungswissenschaft, Bd. III/2. Paderborn, 621–638

Ausgewählte Informationsquellen

Berufsfeldübergreifende Lexika und Handbücher

- Deutscher Verein für öffentliche und private Fürsorge (Hrsg.) (2007): Fachlexikon der sozialen Arbeit. 6. Aufl. Baden-Baden
- Kreft, D., Mielenz, J. (Hrsg.) (2008): Wörterbuch Soziale Arbeit. 6. Aufl. Weinheim/München
- Otto, H.-U., Thiersch, H. (Hrsg.) (2005): Handbuch Sozialarbeit/Sozialpädagogik. 3. Aufl. München/Basel
- Stimmer, F. (Hrsg.) (2000): Lexikon der Sozialpädagogik und der Sozialarbeit. 4. Aufl. München/Wien
- Thole, W. (Hrsg.) (2010 in Vorb.): Grundriss Soziale Arbeit. 3. Aufl. Wiesbaden

Datenbanken für Literaturrecherchen

- WISO: Deutschsprachige Literatur für die Wirtschafts- und Sozialwissenschaften, enthält auch Zeitschriften: www.wiso-net.de
- PSYNDEX: Deutschsprachige psychologische Literatur, enthält auch Zeitschriften: www.zpid.de
- ERIC: Internationale Literatur zu „Education", enthält auch Zeitschriften: www.eric.ed.gov
- Social Work Research: Englischsprachige Fachliteratur zur Sozialen Arbeit, elektronische Fassung ab 2000: www.ingentaconnect.com/content/nasw/swr
- Sozialwissenschaftliche Literaturrundschau: Deutschsprachige Fachliteratur zur Sozialen Arbeit und benachbarten Fachgebieten, ab 2006 in: http://wiposa-web.uni-muenster.de
- Socialnet: Rezensionsdienst mit Buchbesprechungen internationaler Fachliteratur zur Sozialen Arbeit mit benachbarten Fachgebieten: www.socialnet.de/rezensionen/

Ausgewählte Informationsquellen

Datenbanken für Hintergrundinformationen

- Informationen des Statistischen Bundesamtes: https://www-genesis.destatis.de/genesis/online/logon
- Informationen der Bundesregierung (Jugendberichte, Familienberichte, Armutsberichte usw.) nach Ressorts: z. B. www.bmfsfj.de, www.bmas.de, www.bmgs.de
- Informationen der Wohlfahrtsverbände. Über diesen Link der Bundesarbeitsgemeinschaft sind auch die einzelnen Wohlfahrtsverbände zu erreichen: www.bagfw.de
- Informationen zur Jugendhilfe: www.jugendhilfeportal.de
- Informationen zur Psychiatrie: www.psychiatrie.de
- Informationen zur Sonderpädagogik: www.erzwiss.uni-hamburg.de/soda/
- Informationen zur Sozialen Arbeit: www.sozialarbeit-info.de

Die Bände der Reihe „Handlungskompetenzen in der Sozialen Arbeit" und die darin enthaltenen Wissensbausteine

Band 1: Maja Heiner
Kompetent handeln
in der Sozialen Arbeit

Die unterschiedlichen Kompetenzanforderungen an die Fachkräfte der Sozialen Arbeit lassen sich berufs- und tätigkeitsfeldübergreifend nach Handlungstypen unterscheiden. Das Kompetenzmodell und die Handlungstypen, die der Buchreihe zugrunde liegen, werden in diesem Einführungsband theoretisch begründet. An Fallbeispielen wird kompetentes Handeln erläutert.

Wissensbausteine:
Armut, Armutsbewältigung und Armutsprävention
Migration und Soziale Arbeit • Soziale Konflikte und Konfliktbearbeitung
Personenbezogene Veränderungstheorien
Strukturbezogene Veränderungstheorien
Motivation I • Motivation II
Rechtlich und administrativ kompetent handeln
Diagnostisches Fallverstehen • Beziehungen und Beziehungsgestaltung
Supervision • Ethik und Moral • Selbst- und Fremdevaluation

Band 2: **Petra Gromann
Koordinierende Prozessbegleitung in der Sozialen Arbeit**

Für diesen Handlungstypus, der vielfältige ambulante Leistungen umfasst, ist die planende und koordinierende Unterstützung der KlientInnen mit eher kurzen, weniger engen KlientInnenkontakten in formalisierten Settings charakteristisch. Fallbeispiele, die u. a. aus dem Sozialpsychiatrischen Dienst und dem Allgemeinen Sozialdienst des Jugendamtes stammen, illustrieren die Kompetenzanforderungen und die Möglichkeiten ihrer Bewältigung.

Wissensbausteine:
Allgemeiner Sozialdienst • Casemanagement
Sozialpsychiatrische Dienste • Datenschutz • Widerspruch einlegen
Personenzentrierte Hilfen
Internationale Klassifikation von Funktionen (ICF)
Dialogische Grundhaltung • Kulturspezifische Krisenintervention
Sozialraumorientierung • Persönliches Budget

Band 3: **Franz Stimmer/Marc Weinhardt
Fokussierte Beratung in der Sozialen Arbeit**

Für diesen Handlungstypus, der vielfältige ambulante Leistungen umfasst, ist die fokussierte und strukturierte Auseinandersetzung mit einem breiten Spektrum an Lebensthemen in einem formalisierten, alltagsfernen Setting mit kurzfristigen, intensiven Beziehungen charakteristisch. Fallbeispiele, die u. a. aus der Familienberatung und der Schuldnerberatung stammen, illustrieren die Kompetenzanforderungen und Möglichkeiten der Bewältigung.

Wissensbausteine:
Beratungsmodell • Beratungsmethoden
Visualisierende Situationsanalysen • Motivation III • Beratung und Recht
Motivierende Gesprächsführung (MGF)
Verständigungsorientiertes und strategisches Handeln
Mobbing und Burnout

Band 4: **Mathias Schwabe**
Begleitende Unterstützung und Erziehung in der Sozialen Arbeit

Für diesen Handlungstypus, der vielfältige ambulante, teilstationäre und stationäre Leistungen umfasst, ist der große Umfang der gemeinsam verbrachten Zeit in sehr alltagsnahen Settings mit entsprechend besonders engen und intensiven Beziehungen charakteristisch. Fallbeispiele, die u. a. aus der Sozialpädagogischen Familienhilfe und der Heimerziehung stammen, illustrieren die Kompetenzanforderungen und die Möglichkeiten ihrer Bewältigung.

Wissensbausteine:
Bindungsmuster und Beziehung • Hilfeplanung
Kommunikation und Interaktion • Aggression und Aggressivität
Ressourcenorientierung

Band 5: **Joachim Merchel**
Leiten in Einrichtungen der Sozialen Arbeit

„Leitung" verlangt sachbezogene, soziale und emotionale, organisations- und personenbezogene Kompetenzen, um die Anforderungen zwischen Kollegialität und Organisationserfordernissen auszubalancieren. Was kompetente Leitung in Einrichtungen der Sozialen Arbeit auf verschiedenen Hierarchieebenen ausmacht und welche Rahmenbedingungen dafür nötig sind, wird an Fallbeispielen dargestellt.

Wissensbausteine:
Organisation I – zum Begriff Qualitätsmanagement
Finanzierung/Finanzsteuerung
Organisation II – Verständnis von Organisation/Organisationsmodellen
Organisationslernen • Organisationskultur • Personalentwicklung
Sozialplanung

Sachregister

Adaptivität 50
Administrativer und rechtlicher Rahmen Sozialer Arbeit 96–102
Aktionssystem (Infokasten) 45f
Arbeitsprinzipien 41–44, 108
Armut und Soziale Arbeit 15–20
Attributionsmuster 84
Ausstattung des Hilfesystems 109ff, 164f
Berufliche Anforderungen 33–38
Beziehungsgestaltung 107f, 113f, 122f, 126ff, 129–133, 135–138
Diagnostisches Fallverstehen 116–119
Ethik und Moral 155–159
Evaluation 44f, 144, 165–168
Fall 44, 70
Gruppenarbeit 135–143
Haltung 107ff
Handlungskompetenz
– Begriff 51f
– Bereichsbezogene Kompetenzen 12, 62f
– Kompetenzmodelle 13, 52–56, 69f
– Prozessbezogene Kompetenzen 12f, 64ff
– Teilkompetenzen 66ff
– Wissensbasis 56ff
Handlungskontexte Sozialer Arbeit 76–83, 164f
Handlungsmaximen 41ff
Handlungsmotivation 51f, 56f, 71–75, 83–87
Handlungsregulation/Selbstregulation 23f, 57f
Handlungstypen
– Berufsfeldbezug 13f, 76ff
– Kompetenzrelevante Merkmale 13f, 78ff
– Organisationen und Arbeitsfelder 80–83
Hilfe/Kontrolle 36ff
Infrastrukturelle Rahmenbedingungen Sozialer Arbeit 61f, 63, 164f
Interventionsbegriff 33
Kompetenzmodelle 13, 52–56, 69f
Migration und Soziale Arbeit 28–32
Motivation/Motivationsförderung 71–75, 83–87, 123f
Motivierende Gesprächsführung (Infokasten) 124
Neurowissenschaftliche Grundlagen der Handlungsregulation (Infokasten) 25f
Organisationsstrukturen Sozialer Arbeit 59f
Personenbezogene Veränderungsansätze 47–50
Phasen/Etappen des Interventionsprozesses 44–47, 103f
Problemlagen Sozialer Arbeit 76
Profession Soziale Arbeit 34f
Selektivität des Hilfesystems 110f
Situationsgestaltung 121
Soziale Arbeit als Profession
– Auftrag und Aufgaben 33–36
– Definition Profession 34f
– Vermittlungsfunktion 33, 100f
– Werte/Ethik 41, 155–159
– Ziele 34, 37f

Soziale Konflikte und Soziale Arbeit 38–41
Sozialpolitische Rahmenbedingungen 37f, 61f, 109ff, 160
Strukturbezogene Veränderungsansätze 59–62
Supervision 146–150
Systemische Therapie und Beratung 49f
Vier Seiten einer Nachricht (Infokasten) 112
Volition 78f
Zielformulierung 93ff, 94 (Infokasten), 105ff, 119ff, 135f, 152ff

Leseprobe
Maja Heiner: Soziale Arbeit als Beruf

Einführung

Die Profession zwischen Fall und Feld

1 Soziale Arbeit zwischen Fall und Feld: Zielsetzung und Aufbau des Buches

Die Soziale Arbeit ist ein Beruf mit vielen Facetten: Man arbeitet mit Kindern, Erwachsenen oder alten Menschen, hilft in Notlagen, fördert persönliche Entwicklungen, regelt Konflikte, vermittelt Gelder, Unterkünfte, Dienstleistungen und hat dabei mit vielen Organisationen zu tun. Man kann sich als Seelsorger oder Manager, als Trainerin oder Ersatzmutter, als Anwalt der Benachteiligten oder als Sozialtherapeut verstehen. All dies stimmt – mehr oder weniger. Es ist kein Beruf, in dem Langeweile zu befürchten ist – es sei denn, man ist resigniert und ausgebrannt. Es ist allerdings auch kein Beruf, in dem man Reichtümer erwerben kann.

Berufe, die gesellschaftlich bedeutsame Aufgaben übernommen haben, versuchen, sich als „Professionen", d. h. als gehobene Berufe mit besonderer, anerkannter Expertise zu etablieren. Die Vielfältigkeit der Aufgaben, Auftraggeber, Organisationen, Organisationsformen und Methoden erschweren es der Sozialen Arbeit, sich

www.reinhardt-verlag.de

als eine Profession zu etablieren und zu einem einheitlichen Selbstverständnis zu gelangen, um gemeinsame Anliegen berufspolitisch zu vertreten. Die einzelnen Fachkräfte entwickeln zwar eine tätigkeitsfeldbezogene Identität, z. B. als SuchtberaterIn, ErziehungsberaterIn, SchuldnerberaterIn oder als MitarbeiterIn der Bewährungshilfe, des Allgemeinen Sozialdienstes des Jugendamts, des Krankenhaussozialdienstes, der Schulsozialarbeit, des Sozialpsychiatrischen Dienstes, der Werkstatt für Behinderte, des Erziehungsheims, der Tagesgruppe, der Sozialpädagogischen Familienhilfe, des Betreuten Jugendwohnens etc. Die Entwicklung einer Identität als Fachkraft für Soziale Arbeit fällt wesentlich schwerer. Nicht nur wegen dieser Unterschiedlichkeit der Aufgabenfelder, sondern auch wegen der Heterogenität ihrer Wissensquellen und Wissensbestände, ihrer vielfachen Anleihen bei anderen Wissenschaftsdisziplinen (Psychologie, Soziologie, Politologie etc.) ist der Professionalisierungsgrad der Sozialen Arbeit umstritten.

Das folgende Buch umreißt das Profil der Sozialen Arbeit als Profession und möchte so zur Identitätsklärung der Fachkräfte beitragen. Die scheinbar einfache Frage, was dieser Beruf wie zu erreichen versucht und was er erreichen kann, soll aus der Sicht von Theorie und Praxis beantwortet werden. Die Klärung der beruflichen Identität ist einerseits eine persönliche Aufgabe jeder Fachkraft. Angesichts (berufs-)biografischer Entwicklungen und kontinuierlicher gesellschaftlicher Veränderungsprozesse, die zu neuen Aufgabenstellungen führen, wird diese nie ganz abgeschlossen sein. Zugleich ist die Klärung der beruflichen Identität eine kollektive Aufgabe der Profession (z. B. ihrer Fachverbände, ihres Berufsverbandes und ihrer Ausbildungs-

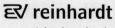

www.reinhardt-verlag.de

stätten). Neben kollegialen Gesprächen liefern diese Organisationen wichtige Grundlagen für die individuelle Klärung des beruflichen Selbstverständnisses. Im Folgenden wird versucht, zu diesem Prozess beizutragen, indem aus einer handlungstheoretischen Perspektive theoretische und empirische Erkenntnisse der Sozialen Arbeit (Profession und Disziplin) in Beziehung gesetzt werden. Fachkräfte aus unterschiedlichsten Tätigkeitsfeldern der Sozialen Arbeit schildern in Teil B den Berufsalltag aus ihren Erfahrungen, sodass insbesondere Studierende ohne Praxiserfahrungen ein anschauliches Bild davon erhalten, was es heißt, diesen Beruf auszuüben.

Berufe stellen zentrale Strukturierungsfaktoren dar, sowohl für den Einzelnen, sein Selbstbild, seine soziale Position, seinen Alltag – als auch für die Gesellschaft, ihre Arbeitsteilung und ihr Machtgefüge. In fast allen Gesellschaften unterliegen sie vielfältigen Regulierungen. Der Staat legt über Berufsbilder, Ausbildungs- und Entgeltordnungen weitgehend fest, welche Aufgaben ein Beruf unter welchen Rahmenbedingungen übernimmt. Er regelt dies in Auseinandersetzung mit den Tarifparteien und Fachverbänden. Zugleich definieren aber auch die Mitglieder eines Berufs ihr berufliches Selbstverständnis und versuchen, auf rechtliche Kodifizierungen, staatliche Rahmenvorgaben und auf die öffentliche Wahrnehmung ihres Tuns Einfluss zu nehmen. Insbesondere Professionen geben sich mit den staatlich zugeschriebenen und gesellschaftlich gewünschten Aufgaben nicht zufrieden. Sie definieren sich selbst und versuchen, dieses Selbstverständnis unter Berufung auf ihre wissenschaftlich fundierte Expertise und ihr berufliches Erfahrungswissen politisch durchzusetzen. Sie erschließen sich neue Tätigkeitsfelder und sind bemüht, ihr gesellschaftliches Ansehen zu erhöhen. Über Fachorganisationen und die öffentlichen Präsentationen ihrer Leistungen, Anliegen und Forderungen versuchen sie, sich zu profilieren. Vorbei sind die Zeiten, in denen die Soziale Arbeit aus Liebe zum Nächsten ein „stilles Dienen" war. Der Beruf konkurriert heute mit anderen Berufen, denen einmal mehr, einmal weniger gesellschaftliche Aufmerksamkeit und Anerkennung zuteil wird. Dann fließen Gelder, die zuvor zum Teil der Sozialen Arbeit zugute kamen, in den Bildungsbereich (z. B. in die Schulen) oder in den Gesundheitsbereich (z. B. in eine pharmakologisch ausgerichtete Prävention). Oder andere Berufsgruppen werden bevorzugt im Sozialbereich beschäftigt. Das Personal in der Sozialen Arbeit wird entsprechend abgebaut, die Qualifikation der Beschäftigten abgesenkt oder ihr Entgelt reduziert. Berufe werden auf diese Weise entscheidend durch gesellschaftliche und politische Entwicklungen geprägt und unterliegen einem ständigen Wandel.

Dieses Buch gliedert sich nach der Einführung in drei Teile: Teil A beschreibt die Aufgaben, Arbeits- und Tätigkeitsfelder und entwirft ein Profil des Berufs; Teil B präsentiert anhand von Interviews mit erfahrenen Fachkräften der Sozialen Arbeit verschiedene Fälle des Gelingens und Scheiterns im Berufsalltag; Teil C stellt auf dieser theoretischen und empirischen Grundlage ein Modell zur Analyse und Planung professionellen Handelns dar. Zentrale berufliche Anforderungen werden definiert und mit den zu ihrer Bewältigung notwendigen Fähigkeiten in Beziehung gesetzt. Insofern schreitet die Darstellung von den Feldern des Berufs über die Fälle des Gelingens und Scheiterns zur

www.reinhardt-verlag.de

Darstellung der notwendigen Fähigkeiten beruflichen Handelns voran. Beschrieben werden diese Fähigkeiten, indem mögliche Verhaltensalternativen, z. B. in Bezug auf Nähe und Distanz, Hilfe und Kontrolle oder Über- und Unterforderung benannt werden, zwischen denen sich die Fachkräfte angemessen platzieren müssen. Welche Kompetenzen verknüpft mit welchen Vorgehensweisen dafür im Einzelnen erforderlich sind, wäre in einem Lehrbuch zum methodischen Handeln auszuführen. Dafür werden hier nur die Grundlagen gelegt, indem die Aufgaben und Anforderungen des Berufs theoretisch begründet, begrifflich gefasst und konzeptionell systematisiert werden. Die Herangehensweise ist durchgängig eine handlungstheoretische, welche in Kap. A-3 erläutert und begründet wird. Ausgehend von der Frage, was wie zu tun ist, was zu tun schwer oder leicht fällt und was unter welchen Bedingungen gelingt oder misslingt, wird versucht, die Eigenart dieses Berufs zu fassen.

„Vom Fall zum Feld" war eine Maxime, die in den 1970er Jahren eine wünschenswerte Umorientierung professionellen Denkens und Handelns in eine griffige Formulierung brachte (Hinte et al. 1999). Gefordert wurde eine Abkehr von kontextunabhängigen Ursachenerklärungen und Schuldzuschreibungen, nach denen der Einzelne für seine Schwierigkeiten allein verantwortlich ist. Als mögliche Belastungsfaktoren sollten die gesellschaftlichen Rahmenbedingungen ebenso analysiert werden wie das jeweilige soziale Umfeld. Zugleich sollten im Zuge dieser sozialökologischen Wende das soziale Umfeld, die Familie, der Freundeskreis, die Nachbarschaft und darüber hinaus auch umfassendere soziale Systeme – wie das Bildungssystem oder das Gesund-

ɤ/ reinhardt
www.reinhardt-verlag.de

heitssystem – als Ressource für die Unterstützung und Förderung der KlientInnen besser genutzt werden. Dies erforderte eine Überwindung der klassischen Dreiteilung der Methoden in Einzelfallhilfe, Gruppen- und Gemeinwesenarbeit. Diese sozialökologische Wende bezog sich auch auf das berufliche Handeln der Fachkräfte. Als Mitglieder von Organisationen und Infrastruktureinrichtungen sind sie selbst Teile von sozialen Systemen, die in einem bestimmten Feld kooperieren. Mit zunehmender Ausdifferenzierung der regionalen Dienstleistungslandschaft wurde dieser Aspekt immer wichtiger. Er findet heute seinen Niederschlag in der Forderung nach einer gemeinsamen sozialräumlichen Planung und Verantwortung aller sozialstaatlichen und verbandlichen Organisationen.

Berufe lassen sich aus unterschiedlichen Perspektiven beschreiben: Aus der Perspektive der Personen, die den Beruf ausüben; aus der Perspektive ihrer KlientInnen, die auf die Leistungen des Berufs angewiesen sind bzw. dessen Eingriffe erdulden müssen; aus der Perspektive der Gesellschaft, für die der Beruf bestimmte Aufgaben übernimmt. Die Darstellung in diesem Buch setzt sich vor allem mit der Sicht der Fachkräfte auseinander, die diesen Beruf ausüben. Als „Fachkräfte" werden im Folgenden nur Personen mit einer einschlägigen Ausbildung an einer Fachhochschule oder Universität bezeichnet – also weder Pflegekräfte, ErzieherInnen, KinderpflegerInnen noch PsychologInnen oder TherapeutInnen –, auch wenn diese in der gleichen Organisation beschäftigt sind und ähnliche Tätigkeiten ausüben. Indem in Teil B die Sicht der Fachkräfte der Sozialen Arbeit und ihr subjektives Erleben sehr ausführlich erörtert werden, soll zumindest ein wenig nachvollziehbar werden, wie es sich „anfühlt", Sozial-

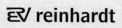

www.reinhardt-verlag.de

arbeiterIn zu sein. In der Darstellung fehlt die Perspektive der KlientInnen – die Beschreibung der Wirkung dieses Berufs aus deren Sicht. Als Korrektiv dieser Einseitigkeit wird in der Einführung ein „Fall" geschildert: Zwar sprechen auch in diesem Fall die Klientinnen nicht über sich; vielmehr wird referiert, was sie sagten oder taten. Zumindest zeigt dieser Bericht anschaulich, mit welchen Schwierigkeiten sie zu kämpfen haben, welche Mühe selbst kleine Fortschritte kosten und wie tastend, experimentierend und dialogisch der Hilfeprozess angelegt sein muss, um in solchen Lebenslagen positive Veränderungen zu ermöglichen.

Zugleich dürfte damit bereits ansatzweise deutlich werden: Menschen in Notlagen zu helfen, sie in ihrer Entwicklung zu fördern, in Schwierigkeiten zu unterstützen und in Krisen zu beschützen, ist eine anstrengende, komplizierte und keineswegs immer dankbare Aufgabe. Wie man diese professionell angehen kann, unter welchen gesellschaftlichen, sozialpolitischen und organisatorischen Bedingungen dies geschieht und auf der Grundlage welchen beruflichen Selbstverständnisses dies am ehesten gelingen dürfte, das versucht dieses Buch zu vermitteln.

ℰᴠ/ **reinhardt**
www.reinhardt-verlag.de

Leseprobe aus (S. 17-20):

Maja Heiner
Soziale Arbeit als Beruf

Fälle – Felder – Fähigkeiten
2., durchges. Aufl. 2010. 599 Seiten. 18 Abb. 25 Tab.
(978-3-497-02147-5) kt

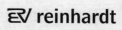

www.reinhardt-verlag.de

Dieter Kreft / C. Wolfgang Müller (Hg.)
Methodenlehre in der Sozialen Arbeit

Konzepte, Methoden, Verfahren, Techniken
2010. 176 Seiten.
UTB-S (978-3-8252-3370-9) kt

Wie kann in den verschiedenen Tätigkeitsfeldern der Sozialen Arbeit fachlich angemessen und dabei planvoll gehandelt werden? Was sind die relevanten Methoden, Verfahren und Techniken und wie werden diese professionell eingesetzt? Namhafte AutorInnen erläutern in diesem Buch gut strukturiert die drei klassischen Methoden und stellen zahlreiche Beispiele für Verfahren und Techniken als Grundlagen für das Handeln nach den Regeln der Kunst vor.

ℰ⩘ reinhardt
www.reinhardt-verlag.de

Hiltrud von Spiegel
Methodisches Handeln in der Sozialen Arbeit

Grundlagen und Arbeitshilfen für die Praxis
3. Aufl. 2008. 269 Seiten. 4 Tab. Mit 25 Arbeitshilfen
UTB-L (978-3-8252-8277-6) kt

„Berufliches Können" braucht zentrale, auch wissenschaftlich begründbare Arbeitsregeln. Oft fehlt Praktikern, aber auch den Studierenden das Rüstzeug für die Planung und Nachbereitung ihrer Arbeit.
Das Buch zeigt hier Auswege auf, indem es Anregungen für ein systematisch geplantes und am wissenschaftlichen Vorgehen orientiertes methodisches Handeln bietet. Es begründet und beschreibt Arbeitshilfen, die die berufliche Handlungsstruktur und die für Soziale Arbeit relevanten Wissensbestände in einen reflexiven Zusammenhang bringen.

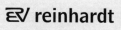

www.reinhardt-verlag.de

Reinhard J. Wabnitz
Grundkurs Recht für die Soziale Arbeit

Mit 97 Übersichten, 22 Fällen und Musterlösungen.
2010. 243 Seiten.
UTB-S (978-3-8252-3368-6) kt

Was hat Recht mit Sozialer Arbeit zu tun? Die Zusammenhänge von Recht und sozialer Wirklichkeit, der „handwerkliche" Umgang mit Rechtstexten und die gerichtliche und außergerichtliche Durchsetzung des Rechts im Interesse von hilfebedürftigen Menschen sind nur einige Aspekte, auf die das Buch eingeht. In 14 Kapiteln wird das relevante Basiswissen für die Studierenden der Sozialen Arbeit übersichtlich aufbereitet. Zugleich werden die für die Soziale Arbeit wichtigsten Themenfelder des Zivil-, Straf- und des Öffentlichen Rechts dargestellt.

www.reinhardt-verlag.de